アステイオン

ΑΣΤΕΙΟΝ

2018

088

◉ギリシャの昔、**都市**（ΑΣΤΥ）は、ただ雑踏と喧騒のちまたではなかった。法と数字と観念だけのみやこでもなかった。蒼穹のもと石造りの孤立を誇りながら、それは人間のたぎりたつ情熱を煮詰め、澄んで輝くイメージへと昇華させる蒸留釜であった。

◉**都会らしさ**（ΑΣΤΕΙΟΝ）とは、なまの感情の沸騰でもなく、硬直したイデオロギーの観念でもなく、その中間にあって、柔らかくものを思い、心にかたちをあたえる想像力の働きをいう。粗野な生命力を美しく洗いあげ、やぼなこわばりを機智によって突き崩し、人を遊びと慎みの両方へ誘いつつ、創造的な会話を楽しませる精神のことである。

◉いま、イデオロギーの時代が去り、狂熱的な固執と抗争の時代が去り、大衆化の混沌からも人びとが一歩を踏み出そうとしているとき、21世紀の創造力の都市をめざし、新しい知と情と行動の**洗練**（ΑΣΤΕΙΟΝ）を夢見て、ここにひとつの国際的な会話の舞台を提供したいと思う。

特集

リベラルな国際秩序の終わり?

写真で読む研究レポート

ロマネスク美術と怪物たち

聖堂に息づくギリシャ神話

金沢百枝
（東海大学文化社会学部ヨーロッパ・アメリカ学科教授）

Momoe Kanazawa
1968年東京都生まれ。東京大学大学院総合文化研究科博士課程修了。理学博士。学術博士。現在、東海大学文化社会学部ヨーロッパ・アメリカ学科教授。西洋中世美術、特にロマネスク美術を研究。著書に『ロマネスクの宇宙　ジローナの《天地創造の刺繍布》を読む』（東京大学出版会、島田謹二記念学藝賞）、『ロマネスク美術革命』（新潮選書、サントリー学芸賞）など。

ヨーロッパの中世美術、とくにロマネスク美術について調査を続けている。ロマネスク（Romanesque）とは「ローマ風」といった意味で、古代ローマの建築を模した中世のキリスト教建築を指す言葉として、十九世紀初頭のイギリスで現れた。現在では、十世紀末から十二世紀（場所によっては十三世紀）の

図1　ネグレンティーノ　サン・カルロ聖堂　11世紀

建築・美術様式を指す語として広く用いられている。

　十一世紀から十二世紀、気候温暖化や農業革命などによって食糧生産が増えたことで、人口が増加し、ヨーロッパは「中世の春」とも言うような活力ある時代を迎えた。開墾が進み、各地で新しい村々が生まれ、村には城と聖堂が建てられた。古い聖堂も、この時期に建て替えられた。一大建築ブームともいえる現象が、ヨーロッパのどこで始まったかはわかっていない。わかっているのは、ほぼ同時期に、類似した様式の建築や美術が作られたことである。ヨーロッパ初の共通様式である。

　このとき建てられたロマネスク聖堂の多くは、戦争や宗教改革や流行の変化などを理由に建て替えられた。したがって、ロマネスク聖堂が残るのは、ゴシック様式やバロック様式に建て替える経済的余裕があった都市部よりも、ロマネスク期に栄えた後は勢いを失い、改築できなかった鄙びた場所のことが多い。したがって、必然的にロマネスク美術の調査には、長旅が必須となる。旅の果て、鐘楼の先を彼方に探しながら進み、原っぱの彼方に、森の陰に、緑の丘の向こうに、断崖の上に、大地から萌え出たようなロマネスク聖堂を見つけた時の喜びはひとしおである(図1)。

　ロマネスク美術は、主に聖堂建築に付属している。つまり聖堂の床や壁、天井など内部を飾るフレスコ画(図2)やモザイク画(図3)、建築部材である柱の柱頭部分の彫刻(図4)、軒下の持送り彫刻(図5)、そして扉口。ひとの出入りが多い扉口周りの装飾は、聖堂装飾で最も華やかな部分である(図6)。その意匠もさまざまで、扉口周りには、キリストや聖母マリア、聖人、寓意像などを用いて、最後の審判場面など、キリスト教の教義で解釈可能な装飾が多いけれども、柱頭彫刻や持送り彫刻には、抽象紋、動物、怪物、音楽奏者(図7)、男女のダンス(図8)、イーっとした顔の人(図9)など、キリスト教的には解釈しづらい世俗的な意匠が見られる。エミール・マールをはじめ、二十

図2　ベラ・ダ・カルドス　旧サンタ・エウラリア・ダ・エスタオン聖堂壁画　聖母 12世紀半ば

図3　サン・デメテオリオ・コローネ　サンタンドリオ修道院　床大理石モザイク　11世紀末

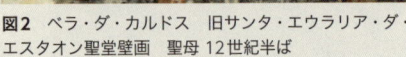

図6　ヌィイ=オン=ドン・ジョン　サント・マリー=マドレーヌ聖堂扉口上彫刻　12世紀

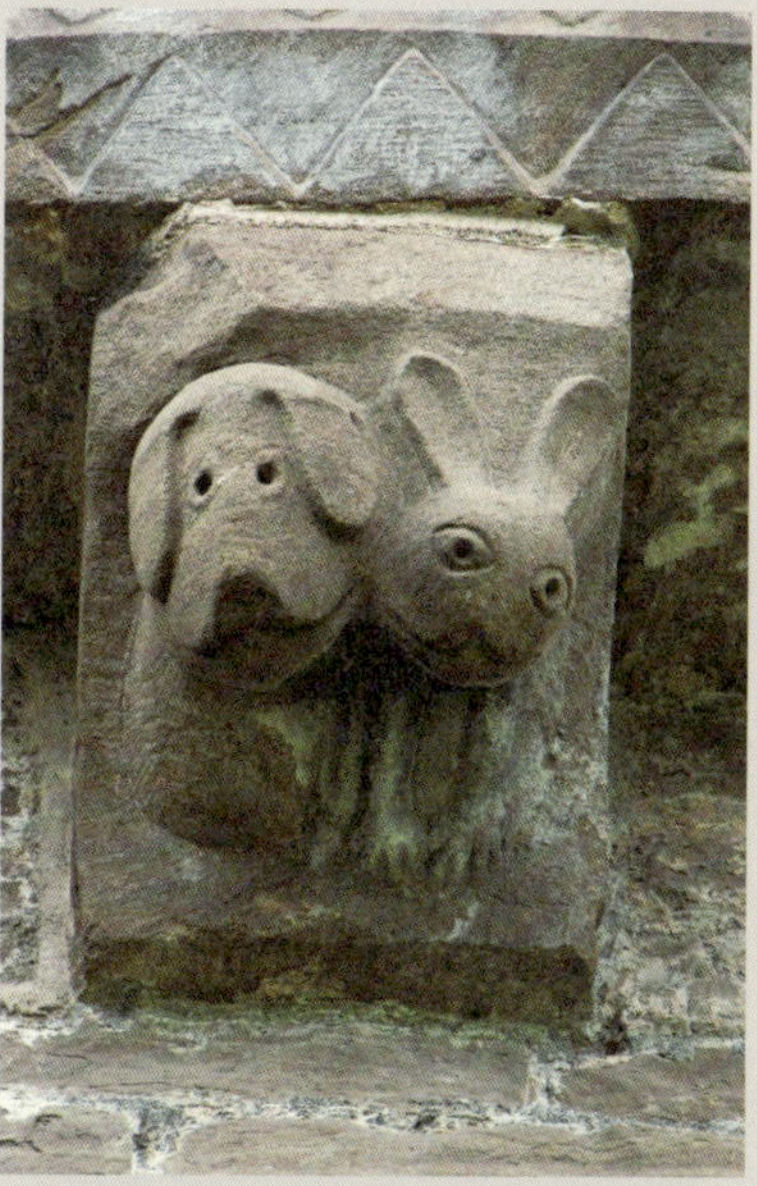

図5　キルペック　セイント・メアリー・アンド・デヴィッド聖堂　持送り彫刻　1136年　うさぎと犬

図4　スペイン　ビリャヌエバ　サンタ・マリア聖堂 柱頭彫刻　12世紀　怪物

世紀初頭の西洋美術史学では、これらの非キリスト教美術を「単なる装飾」と切り捨てるか、キリスト教的意味を当てはめた。近年、さまざまな方法での分析がちらほら見られるようになったが、未だ決定的な解釈には至っていない。

　非キリスト教的な図像のなかでも、ギリシア・ローマ神話や英雄伝に起源がある怪物や人物に、筆者は近年とくに注目している。イタリア・ルネサンス期に古代復興が盛んになったことはよく知られている。また、その復興が、ジャン・セズネックが一九四〇年の博士論文『神々は死なず』のなかで論じた通り、ギリシア・ローマの神々はキリスト教中世で死に絶えたのではなく、中世の美術や著述のなかで姿を変えて残存したことも、一部では知られているに違いない。

　神話はどのように生き残ったのか。ロマネスク聖堂をめぐっていると、修道院の図書館で密かに温存されたというセズネックの論から受けるイメージとは、やや異なることが朧気ながらわかってきた。ロマネスク聖堂を飾るレパートリーのなかには、ギリシア神話の英雄や怪物が多く登場する。セイレーン（人魚）（図10、11、12）はも

図7　サン・ネクテール　サン・ネクテール聖堂
柱頭彫刻　1146-78年

図8　キルペック　セイント・メアリー・アンド・デヴィッド聖堂　持送り彫刻　1136年　チークダンスをしていると思われる

図9　ウンカスティーリョ　サンタ・マリア聖堂
持送り彫刻　1155年頃

図10　オトラント　サンタ・マリア大聖堂床モザイク　1163–65年　人魚

図12　グロピナ　サン・ピエトロ
聖堂説教壇彫刻　12世紀　人魚

図11　ウンカスティーリョ　サンタ・マリア
聖堂門柱彫刻　1155年頃　人魚

図13　オトラント　サンタ・マリア大聖堂床モザイク　1163−65年　ケンタウロス

ちろん、半人半馬のケンタウロス（図13）、ゼウスに愛され攫われた少年ガニュメデスなど（図14）。さらにそれらは、聖堂扉口の目立つ部分に堂々と刻まれ、刺繍布に縫いとられ、祭壇近くに陣取ったりしているのである。

筆者が博士論文で扱ったカタルーニャ地方、ジローナ大聖堂宝物館に所蔵されるジローナの《天地創造の刺繍布》には、右上端の部分に、右手に棒を、左手に獅子の毛皮をかざす男性がいる（図15）。かつてはアダムとエヴァの息子で、弟のアベルを殺すカインとみなされていたが、ヘラクレスは古代ギリシアの英雄。同じように剛力で、獅子と戦う旧約聖書の士師サムソンと同一視されており、髭のない若者の姿で描かれる場合もあることから、この謎の人物をヘラクレスと筆者は推論した。

図14　ヴェズレー　サント・マドレーヌ修道院柱頭彫刻　12世紀　ガニュメデス

図17 オルネー　サン・ピエール聖堂南扉口アーチ部彫刻　12世紀　ひとつ目巨人

図15 ジローナ《天地創造の刺繍布》「ヘラクレス」部分表　12世紀はじめ

図16 ジローナ《天地創造の刺繍布》「ヘラクレス」部分裏　12世紀はじめ

通常、図像学的な推論が立証されることはないが、ジローナの刺繍布の場合、幸いなことに二〇一一年から一二年にかけて修復が行われた。その際、刺繍布の右上の謎の人物の裏面から、「ヘラクレス」と書かれた痕跡が見つかったのである（図16）。ヘラクレスは他にもアルルのサン・トロフィーム聖堂や、イタリア、フィデンツァ大聖堂扉口の浮彫りに見られ、一見、サムソンのように見えるが〈ヘラクレスの力〉と銘文が付されている。

フランス南西部オルネーのサン・ピエール聖堂の南扉口の迫石のひとつに、ひとつ目巨人キュクロペが刻まれている（図17）。従来は、福音の到達を待つ最果てに住む怪物のひとりと考えられていたが、『オデュッセイア』の一場面を表すのではと思ったのは、よく見ると、このひとつ目巨人、石を握っているのである。『オデュッセイア』によると、凶暴な巨人の洞窟に囚われたオデュッセウスは、策略が成功し、まんまと逃げ出すのだが、烈火の如く怒った巨人は、山を掴んで、彼らの乗る船に投げるという危機一髪の場面がある。中世のひとびとは、どこまでギリシア・ローマ神話や英雄物語に親しんでいたんだろう。石礫ひとつだが、想像が膨らむ。

特集

リベラルな国際秩序の終わり？

いま、世界の色々な場所で、リベラルな国際秩序の終わりが語られている。その最大の理由は、トランプ米大統領がリベラルな国際秩序の中核となる重要な規範を軽視して、侮蔑しているからである。とはいえ、トランプ大統領がホワイトハウスから去った後も、リベラルな国際秩序の衰退は続くであろう。同時に、オバマ大統領の時代からすでにその終わりが語られてきている。この問題を、長い歴史の中に位置づけて考えることが重要だ。

このような、リベラルな国際秩序の終わりを語る言説に対しては、二つの対照的な反応が見られる。一つ目は、リアリズムの観点からの反論である。そもそもリベラルな国際秩序などといったものは蜃気楼のようなものにすぎない。いつの時代においても国際政治の世界では、国家は自己利益を追求してきたし、究極的には紛争は軍事力によって解決されてきたのではないか。

他方で、二つ目の反論は、すでにそのような秩序は崩れてしまっているという認識である。外交問題評議会（CFR）会長であるリチャード・ハースは、「リベラルな世界秩序よ、安らかに眠りたまえ」と、すでにそれについての死亡宣告をしている。*もはや手遅れなのだ。トランプ大統領が登場する前から、リベラルな国際秩序はすでに瀕死の状態だったのだ。

リベラルな国際秩序が現実には存在していないと考えるにせよ、あるいはすでに過去の遺物であると考えるにせよ、これからは権力政治、地政学、軍拡競争、貿易戦争によって彩られる、より不安定で、より危険に満ちた世界となるであろう。はたしてわれわれは、リベラルな国際秩序を擁護し、修復し、強化させるべきか。あるいは新しい地政学と権力政治の時代に備えて、軍備を増強すべきか。本特集に寄せられた論文の数々を読み、それらを理解する契機となれば、大きな歓びである。

細谷雄一

* Richard N. Haass, “Liberal World Order, R.I.P.”, *Project Syndicate*, March 21, 2018, https://www.project-syndicate.org/commentary/end-of-liberal-world-order-by-richard-n--haass-2018-03

Special Feature

特集◎リベラルな国際秩序の終わり？

歴史の中のリベラルな国際秩序

納家政嗣
（上智大学国際関係研究所特任教授）

Masatsugu Naya

1946年生まれ。上智大学大学院外国語学研究科国際関係論専攻博士後期課程単位取得退学。上智大学、一橋大学大学院、青山学院大学教授などを経て、現職。専門は、国際政治、安全保障論。主な著書に『国際紛争と予防外交』(有斐閣)、『国際政治経済学・入門[新版]』(共著、有斐閣)など。

はじめに

リベラルな国際秩序（ＬＩＯ）が後退するという懸念が広がっている。二〇〇八年のリーマン・ショック、中国の影響力拡大、仏、独、蘭、伊など欧州主要国での左右のポピュリスト政党の伸張、きわめつけは二〇一七年の英国のＥＵ離脱とアメリカにおけるトランプの大統領当選であった。懸念が一挙に強まった。国により違いはあるがここで上がった声は、いずれも反グローバル化、反国際主義・自国第一、反多国間主義、反難民・移民など、冷戦後のリベラルな秩序観をことごとく否定するような主張だったからである。しかしそう言われて「リベラル国際秩序」がなんだったか、改めて振り返って見ると、そのイメージは甚だぼんやりしている。長く重苦しかった冷戦の後ではこういう期待を込めた表現にあえて異を唱える気にもならなかったということはあろう。だから例えは悪いがこの危機感には膨らまし過ぎた期待の二日酔いから冷めた繰り言のような印象がある。しかし繰り言から今後の方向性は導けない。リベラルの国際秩序が何かを検討し、今後の指針を探ってみたい。

リベラルな秩序の来歴

自由は、秩序によって守られ伸張されるべき価値であり、それ自体は秩序原理ではない。それを自己目的化すればむしろ秩序は混乱しよう。自由論の源流は、政治的にはJ・ロックに遡る。彼は自由を確保する条件としての私的財産権を含めて自由を定義し、そのために同意に基づく政府(民主政)の必要性を導いた。非自由主義的な時代に生きた彼の自由論は人間の解放の戦略だったといってもよい。このような初期の権力からの自由論は分かりやすいが、これが市民革命、とりわけフランス革命を経て平等原理とセットになり万人の自由(自由の普遍化)が目指されるようになると、自由は「他者の自由を侵さない限り」(J・S・ミル)の自由になり、自由と自由の衝突の調整、そして最終的にそれを担保する権力が不可欠になった。自由は、権力からの自由であると同時に、権力によって保障されるものになった。

自由のもう一つの源流は、A・スミスの各人の自由な利益追求が市場メカニズムによって全体の利益を導く、従って国家の介入は不要と説いた自由主義経済学にあろう。しかしここでもスミスは、対外的防衛、国内治安における政府の不可欠の役割を強調していたのである。こうして自由主義の体制は、国家の政治的枠組みの中で発展した。一九世紀に入り資本主義市場経済、工業化とともに格差問題が深刻になると配分の正義という積極的自由が論じられ、自由確保における政府の役割はいよいよ大きくなっていった。政府(権力)の下で自由は、市場、民主政、法の支配という制度により確保される。

国際社会で自由を考える難しさは、それを保障する政治の枠組みがないからである。国際社会は、国内社会を代表する主権国家から構成される二次的な社会であり、国家を超える権力・権威が存在せず、主体たる国家の安全は保障されない。従ってここでは国家の生存が優先規範なのである。自由はもともと人間個人の自由をさしているが、ここでは個人の自由と国家の安全のいずれを優先するかという問題が不可避に発生する。国際政治学の現実主義者は、国際秩序は国家の生存を維持し、戦争を防止(消極的平和)できれば十分で、それを超える価値は、各国が国内で追求すればよいと考える。これに対して社会の最終主体は、国内であれ国際であれ個人と見る自由主義者は、戦争がないだけの秩序では不十分で、国際秩序も人間の自己実現の機会(自由)を最大化する秩序であるべきだという。ここでは個人の自由—国内の自由主義体制—国家の自決と独立—リベラルな国際秩序は、円環をなしている。

ところでリベラルの考え方がその考えの通りに実現しないのは、無政府社会には、国家が生存と国益をかけて競争、闘争する独自のダイナミズムが作用するからである。秩序は歴史的に見れば概ね力の構造のもとに生じるパターン、行動規則、制度を基礎に形成された。だからリベラルの国際秩序も固定した秩序ではなく、自由主義原理に立つ国内体制を持つ諸国が、国家の生存、国益という優先規範との兼合いの中で、国際社会で優位に立ち連携して、個人の自由の拡大を可能にする国際秩序を実現しようとする運動だったと言うべきであろう。

運動という意味は、国際社会におけるリベラル勢力を考えれば明らかである。第二次大戦後、旧植民地が独立し、さらに冷戦終結で旧ソ連圏諸国も独立し、国家数は一九三カ国(国連加盟国)となった。ほぼ世界的な主権国家体制といえる。しかしこれは法的な形式であって、国際秩序の形成や運営に参画する能力という基準で見れば、その数は格段に減る。例えば一人当たりGDPで一万三〇〇〇ドル以上なら五五カ国、二万ドル以上なら三八カ国(IMF, 2016)、先進国クラブとされるOECD加盟国は三五カ国である。これがリベラル国際秩序に積極的にコミットする国家となると、フリーダムハウスの自由度ランキングでは「自由」な国家は七六カ国(Freedom in the World, 2018)、さらに「完全な民主主義」となると二四カ国なのである(Economist Intelligence Unit, 2014)。国際社会は力関係から見て著しく階層的であって、少数のリード国とこれら諸国との関係で自国の態度、対外方針を決めるフォロワー諸国からなっている。だからリベラルな秩序とはそれを国際社会に拡大する運動というのが適当なのである。

リベラルな国際秩序は、多極、二極、単極などの力の構造を基礎とする政治的枠組みに、自由主義的な価値、規範をどの程度浸透させられるかという問題である。優先規範は国家の生存・安全保障、戦争防止・平和である以上、それが自由主義原理だけで構成されることはあり得ない。国際秩序は、多くの対立する価値や規範の妥協的組み合わせとしてあり、リベラルの秩序はそのいくつかの部分、側面として実現する。これまでのリベラルな価値、規範を国際秩序に反映しようとする運動は、大まかに括れば三つほどの潮流、あるいは伝統に整理できよう。自由貿易論 (commercial liberalism)、共和制・民主制論 (republican liberalism)、制度論 (institutional liberalism) である。

もちろんリベラルの基本的な価値のすべてを国際社会で実現できるわけではない。国家が関心を持ち比較的実現が容易なのは貿易、交流、相互依存などの制度であり、最も実現が難しいのが民主政であろう。民主主義は個人の自由(人権)にとって不可欠の制度であるが、他方それは国際社会では主権・内政不干渉原則に正面から抵触する。それは履行を基本的に国家実行に任せる国際人権規約に示されるとおりである。民主化規範を強引に実現しようとすれば「民主主義の帝国」になり、国際秩序の最も基底にある原理を破壊する。

このような条件を考えると、リベラルな国際秩序が早くから形成されたということは考えられないことである。最も早くリベラルの原則を国際的に反映したのは、一八六〇年の英仏通商条約に始まる一〇年ほどの欧州自由貿易体制であろう。勿論それだけが独立して実現したものではない。政治的には、ナポレオン戦争後の比較的安定した多極的な勢力均衡体制(ウィーン体制、ビスマルク体制)が秩序の基礎をなしていた。これを構成した主要国はほぼ王政を取り、早くに市民革命を経たイギリスも、バランサーとして秩序維持に大きな役割を果たしたが、自由主義的な価値を一貫して追求したわけではなかった。

この時期の秩序にはもう一つの層がある。産業革命にいち早く成功し工業競争力のあったイギリスが作り上げた資本主義的な世界システムである。これは主権国家体制の秩序というより覇権国イギリスが、植民地ネットワーク、基軸通貨ポンド、シティの金融・保険機能、海軍による交易路の保全、海底ケーブルによる通信など機能的なインフラを供給することで可能になった。自由貿易体制は以上のような安全保障の体制と経済を中心とするインフラの機能的な体制の二つに組み込まれる形で実現したものである。それが国際体制といえるほどのものであったかは疑わしい。自由貿易は、穀物法、航海法廃止以降のイギリス帝国が一方的に実行した政策に、他の欧州諸国が追随したものである。条約や国際組織に裏付けられていたわけではなく、インフォーマルな体制であり、全般的なリベラル秩序と呼べるものではなかった。

リベラル秩序が意図的に追求されたのは、W・ウィルソン米大統領が提唱した第一次大戦後の国際連盟を中心とする制度的な自由主義秩序であろう。これは、政治的な枠組みを集権化による集団安全保障体制として制度化し、勢力均衡システムに代えようとするものであった。戦争を禁止し民族の自決権を認めることで戦争の原因を除去し、同時に連盟の下に貿易、労働、保健衛生などの機能的協力を制度化した。常設国際司法裁判所設置(一九二二年)によって法の支配も一歩を踏み出した。これを最初の自由主義秩序と呼ぶのは不自然ではない。特に英国で国際機構論、機能主義、国際警察軍など、この試みを支える思想(リベラル・アプローチ)が発展した。

ただこの秩序には二つの問題があった。一つにはヴェルサイユ体制の下で発展した国際経済の制度が極めて貧弱だったことである。景気調整の財政政策は体系化されておらず、他方では金本位制下で資本移動が自由だったから各国の金融政策、為替政策への縛りが大きかった。もう一つは、連盟理事会の理事国のめまぐるしい変遷に見られるように、力の構造が余りに不安定で集団安全保障体制を作動させる主要国の協調が得られなかったことである。その結果、この制度論的秩序は大不況が政治的緊張に転化するのを止めることができなかった。各国は競って保護貿易に走り、経済ブロックを囲い込んで帝国主義的行動をむき出しにした。国内では危機突破型指導者とそれを支えるポピュリズムが蔓延した。制度論的秩序の限界は内外で露わであった。

機能するリベラルの国際秩序を目にしたのはやっと第二次世界大戦後のことなのである。

冷戦とリベラル秩序の黄金期

パワー・ポリティクスの典型のような冷戦期は、一見逆説的だが、同時にリベラルな国際秩序も発展した時期と見られている。リベラル秩序は、アメリカを中心とする北大西洋条約機構(NATO)、日米安保条約、その他の二国間、多国間の安全保障取り決めを政治的枠組みとして西側世界で発展した。冷戦を反映する安全保障枠組みについては後により大きな文脈で述べることにするが、リベラルの秩序は、安全保障の枠組みとパラレルに形成された国際経済制度の下で発展した。大戦末期に設立された国際通貨基金(IMF)、戦後発足した関税貿易一般協定(GATT)などである。この制度は、国際経済では金ドル本位制の固定為替相場制を取り、資本移動は厳しく規制した。大不況の教訓である。これが各国の自律的な財政・金融政策を可能にした。国内的には各国は戦後復興のために、そして不況回避のケインズ主義的な福祉政策のために、政府の市場介入を必要としていた。GATTはそれを許容する枠組みであり、その上でなお可能な範囲で貿易自由化を進めようとした。一九九五年まで前後八回に及ぶ関税一括引き下げ交渉(ラウンド)によって、貿易拡大と国内の経済成長の好循環が実現した。J・G・ラギーはこれを「埋め込まれた自由主義」と呼んだが、これはリベラルな制度ではあるが経済を国際的にも国内的にもほどよく国民経済の、したがって主権国家体制の範囲におさめる優れた制度設計だったといえるだろう。

リベラルな秩序とは、主としてこうした経済的成功が生み出した経済的相互依存、社会的交流の増大、脱国家アクター・非国家組織の増大、国際法・国際組織などの制度発展などを指していたと思われる。リベラル・アプローチがそれを理論化した。E・B・ハースらの新機能主義的な欧州統合論が、戦後初のまとまったリベラル・アプローチだった。地域統合の機能分野間の波及の過程モデルを提示して注目された。続いて一九七〇年代に入るとJ・ナイ、R・コヘインらが脱国家国際関係論、相互依存論を展開したが、これは地域に限定されない国際関係の一般論であった。一九八〇年代にコヘインは、さらに特定の力関係の下で形成されたレジームが独自の生命力を持ち、成立当初の力関係が変わっても国際関係に影響を与えるという制度論を構築し、それまでにない高い水準の国際関係理論を提示した。

これらのアプローチは、国際関係理論の精緻化に貢献したし、西側世界の動向に限っていえば説明力も高かった。しかし彼らが取り上げた事象の多くは、安全保障をめぐる政治的枠組みが変わらなければという条件付きの議論であったように思われる。たとえば欧州統合は、伝統的な独仏対立を戦後の東西対立の文脈でドイツを欧州に埋め込む、半ばパワー・ポリティクスの装置として始まったものである。それも西欧の中ですら安全保障に関わる時には、欧州防衛共同体(EDC)の失敗に見られるように統合は波及しなかった。ドゴール・フランス大統領が東西間の第三極を目指す自主外交の中で欧州経済共同体(EEC)の超国家性を嫌うと、統合は停滞した。ハースは統合論が現実に適合的でないことを認めた。相互依存論、レジーム論も、それが生じた国際政治の文脈ともいうべき冷戦や安全保障枠組みをどう考えているのか、極めて不分明であった。安全保障の根本には、国家の生存問題があるが、それは最終的な戦争の相当手前から地位、威信、プライドなどとして意識され対立を生む。これらのアプローチには、こうしたやや非合理的な要因がうごめきだした時に、どう対処するかの検討がないようであった。リベラル・アプローチと、現実のリベラルな国際秩序は大きく異なっていたということである。

当時、現実のリベラルな秩序が発展した背景には、いうまでもなく安定した政治的枠組みがあった。その基礎は、一九五〇年代半ばに姿を現した二極構造であった。戦時中にアメリカが構想した国際連合の強化された集団安全保障体制は再び機能しなかったが、間もなく激化した冷戦下の東西の二極的同盟体制、核抑止体制が著しく安定していた。東西の同盟体制は、体制イデオロギーの対立に重なっていたから、両陣営間の移動は考えにくく、またたとえ多少の陣営移動が生じても二超大国の力は他から隔絶して大きかったから構造を変える可能性はなかった。そして同盟の頂点にある米ソの間には、破壊力がどんな政治目的にもそぐわないほど大きい核戦力+弾道ミサイルの相互的な脅威があり、お互いに手詰まり(第一撃の不可能性)に陥っていた。米ソは、鋭い緊張状態にありながらも継続的な軍備管理交渉、諸条約の中で手詰まりと相互自制を確認し続けたのである。

二極構造では、力の均衡はほぼ二超大国の関係に集約される。他の同盟諸国は、「核の傘」を提供する米ソに依存し、安全保障政策の手綱を半ばアメリカ、ソ連にあずけていた。日本では日米安保体制の「片務性」を気にしていたが、程度の違いはあっても西欧も似たような状況であった。冷戦期同盟は、階層的だったのである。この冷戦期の二極的な政治的枠組みは、冷戦終結まで概ね安定していた。

ところでこの時期の国際秩序にはもう一つの層があったことを付け加えておくべきである。アメリカが、一九世紀英帝国の世界システムとそれを支えた機能的インフラを引き継いだものであり、それは戦後遙かに高度に制度化された。先に挙げた国際経済制度に加えて、南極条約、天体条約、海底非核化条約などの領域管理の制度、国際人権規約、海洋法、核不拡散体制、機能分野を網羅する国連の専門機関もそこにはいるであろう。その多くにアメリカの経済力、軍事力、リーダーシップが関わっていたが、しかしその大半に冷戦にもかかわらずソ連、東側諸国、途上国も参加していたのであって、最も包括的な秩序の層をなしていたのである。

リベラルな国際秩序は、世界の一体性を維持する包括的な機能的枠組み、冷戦下の安全保障枠組みという二層の枠組みに埋め込まれて発展した最下層の秩序であった。この秩序は極めてよく機能したといえるが、それを可能にした決定的な要因がもう一つある。それは最有力国アメリカの国内政治において、「冷戦コンセンサス」が形成され、ぶれなかったということである。アメリカは、安全保障については西側だけの、しかし機能的な公共財供給という意味では世界的な覇権国である。この大国は、建国以来国是としてきた孤立主義から冷戦の文脈で脱却した。同時に世紀の変わり目にアメリカ大陸、西半球で見られた介入主義も、多くの失敗はあったが抑制をきかせることができた。常に核戦争へのエスカレーションの危険があったからである。

この時期は、振り返ればリベラルの国際秩序が最も安定的に機能した黄金期だったともいえる。それは、主権国家体制のルールとリベラルの価値や規範の追求が絶妙にバランスしていたからである。このことは、リベラル秩序は敵が明確である時に結束が維持され、安定的に機能することを示しているのかもしれない。

冷戦終結とリベラル秩序の後退

冷戦終結を象徴するリベラルの議論が、フランス革命以来の自由と平等の対立が自由主義の勝利で終わったとするF・フクヤマの「歴史の終焉」論であったといってもよい。皆が皆、この楽観論を鵜呑みにしたわけではなかったが、冷戦終結の解放感に浸りたかったのか、あえて反論する議論は多くはなかったように思われる。やがてリベラル・アプローチは、その主張が実現しつつあるかのように議論する。例えば一九八〇年代のM・ドイルの民主主義国は互いに戦わないという傾向の発見は、冷戦後、I・カントの命題がついに実現する時期を迎えたかのように取り上げられ、多くの実証研究を促した。国際秩序と最も軋轢の大きいリベラルの価値(民主化)でさえついに実現に近づいているかのように。新自由主義と呼ばれたR・コヘインの制度論も、レジーム複合として新たなガバナンスを生むのではないかという観点から実証研究が増えた。グローバル・ガバナンス論が唱えられ、それを名称にしたジャーナルも発刊された。

G・J・アイケンベリーの立憲秩序論は、秩序形成の仕方と覇権安定の議論を組み合わせる形でリベラル・アプローチからの国際秩序一般論を示した。優位国(特に戦勝国)が他国の同意に基づいて、ルール・ベースの秩序を形成し、優位国も同じルールに拘束される(co-binding)コミットメントを確実にすれば、力関係で劣位にある諸国の安心感(reassurance)が得られ、秩序が持続する、という。彼の本が*Liberal Leviathan*と題されているのは象徴的であった。国内秩序とは異なるが、それは力関係が規則の編み目に封じ込められることを以て立憲秩序と呼んでもよいのではないか、という提案といえるだろう。こうしてリベラル・アプローチは勢いを増し、単極構造下ではリベラルな国際秩序がさらに発展するという思潮となった。

しかしそれではなぜ今、冒頭に記したようなリベラル秩序への懸念、危機感が強まっているのか。安全保障や政治的枠組みとの関連からこの問題を考えて見る必要があろう。冷戦後の二つの大きな出来事、単極構造化と経済のグローバル化に焦点を絞る。最初に政治的枠組みに対する課題を一気に増やしたグローバル化である。

グローバル化は冷戦後に始まったわけではない。一九八〇年代にサッチャー英首相、レーガン米大統領が進めた新しい自由主義(ネオ・リベラル)の民営化、規制緩和、企業減税などの政策を起点とし、各国が追随して同方向の政策を積み上げた結果生じたものである。規制緩和は、産業構造を第三次産業中心に大きく変え、分けても金融産業は変動為替相場制、資本移動の自由化、そして投資・貯蓄の垣根の撤廃によって急成長した。経済は、急速に金融経済化の様相を呈した。貿易もまず金(投資)が動き、それに連れて産業内、企業内の貿易として増大する。投資、知的財産権、サービスなどの新しい貿易規則が設定され、サプライ・チェーンと呼ばれる細やかな分業体制が構築された。

これが新たな成長をもたらしたことは間違いない。しかし新たな問題も生み出した。一つは金融経済化が投機的行動を伴うのは不可避だからである。その結果としての「価格乱高下と伝染(volatility and contagion)」はかなり早くから予測されていた。一九九〇年代にはポンドに始まりペソ(メキシコ)、バーツ(タイ)危機が続き、米国ではITバブルを経て二〇〇七年のサブプライム・ローン証券化商品のバブルと崩壊へと突き進んだ。これがリーマン・ショックとなり、国際経済を大不況寸前に追い込んだ。他方、新しい国際分業体制の方は、省力化投資とIT産業の興隆の効果も加わって先進国の雇用流出と低賃金化、格差と中間層分解をもたらす。ネオ・リベラルの政策は、経済を活性化したが政治秩序を動揺させた。これによってブレトンウッズ体制の基礎にあった「埋め込まれた自由主義」が維持できなくなったからである。変動相場、自由な資本移動で国内の金融政策は大きく縛られる。雇用、福祉の後退に国内政策で対応するのが難しくなったのである。

その状況はリーマン・ショックで顕在化する。このショックが大不況に至らなかったのは、世界貿易機関(WTO)などこの間に構築された国際経済制度によるところはもちろん大きい。しかし現実には新興国、特に中国の財政出動による市場拡大、各国輸出の吸収と先進国の軒並みの異次元の金融緩和によって辛うじて支えられたというのが実情であった。それは薄氷の安定(適温経済、goldilocks)であり、この一〇年間はむしろB・ミラノビッチの「象の曲線《エレファントカーブ》」に示される中間層の分解、格差拡大と底辺の貧困化が一層深刻化したのである。次の経済停滞が来ても、財政は逼迫しており、さらなる金利引き下げは難しい。

これに対応できるどのような政治的枠組みがあった、あるいはあるのだろうか？　冷戦後の大きな変化は、ソ連(圏)が解体し、単極構造になったことである。単極構造下の安全保障体制、または政治的枠組みは、あたかも単極国家(アメリカ)が擬似政府のような役割を果たすかのように単純に考えられるきらいがあるが、現実には複数国の均衡行動として現れないから極めて見えにくく、実際余り深く理論的に検討されたこともない。歴史的にも初めてのことであり、単極構造の下で国際社会の持続的な秩序が可能かどうかは未だによく分からないのである。

その難しさの一つは、端的に言えば国際関係における責任分担がない、つまり単極国家の負担が著しく大きいことであろう。二極構造の下では、ソ連圏は米国にとって不愉快な勢力圏であっても、ソ連はその圏内の動向には責任をおった。例えば核不拡散問題では、米国は核の傘を提供して主要同盟国を核不拡散条約(NPT)に取り込んだが、東側のことはソ連に任せることができた。隣接する脅威があったから同盟国は単極国家に依存し、単極国家はある程度のただ乗りを許容し、同盟の結束が崩れなかった。冷戦後は、厄介な問題が起こると皆一斉にアメリカの顔をみる。アメリカの態度をみて自国の行動を決める習慣が抜けず、アメリカが行動を起こさないと観客のように衰退といい、行動すると介入主義と批判しがちである。

これは冷戦後とくに二つの面で目立つ。一つには単極構造下には、新しい安全保障上の脅威が現れる。N・モンテイロが「しつこい中小国(recalcitrant minor power)」とよんだ問題である。世界が二つに割れていれば、リベラル秩序に適応できず、米国や西側諸国と対立する権威主義、独裁、あるいは「ならず者(rogue)国家」は、東側に保護を求めて逃げ込むことができた。しかし東側陣営が消滅すると、この種の国家は体制の生き残りのために米国主導のリベラルな秩序に恭順の意を示すか、一層の強硬措置で対抗する以外ない。後者の場合の典型的な行動が、生存、あるいは交渉のための核をはじめとする大量破壊兵器（WMD）の開発なのである。このような確信犯的なWMD開発に対しては、最終的に武力行使による排除も覚悟しなくてはならない。それは単極にとって極めて重い負担である。

もう一つは、冷戦後に内戦を繰り返し破綻する国家が現れたことである。これはすべてではないが、グローバル化をもたらしたネオ・リベラルの政策が、「ワシントン・コンセンサス」のもと構造調整政策として途上国に適用され、却って貧困が深刻化した一つの結果であった。そこに貧困、飢餓、難民・避難民、大量虐殺の悲惨な人道状況が現れる。他方、冷戦後の人権、人道規範が高揚したリベラルな世界では、これを放置することができなくなった。アメリカは、ソマリアで要員に死者がでるとPKOへの人員派遣を停止したが、NATOの信頼性に関わる欧州のボスニア、コソボ、あるいは「アラブの春」後のリビアでは、米国もNATOの枠組みで関与せざるを得なかった。この問題の重大さは、内戦がらみの紛争に介入すると、結局その再建責任も負わざるを得なくなるという点にある。いかにリベラルの人権・人道規範の追求といっても、関与をリードする国家の負担はあまりにも重い。

単極構造の下では、いうまでもなく単極国家アメリカの行動が秩序のありようを大きく規定する。しかし、単極国家の負担は以上のように余りに大きく、世界関与をリードする意志を形成するのは難しいであろう。単極国家の同盟・友好国の単極依存の惰性も制度化が進み容易になくならない。こうして単極構造、言い換えると敵のいない状況で諸国をリベラルな国際秩序に結集するのは実に難しくなったのである。

最後に単極構造のアメリカ国内政治への影響を付け加えておかなくてはならない。政治的枠組みの形成を最も難しくする要因だからである。一言でいえばそれは米国内の「冷戦コンセンサス」の浸食・崩壊である。冷戦後、大戦へのエスカレーションの懸念がなくなったアメリカは、冷戦期に維持されていた対外政策の抑制を徐々に失ったように見える。アフガン戦争、イラク戦争はその典型であろう。介入そのものよりも、問題の解決が対象国国内体制の民主主義への変更（regime change）にあるとする考え方にこそ、冷戦終結が反映されていた。アメリカは帝国と批判され対外政策の正統性が問われた。他方、このような経験からアメリカは、孤立主義とまではいえないにしろ、内向きにもなった。対外関与の負担に耐えきれずシリアの化学兵器使用問題ではもはや「世界の警察官ではない」と言った。このマインドは経済面から増幅される。先に述べたリーマン・ショック後の格差、中間層の分解と底辺の貧困化が、最も強く表れたのは実は自己責任を強調して公的な福祉制度の弱いアメリカであった。国内政治が分極化し、ついに反多国間主義、反国際主義の自国第一を掲げるポピュリスト政治家の政権が発足するに至ったのである。

トランプ政権を単純に孤立主義と括ることはできないが、介入と内向きの間に動揺するアメリカが、安定した安全保障や政治的枠組みの構築に貢献するとは考えられない。単極国家だけではない。欧州主要国でも内向きのポピュリズムが台頭している。リベラルな国際秩序は国内基盤から揺らいでいる。こうして単極構造下の政治的枠組みの構築は難航し、その結果冷戦後はリベラルな国際秩序が次第に浸食された三〇年だったように思われる。

「リベラル秩序」圏のパフォーマンス

リベラルな国際秩序は、それを実現しようという運動のようなものだと述べた。この秩序は、それを支える主要国の適切な政策を欠けば脆いものである。冷戦後のリベラル秩序へのやや過剰な期待が、その後退への失望感を増幅している。しかし楽観できないにしても現実はそれほど酷いものではないであろう。ただしリベラル・アプローチはこの状況に対して適切な処方を用意できないように思われる。先に触れたG・J・アイケンベリーの立憲秩序論は、一度形成された秩序の発展論としては秀逸であるが、冷戦期リベラル秩序の起源の説明として不十分だったし、冷戦後には覇権国の秩序維持へのコミットメントをどのように確保できるか、を明確には示していない。立憲秩序論における同意と規則ベースの秩序論は、同意しない主要国が現れたらどうなるかに答えない。彼はリベラル秩序の後退を、この秩序の「成功ゆえの(政策の)危機(crisis of success)」と見て、米国の政策によって新しいバージョンのリベラル秩序が可能という。しかしそれは無政府状況を緩和する安全保障や政治的な枠組みを含む説明がなければ説得力を持たないように思われる。

政治的枠組みの基礎は、今後の力の構造がどうなるかだが、現在最も議論されるシナリオはリベラルの秩序に対する中国の挑戦というものである。覇権論や力の移行論が援用され、二〇一〇年代の東、南シナ海での島嶼・環礁の領有権争い、埋め立てや基地建設、偵察行動をめぐる鞘当てがそのプロセスの始まりであるかのように論じられる。国際政治は不確実であるからそれを全面的に否定することはできないが、現時点で米国主導のリベラル秩序が中国にとって代わられるというシナリオは、荒唐無稽とはいわないにしても余り現実的ではないのではないか。それは予測というよりリベラルの自信喪失の深さを示しているように思われる。

中国は今後多少減速しても成長を続け、ベルファー・センターの推定では二〇二三年にはGDP(購買力平価)で米国の一・五倍に、二〇四〇年に米国経済の三倍の大きさになるという。それはほぼ確実であろう。その時の中国の一人当たりGDPが、なお米国の三分の一～四分の一程度であったとしてもGDPが大きければ中国の対外的な影響力資源がそれだけ大きくなるのは間違いない。

ただしそれがアメリカの衰退を意味するわけでもない。GDPで中国に追い抜かれても、アメリカはその他のほとんどの分野で世界的な最優位国であり続けるだろう。米国に集中する先端産業、技術革新力、移民による若い人口構成など、自由主義世界における最も成長余力のある国家なのである。特に軍事力の世界的配置が二〇～三〇年で覆される可能性は低いであろう。他方の中国も現在の成長速度を持続できるとは考えられず、福祉体制が整備されない状態では減速とともに山積する国内問題に忙殺される可能性が高い。一党支配体制の変更は、指導者にとって国がなくなるに等しいから、さらに集権化し抑圧的になることが懸念される。「デジタル・レーニズム」としての体制維持を予想する向きもあるが、それは社会秩序としては末期症状である。

中国がとって代わる可能性が低いとみるもう一つの理由は、先に述べた国際秩序の三層に関連する。その最も外側で緩やかに世界を繋ぐ機能的なインフラは、米国の覇権とグローバル化によって格段に強化された。現代の国際社会は、機能的に「繋がってしまった世界」であってそのインフラ・ネットワークなしには立ちゆかないであろう。中国やインドなど新興国こそ、このオープンなシステムの中で台頭できたのであって、その依存度は極めて大きい。それを支える海洋自由、南極、宇宙の領域秩序、WMDの不拡散体制、コミュニケーション回路、環境保全など開放的な世界を支える公共財は、リベラル国家であろうとなかろうと供給しなければならなくなった。中国には当面それを負担する余裕と関心がないように見える。経済・軍事力は誇示したいが、この負担を引き受けてまで覇権国になりたくないであろう。インフラを供給できない国家は現代の秩序形成において正統性が低いままである。

従って今後の秩序イメージは、地球規模のコモンズ供給と何らかの安全保障の枠組みの了解（妥協）のもとで、異なるルールに立つ国際関係の圏が併存するというものである。例えば主権・内政不干渉原理を最優先する国際関係、リベラルな秩序、支援を必要とする前近代の国家群などが想起される。ここではリベラル秩序は何かにとって代わられるのではなく、経済力、技術力、軍事力のほか、文化やイデオロギーの力によってなお最も重要なひとつの秩序圏にとどまるであろう。

圏域間の関係がどうなるかは、それぞれの圏の主要国がどう行動するかにかかっている。その要は当面、依然としてアメリカであるに違いない。著しく多元的な米国内政治において、冷戦コンセンサスは例外だった可能性がある。しかしトランプ政権の誕生で米国内政治が質的な変化を遂げたと見るのは早計であろう。国内政治の分極化は、リベラルな世界への関与派と内向きで攻撃的な対外政策派の固定支持者がそれぞれ三〇％強程度で、残りの二〇％程度がその時の政治・経済状況によって揺れ動くという状況である。だからアメリカの対外政策が再びリベラルの世界関与に振れることは十分考えられるし、それがまた逆に振れる可能性もある。つまりそのような揺れ動きをアメリカの常態と考え、これまでのような特権的立場にないアメリカをどのようにリベラルな秩序にコミットさせるか、できればリーダーシップを発揮させるか、という枠組みを考えなくてはならなくなったのである。

裏返しに言えば、他の主要国が冷戦期以来、惰性になった米国依存を脱却しなくてはならないということでもある。非自由主義の権威主義・独裁国が増大し跋扈すれば、自由主義国も集権的体制をとって対抗せざるを得なくなるから、リベラルな秩序は衰退する。従ってこの秩序にとって最も重要な問題は、この間のグローバル化に応じて国内の自由・民主主義体制をどう再編するか、この体制がなお強靭であることを示すことができるかどうかである。その上でこの秩序を大事にしたい国家の連携の編み目を濃くすればよい。余りありそうもない覇権交代に怯えるよりは、リベラル秩序圏が同調国を増やすようなパフォーマンスの良さを世界に示す方がはるかに建設的である。

Special Feature

特集◎リベラルな国際秩序の終わり？

リベラルな国際秩序と権威主義諸国の挑戦

アーロン・フリードバーグ
（プリンストン大学教授）

Aaron Friedberg
1956年生まれ。ハーバード大学で博士号取得後、現職。専門は外交・防衛政策。ジョージ・W・ブッシュ政権でディック・チェイニー副大統領の国家安全保障担当副補佐官を務めた。主な著書に『支配への競争──米中対立の構図とアジアの将来』（日本評論社）、『アメリカの対中軍事戦略 エアシー・バトルの先にあるもの』（芙蓉書房出版）など。

現在の危機

「国際秩序」が危機に瀕している。近年、西側諸国の政府関係者及び専門家の間で、このような見解が常識のように語られている。「リベラルな」、「ルールに基づく」、あるいは「原則に基づく」といった形容詞で語られるこの秩序は、第二次世界大戦の終結後に形成され、七〇年にわたる大国間の平和と経済的繁栄の礎となったと言われる。しかしながら、二〇一四年以降、ロシアのウクライナ侵攻、そして中国の南シナ海及び東シナ海における攻撃的行動によって、この現在の秩序が、現状変更を求める権威主義諸国に脅かされているとの認識が急速に強まっている。

この分析は誤りというわけではない。しかし不完全であり、ある意味では誤解を招くものである。「リベラルな秩序」という概念特有の含意は、「ルールに基づく秩序」や「原則に基づく秩序」といった言葉と同視されてしまうことによって不明確となってしまう。現在のシステムの起源を一九四五年に求めることも誤った理解を生じさせる。「リベラルな国際秩序」と的確に呼称される秩序が成立したのが第二次世界大戦直後であるのは確かだが、その構成国家は西側の先進民主主義諸国に限定されていた。アメリカ率いる西側諸国が真に「グローバルな」秩序の建設に着手したのは、冷戦が終結し、ソビエト連邦が崩壊した後のことである。この秩序は、かつて敵対した諸国を完全に取り込むものとなるはずであった。だが、その最も強大な国家は、未だ民主化を達成しておらず、権威主義体制を維持している。

楽観的で善意に満ちたこの取り組みの挫折こそが、現在の危機の根幹にある。

「リベラルな国際秩序」とは何か?

リベラル・デモクラシーと呼ばれる国内政治体制は、個人の自由に基礎付けられる。この原則の尊重は、表現と信教の自由、私的所有権、法の下の平等といった権利と、これを擁護する制度の整備へと帰着する。こうした諸権利の中でも特に重要なのは、代議制民主主義、法の支配と司法権の独立による個人の自由の確保、そして私的所有権と市場原理に基づく経済システムである。リベラル・デモクラシーに基づく国家機構の指導者は普通選挙によって選出される。しかし政府の権力は制約されており、個人の政治的・経済的権利を擁護する制度が設けられている。

リベラルな「国際秩序」は、その初期の理論家や支持者が思い描いたように、国内政治におけるリベラル・デモクラシーと同様の原理を、類似した方法で国際政治において具現化することを目指すものである。まず最も重要なのは、この国際システムを構成するのはリベラル・デモクラシーという国内政治体制を持つ国家だということである。十八世紀の傑出した哲学者であるイマヌエル・カントは、これを立憲的な共和制と呼んだ。君主制国家では王侯貴族が政治的決定を独占し、その犠牲は一般の国民が負うことになるが、民主主義諸国ではこのような状況は生じない。したがってカントは、民主主義は必然的に平和的傾向を持つと考えた。

第二に、リベラルな諸国の市民が自由に商取引を行うことができるように、リベラルな国際秩序では自由貿易が許され、あるいは奨励される。自由貿易は個人と社会全体の物質的な富を増大させるのみならず、国際協調と安定が共通の利益であるとの認識を生み出すものと想定されている。

第三に、カントは、リベラルな国際秩序には、そのメンバーの共通性にもかかわらず、国家間の関係と行動を調整するためのメカニズムが整備されるだろうと考えていた。一七九五年に出版された『永遠平和のために』で詳述されたように、カントが思い描いていたのは世界政府や国際法で規制されたシステムではなく、共和制諸国からなる「平和連盟」であった。この国際的な連盟は、共和制という国内体制が普及するとともに拡大し、最終的には世界全体を包摂するものになると想定されたのである。

したがってカントは、まだいかなる国家にもリベラル・デモクラシーという国内政治体制が定着していない時代に、世界全体がリベラル・デモクラシーの国家で覆われ、自由に貿易を行い、共通の政治的連合に加盟する世界を構想したということになる。リベラルな国際秩序の古典的概念の本質は、ここに余すところなく示されているといえよう。

アメリカの大戦略とリベラルな国際秩序の構想

どんなに理想主義的だったとしても、またいかに非現実的なようであっても、この構想は過去一世紀にわたって、そしてある意味では建国以来、アメリカの大戦略の根幹にあった。カントの著作が公表されてからほぼ百年の間、アメリカ政府は、リベラル・デモクラシーを世界に拡大し、国際秩序を再構築する力と義務が自国にあると考えたことはなかった。アメリカ政府が目指したのは、その領域を守り、発展することである。すなわちアメリカ自身の経済を発展させ、領域を拡大し、フロンティアを守り、そして他国の戦争にアメリカを巻き込みかねない「錯綜する同盟」を結ばないとの方針だ。この初期のアメリカの大戦略は、その類例のない国内政治制度を護持することを目的としていたのである。

二十世紀の初めに起きた破滅的な戦争と、アメリカの明白な力の増進があってはじめて、アメリカの指導層は、国際秩序の再編に乗り出すべきか否か、またもしその必要があるならばいかなる国際秩序を目指すのか、思い巡らすことを余儀なくされた。この問いは過去一世紀の間に三度提起された。いずれにおいてもその答えは本質的に同一である。選択を求められたとき、アメリカの政治家は、どの世代であっても、多かれ少なかれ、カントをはじめとした十八世紀から十九世紀にかけてのリベラルな思想家の構想した国際秩序の建設を目指したのである。

(1)ウィルソンの挫折

第一次世界大戦終結後、ウッドロウ・ウィルソン大統領は、アメリカの富と力を用いて、国際システムをリベラルな構想に従って再構築することを試みた。一九一七年のロシア帝国の崩壊と一九一八年のドイツ帝国の敗北は、ウィルソンに権威主義体制の崩壊とリベラル・デモクラシーへの体制転換という変革が生じるのではないかとの希望を抱かせた。さらにウィルソンは多民族帝国の解体と民族自決の原理に基づく諸国家への再編という構想を提示し、また欧州植民地帝国の経済ブロックが崩壊し、関税が引き下げられ、自由貿易と海洋の自由に基づくグローバルなシステムが構築されることが望ましいと考えた。そして最も重要であったのは、ウィルソンが国際連盟の創設を推進したことである。民主主義諸国からなる国際組織であり、集団安全保障の原理によって平和を保障する制度となるはずであった。

ウィルソンの構想は、最終的にはアメリカの同盟諸国の反対によって挫折する。同盟諸国は、当然ながら、かつての敵国を許し、その帝国を放棄し、国内市場を開放し、未知の方法に平和の維持を委ねることに消極的だった。アメリカ国内でも、ウィルソンは、国際連盟の加盟に必要な連邦議会上院の三分の二の支持を獲得することに失敗する。上院議員の多くは、この条約は集団安全保障の名の下にアメリカを戦争に事前に関与させることで、合衆国憲法の規定を軽視し、上院の権限を弱めるものと捉えたのである。しかしこの挫折にもかかわらず、ウィルソンの構想はアメリカの人々から絶大な支持を得たといってよい。これはウィルソン個人の発信力のみによるものではない。その構想が、アメリカ国内で広く共有されていたリベラルな信念に共鳴したからなのである。

(2)東西冷戦と二つの秩序

第二次世界大戦末期、戦後世界はウィルソンの提唱したようなリベラルな国際秩序となるであろうとの希望を抱いた人は少なくない。だがこの楽観的な見通しは、戦勝国の一角を占めたソ連が全くリベラルではない国家であったという不都合な現実を見落としているか、あるいは軽視したものであった。

ソ連との戦時同盟が崩壊し、冷戦がはじまったとき、アメリカの大戦略は、二つの異なる、しかし密接に関連したプロジェクトに分裂していった。一方で、アメリカ政府は、同盟を形成し、米軍を海外の基地に前方展開し、経済援助や政治工作、プロパガンダをも駆使して、共産主義の拡大を封じ込めようとした。他方で同時に、「封じ込め」の障壁の内側では、地理的に限定された、だが概ねリベラルな原則に基づいた国際秩序を構築する。

「西側秩序」とよばれるこの国際システムは、最終的に、北米、西欧、そして東アジアの一部を含むものへと拡大した。構成国のほとんどはリベラル・デモクラシーであるか、あるいは最終的に民主化を達成した。時間の経過とともに、西側諸国はモノ、カネ、ヒトの自由な移動によって密接に結びつけられていった。西側秩序には、カントの「平和連盟」やウィルソンの国際連盟のような単一の制度が形成されることはなかった。だが西側の民主主義諸国は、重層的な同盟のネットワーク、経済協力開発機構(OECD)や国際通貨基金(IMF)、あるいは世界銀行のような国際経済における制度、そしてG7のような政治的調整機関によって結合したのである。

冷戦期アメリカの大戦略を構成した二つの要素は、相乗効果をもたらした。封じ込め戦略は西側に安全と安定をもたらし、西欧とアジアの同盟諸国が復興と経済発展を遂げることを可能とした。また西側諸国間の自由貿易は経済成長を促進し、封じ込め戦略に必要な資源を生み出した。アメリカ率いる西側諸国が数十年に及ぶ軍拡競争を戦い、東側諸国との貿易と技術の流出を制限したことによって、低成長で孤立したソ連と東側諸国には大きな負荷がかかることとなる。さらに西側の明白な物資的豊かさと、自由で開かれた社会の存在は、東側諸国を惹きつけ、最終的には民主化させることとなった。四十年以上に及ぶ冷戦は、核兵器の応酬ではなく、ベルリンの壁の崩壊、そしてソ連とその帝国の概して平和的な解体と分裂によって終幕を迎える。

(3)「封じ込め」から「拡大」へ

一九八〇年代末から九〇年代初めにかけて、アメリカは二十世紀で三度目となる転機を迎えた。冷戦の終結により、アメリカ政府は、リベラルな国際秩序の構想を改めて定義することが必要となり、またその好機となる国際情勢に直面する。ここでアメリカ政府の下した決断は、予期された通りのものであった。すなわち、地理的に限定されたリベラルな秩序の防衛に成功した以上、アメリカ率いる西側諸国が次に目指したのは、その秩序の外縁をグローバルに拡大することだったのである。封じ込め戦略に代わって冷戦後にアメリカ政府が追求したのは、クリントン政権が「拡大」戦略と呼んだ、かつての東側諸国へのリベラルな国際秩序の拡張であった。

東欧には、ソ連とその帝国の崩壊によって新たな道を歩み出したかつての共産主義諸国が多数存在した。この東欧諸国に対して、アメリカと西側諸国は、西側秩序への参画を認めるとの約束を提示することで、その国内体制をリベラル・デモクラシーに転換させることを試みた。これを受けて東欧諸国は選挙制度を整備し、経済システムの改革に取り組んだ。そしてこの改革が成功した一九九〇年代から二〇〇〇年代にかけて、東欧諸国は、まず北大西洋条約機構（NATO）に、次いでヨーロッパ連合（EU）への加盟を認められる。さらに、IMFや世界銀行といった国際経済における制度的枠組みにも、東欧諸国は参加していくこととなる。

東欧諸国は最終的に西側秩序の完全なメンバーシップを獲得した。だが東欧諸国は、当初は弱体で、貧しく、そしてほとんどの国々は変革を自発的に望んでいた。さらに困難であるが、しかし長期的に見れば大きな重要性を持つ課題は、ロシア、そして何よりも中国の変革であった。西側諸国には、中露両国の体制転換を促す手段がなかった。したがって、西側諸国が東欧をはじめとした、かつての東側秩序の外縁部に対して冷戦後に適用してきた戦略は、事実上、中露両国に対してはその優先順位が逆転することとなる。東欧諸国に対して、アメリカと西側諸国は、リベラルな秩序への参加という誘因を示すことで国内体制の自由化を求めた。だが中露両国に対しては、まずリベラルな国際秩序への包摂を可能な限り進めることで、その国内における経済・政治・社会制度が最終的には転換するだろうという期待に基づいた政策が採用された。国内体制の転換の後に国際秩序への参加を認めるとの方式が転倒し、国際秩序への包摂の後に国内体制が変化すると想定されたのである。

現状変更勢力の台頭、あるいは権威主義的大国の再興

ロシアと中国の双方をリベラルな国際秩序に取り込み、体制転換するという二つの同時並行で行われた試みは、出発点も途中経過も異なったが、結果はほとんど変わらなかった。西側の豊かな経済と社会にアクセスすることができたために、ロシアは、そしてより明らかに中国は、急速に豊かになり、強大化した。だが中露両国ともに国内の自由化を進める意思はなく、国際政治においても現状に満足する国家にはならなかった。二〇〇〇年前後を境として、中露はより抑圧的かつ攻撃的となり、リベラルな国際秩序に公然と挑戦する姿勢を示し始めている。

なぜこのような事態が生じたのか？　何が誤っていたのか？

中国については、いま振り返ってみれば、改革開放政策が着手された一九七〇年代末から、またより明確には一九八九年の天安門事件以来、中国共産党は政治的自由化を許したことはなく、また経済の完全な自由化にも懐疑的だった。天安門事件の後も、中国共産党は経済改革を継続し、急速な経済成長を実現した。しかし同時に、ナショナリズムの注入と動員の手段である愛国主義教育を実施し、情報を統制して監視を強める抑圧のための技術を発展させ、政治的コントロールを維持することを追求してきた。経済的にはダイナミックだが政治的には抑圧的という現在の中国の姿は、一九九〇年代にはじまった変化の直接の帰結である。

ロシアの辿った軌跡はこれほど直線的ではない。冷戦終結直後、新たに誕生したボリス・エリツィン率いるロシア政府は、西側秩序への参画を目指し、政治的・経済

的自由化を推進した。しかしその当初より、改革は著しく迷走する。「ショック療法」による市場経済への移行は、経済の破綻とその後十年にわたる低成長を招いた。これは改革論者の力を弱め、強硬なナショナリストやかつての共産主義者を台頭させ、富を一握りの「オリガルヒ」とよばれる富裕層に集中させ、エリツィンに、腐敗した反民主的方法によって権力を維持することを余儀なくさせた。世紀転換期にウラジーミル・プーチンが権力を掌握する以前の段階ですでに、ロシアの誕生間もない民主主義は大幅に弱体化していた。そしてプーチンがあらゆる政治的対抗者を打倒し、権力をその手に集中させたのである。

ロシアと中国は、力という点でも、その将来の見通しという点でも大きく異なる。また中露両国の政治体制にも多くの点で違いがみられる。しかしながら、その本質は共通である。

すなわち、政治的には中露は共に権威主義体制であり、政治的決定権は少数のエリートが掌握し、普通選挙による審判にさらされることも、自立した立法府や独立の司法権によって監視されることもない。市民の自由や基本的人権が守られることはなく、表現の自由、報道の自由、野党、市民社会、非政府組織は厳しい統制の下に置かれている。この峻厳な統治を正当化するために、中露はともにナショナリスティックなイデオロギーに訴え、軍事力の強化と、外敵の攻撃及び国内の反乱への警戒が必要であると強調する。さらに両国は、高名かつ精力的で人気のある指導者に率いられている。歴史的にはファシズムと結びついたようなリーダーである。

経済面では、ロシアも中国も国家資本主義(state capitalism)である。すなわち私的所有と公的所有が併用され、また生産手段を国家がコントロールするが、私的領域と公的領域の境界は極度に曖昧となっている。これは中露両国で極めて深刻な腐敗が蔓延する一因となっている。また両国は共に「ナショナル・チャンピオン」と呼ばれる大企業を育成し、経済の全体的方向性を操作しようとしてきた。最後に、おそらく最も重要な共通点として、ロシアも中国もグローバル経済に深く組み込まれており、膨大なモノ、サービス、資本が国境を越えて移動している。

攻撃的行動の源泉

以上のような内政面での類似性に加えて、ロシアと中国の権威主義体制は、その対外政策においても、類似した以下のような複合的な動機によって突き動かされている。

(1)憤懣

中露両国ともに、過去の屈辱と不正義に対する憤懣を抱いている。これは西側諸国によりもたらされたものだと考えられている。こうした感情は、政治指導者によって国民の支持を調達するために操作されているという側面はある。だが同時に、この憤懣が本物であることを見落としてはならない。ロシアが負った傷は比較的最近のものだ。すなわち、共産主義とソ連の解体に伴って経験した屈辱、それに続いた西側諸国の高慢な道徳主義的態度、そして現在まで続く、ロシアの大国としての地位を認めることが西欧諸国によって拒否されているという感覚である。中国の憤懣の根は歴史にある。一八四〇年代のアヘン戦争にはじまるいわゆる「屈辱の世紀」、中華人民共和国の存在を建国から二十年以上にわたって認めなかったアメリカの態度、天安門事件に対する経済制裁、そして中国の海洋への進出を現在まで阻んでいるアメリカの同盟網と米軍の存在である。

(2)野心

現在の中露両政府は、ともに大国としての地位と威信を確立することを求めており、また同時により実態のある具体的目標も追求している。すなわち、自国が明白かつ圧倒的な優位を誇る地域的な勢力圏の確立である。ロシアはかつてのソ連の領域を統制したいと望んでおり、中国は、東アジアの海域から大陸の外縁部を含む、ユーラシア大陸の東側における優越的な地位の獲得を目指している。だが中国はさらに大きなグローバルな野心を抱いているようだ。その言い回しは現在のところ慎重ではあるものの、中国政府は明らかにアメリカと対等の存在となり、おそらく最終的には世界の支配的大国としての地位を占めたいと望んでいる。

(3)不安

ロシアと中国の権威主義体制は、その力を回復しつつあるにもかかわらず、国内外の敵対勢力に脅かされていると認識している。両国政府の抱く憤懣と同様に、この不安が見せかけのものでないことは明らかだろう。だが同時に、中露両国の指導層がこの懸念を国内における抑圧と対外攻勢の正当化に利用していることも間違いない。中露両国の政治指導者は、アメリカ率いる西側諸国が自国を包囲し、封じ込めようとしていると考えている。また両国では、西側諸国が自国の弱体化と西側のリベラル・デモクラシーへの体制転換を目指して、自国の国内体制を不安定化し、転覆させようとしていると見られている。中露両政府は、これを明確に拒絶している。

戦略

以上の脅威に対抗し、その政策目的を達成するため、中国とロシアは以下五つの要素からなる類似した戦略を構築している。

(1)開放的な西側経済への参画

中国とロシアの戦略の最重要の要素は、先進工業諸国の経済へのアクセスを確保し、可能な限りこれを維持することにある。冷戦終結後に両国が西側の貿易システムに参加することが許されたことの恩恵は計り知れない。もし中露が西側経済システムの外部に留め置かれていたのであれば、現在のような挑戦に着手することが不可能であったことは疑いない。一九九〇年代初めに西側諸国がかつての敵国を包摂することを決断し、中露両国がこの機会を掴んだことが、その後の国際情勢の展開を決することとなった。

西側との経済関係が深化したことは、急速な経済成長を可能としたのみならず、中露両国に絶大な戦略的利益をもたらした。西側諸国に中露両国との経済関係に利権を持つ利益集団が生まれたのである。こうした利益集団は、中露がいかに攻撃的な行動をとり、国民を抑圧していようとも、両国との良好な関係の維持を強く主張している。

(2)浸透と転覆からの防衛

中露両国は西側諸国との経済関係から大きな利益を得ている。だが他方で、この結果として生じる社会の開放性は権威主義体制の致命傷となる可能性があり、中露両国はこれに対する防衛策を講じてきた。西側経済へのアクセスの確保と国内統制の維持のバランスをとることは、技術革新によって情報と思想が国境を越えて移動するようになるにつれ、ますます難しい課題となってきた。

これに対抗するため、現在、中露両国は重層的な防衛策を実施しようとしている。すなわち、インターネットを含めた情報の流入を統制し、体制に異議を唱える思想が広がる前に抑圧し、国民が危険思想への耐性を持つよう予防するという方策である。インターネットで結ばれた現代世界では、いかなる方法を用いようとも、体制に破壊的な影響を与える要素から国民を隔離することはできない。習近平とウラジーミル・プーチンはこれを明確に認識している。西側のリベラルなイデオロギーは、普遍性を主張し個人の自由を強調して人々を惹きつけるが、中露両政府はこれに対抗する概念と世界に対する異なる見方を提示することで、その国民への影響力を低減させようとしてきた。ロシア政府と中国政府は、独自の信条体系を形成しており、これは自国の特有の歴史と文化に根差すものとみなされ、したがってより両国の置かれた環境に適合するものと考えられている。こうしたイデオロギーは、リベラリズムとは異なり、個人に対する集団(ロシアでは民族と国家、中国では民族と党)の優位を強調するが、これが権威主義体制を脅かすものではなく強化するものであることは偶然ではない。

(3)対米抑止と、調整され統制された現状への挑戦

冷戦の終焉以来、中国とロシアの防衛政策担当者は、アメリカの圧倒的な軍事的優位性にいかに対抗するか、苦闘してきた。両国が主として懸念していたのはアメリカの直接攻撃ではない(それも懸念対象ではあったが)。問題は、アメリカが両国の周辺に戦力を展開することであった。アメリカが、中露両国の攻撃や強制外交の対象である周辺諸国を保護し、地域的な優越を確保しようとする試みを妨害し、そして中露が自国の裏庭であると考えている地域で屈辱的な敗北を喫する可能性に直面させ

ていることが、懸念対象なのである。
アメリカの干渉を抑止するため、中露は核戦力と通常戦力双方の拡大に多大な投資をしてきた。同時に、両国は強制外交を利用する能力に磨きをかけ、また西側諸国の大規模な対抗措置を招かない範囲で軍事力を持続的に増強してきた。ロシアの欺瞞情報やウクライナ紛争における「リトル・グリーメン（ロシア軍装備だが徽章を明示していない武装集団）」の活用はこの一例である。中国も、海空軍力に加えて、海洋警備能力を増強し、人工島を建設することで、東シナ海及び南シナ海における海洋権益の拡張を図っている。中露両国の権威主義体制は、「既成事実化」を推進することによって地理的に現状を変更し、周辺地域に実効支配を拡大しているのである。

(4)西側諸国の弱体化と分断

さらに中国は、西側諸国が対抗策をとることを遅らせるべく、前述のような経済的な誘因を利用し、また、近年、「シャープ・パワー」と呼ばれるようになった政策手段を用いてきた。これは、プロパガンダ、賄賂、感化といった手法を通じて他国の世論とエリート層の認識を誘導しようとするものである。そのメッセージは硬軟両面を併せ持つ。つまり、中国の台頭を阻止することはできないが、中国の意図は平和的なものだというメッセージである。

ロシアもまた、独自の政治工作の手法を用いて西側同盟を分裂させ、主要国を不安定化させようとしてきた。広く知られているように、ロシアは伝統的手法と現代のソーシャル・メディアの双方を通じてプロパガンダを発信し、欺瞞情報を蔓延させる新たな技術を発達させてきた。すなわち、NATO諸国の主要国のポピュリストとその政治勢力、さらに分離主義勢力を支援し、またアメリカを含めた諸国の選挙に干渉してその信頼を毀損するという方策である。

(5)非リベラルな対抗秩序の模索

中露両国の権威主義体制は攻勢を強め、近年は一定の成果を収めてきた。しかし、両国の指導層は、未だに主観的には、苦境に立ち、脅かされ、そして包囲されていると認識している。予見し得る将来において両国はアメリカが優位を占める国際社会で生存を確保せざるを得ず、またその最も重要な国際制度と、国際的に広く受容されているルールと規範にはアメリカの価値と利益が反映されている。中露両国がどれほど切望したとしても、まだ既存の国際秩序を覆すべく正面攻撃を行うに十分な実力を保持しているわけではない。そこで両国が追求しているのが、現在の秩序のルール、規範、制度を選択的に利用し、また弱体化させつつ、他方で非リベラルな政治体制の存続に資する多様な多国間のメカニズムを構築することである。これはグローバルではなく地域的なものであるが、すでにユーラシア大陸を覆うまでに拡大しており、最終的には権威主義体制の連合体の基礎にもなり得るものである。

このサブ・システムは権威主義諸国から構成され、貿易、輸送・通信インフラ、そして「西側」の価値の拒絶によって結びつけられるものとなるだろう。弱体化したリベラルな国際秩序に巣くい、理想的には、「半浸透性」の境界によってリベラルな世界から隔てられていることが望ましい。中露という権威主義の大国は、西側諸国に製品と資本を輸出し、かつ開かれた西側の社会と政治システムに干渉し操作したいと考えている。それによって世界の他地域から資源、物資、技術を継続的に輸入しつつ、競合する製品と危険思想の国内への流入を統制し続けることとなるのである。

政策的含意

以上の分析は、リベラル・デモクラシーの諸国に多くの示唆を与えるものである。

第一に、中国とロシアという権威主義の大国が攻撃的な行動をとる理由は、先入観と強迫観念によるものであり、したがって中露と宥和する、あるいは妥協点を見出すことによってその政策を転換しようとする方針に成功の見込みはない。ロシアも中国も西側諸国との戦争を望んでいるわけではない。だが両国の指導者は、国内で権力を維持するためには対外的緊張と紛争が不可欠であると考えている。さらに、西側に包囲されるという恐怖ゆえに、中露が受け入れ可能な両国周辺地域の再編は、民主主義諸国には許容しがたい現状の変更を伴うことになるだろう。

中露という二つの非リベラルな大国について言えば、

ロシアが平和と安定に対する喫緊の脅威であるのに対して、中国は長期的に西側主導の国際秩序の継続性に対して大きな挑戦を突きつけている存在だといえる。ロシア政府の西部国境における行動は、中国政府の東シナ海及び南シナ海政策と同様に、誤算、突発事態、そしてエスカレーションを生じさせかねない深刻な危険を孕んでいる。少なくとも現段階では、中国は非常に慎重に、他の大国との軍事衝突を引き起こす危険性を著しく高めるような行動は回避しているようである。しかし同時に、中国政府の海洋における行動は、これまでの国際海洋法の解釈に明白な挑戦を突きつけるものである。この状況が続くことになれば、中国は、世界で最も重要な海洋交通の要衝の利用を制限し得る地位を獲得することになるだろう。他方で中国は、ユーラシア大陸方面の周辺地域において、巨大な投資とインフラストラクチャーの整備事業を進めている。もしこれが奏功すれば、ユーラシア全域で権威主義諸国は強化され、その中国との関係は強まり、大陸の大部分において、西側諸国が進めてきた経済的及び政治的自由化は停滞することになるだろう。

現在のところ、ロシアと中国は、類似した、しかしそれぞれ独立した政策を西側諸国に対して実施している。将来、両国の政策がより調整され、統合される可能性を考慮しなければならない。だが同時に、両国が互いに距離をとり、さらには冷戦期の大半のような相互不信と敵意に彩られた関係へと陥る可能性も想定することはできる。

だが少なくとも現在のところ、ロシアと中国の関係が強化される未来図の方が、かつての中ソ対立のような中露間の緊張関係よりも現実のものとなる可能性が高い。中国は経済の急成長に伴ってエネルギー需要を拡大しており、また軍事技術の輸入も依然としてある程度必要としている。したがって中国はロシアにとって有力な取引相手となっている。この二つの権威主義の大国は、イデオロギー的共通性を持つわけではないかもしれない。しかし西側諸国のリベラリズムと、その主張する普遍的価値に対して、恐怖と敵意を抱いているという点では共通している。中露両国は共に自国の国境周辺地域における地政学的現状を変更しようと試みてきたが、西側諸国はこれを押し留めてきた。これもまた、中露を接近させる要因となったのである。

もし仮に民主主義諸国が中露のどちらかに対して現在

よりも柔軟な姿勢を示したとしても、それによって中国とロシアが互いに対立関係に入るという展開は予想し難い。ロシアに対する制裁を解除し、さらにウクライナにおける優越的な地位を認めたとしても、ロシアが中国にエネルギーと武器を売却しようとする意欲を失うとは考えられない。また中国が抱える東シナ海や南シナ海における領土紛争から西側諸国が手を引いたとしても、中国政府がロシア政府と協力するインセンティブがなくなるわけでもない。現段階では、中露の更なる接近を招くリスクを考慮したとしても、民主主義諸国は、ロシアの失地回復主義と中国の現状変更の試みの双方に対して同時に対抗せざるを得ないのである。

翻訳：玉置敦彦（都留文科大学教養学部講師）

＊　本稿は笹川平和財団の支援に基づいて執筆された以下の論考と、同様のテーマに基づいて二〇一七年十一月一日に同財団で開催された講演に基づくものである。Aaron L. Friedberg, "The Authoritarian Challenge: China, Russia and the Threat to the Liberal International Order", *SPF Japan-U.S. Special Monograph Series*, Sasakawa Peace Foundation, 2017.

Special Feature

特集◎リベラルな国際秩序の終わり?

アメリカン・ナショナリズムの反撃

トランプ時代のウィルソン主義

中山俊宏
(慶應義塾大学総合政策学部教授)

Toshihiro Nakayama
1967年生まれ。青山学院大学大学院国際政治経済学研究科博士課程修了。博士(国際政治学)。津田塾大学国際関係学科准教授、青山学院大学国際政治経済学部教授を経て、現職。専門は、アメリカ政治・外交。著書に『アメリカン・イデオロギー——保守主義運動と政治的分断』『介入するアメリカ——理念国家の世界観』(ともに勁草書房)などがある。

はじめに

ウィルソン主義とは必ずしも第二八代大統領ウッドロー・ウィルソンの外交ドクトリンに限定されるものではない。ウォルター・ラッセル・ミードが大著『特別な摂理(*Special Providence*)』(二〇〇一年)の中で、ウィルソニアンをハミルトニアン、ジェファーソニアン、そしてジャクソニアンとならぶ、アメリカ外交を構成する四つの主要な潮流のうちのひとつとして位置づけたことはよく知られている。リアリズムの大司教、かのヘンリー・キッシンジャーも、(当然、やや批判的にではあるが)ウィルソン主義を支えた「道徳的普遍主義(moral universality)」こそが、アメリカ外交の主流を形成し、二〇世紀以降のアメリカ外交を突き動かしてきたと評した[1]。

アメリカは単に地図の上に広がる物理的な空間ではな

く、世界史において特殊な使命を帯びた国だという感覚こそが、ウィルソン主義の核心にある。ウィルソン主義は、アメリカは「例外的な国(exceptional nation)」だという感覚が外の世界に向けて投射されたものでもある。それは世界を自分の姿に似せて作り変えようとする衝動を生み出し、それを実現するためのアメリカの対外介入を根拠づける原理となる。第二八代大統領の名が冠せられるのは、ウィルソン大統領が、それをアメリカが対外行動をとる際の具体的な行動原理にまで高めたからだ。十分に力を蓄えたアメリカは、二〇世紀に入り、もはや内に籠る必要はなく、世界をつくりかえる準備ができていた。

一九一七年四月、ウィルソン大統領は、ヨーロッパ戦線への介入を唱えた議会演説で、かの有名な一節、「世界はデモクラシーにとって安全な場所でなければならない(The world must be made safe for democracy)」と訴えた。そして、ウィルソンは演説終盤で、以下のように述べる。「その役割を担うため、われわれは自らの命や運命、そして自分の全存在、そしてわれわれがもっているものすべてを捧げる。アメリカが自らの血と力を、アメリカの誕生を促した原理、そしてアメリカが大切にしてきた幸福と平和のために、幸運にも用いるべき日がついに来たことを誇りに思う」(一九一七年四月二日の上下両院合同会議演説)と。いま読んでも、その道徳的確信には驚かされる。

しかし、こうした感覚の源流は、独立宣言にまで遡ることができる。独立宣言を起草したトマス・ジェファーソンは、この宣言を「わが国と世界の運命に深く関わる文書(an instrument, pregnant with our own and the fate of the world)」と呼んでいる。[2] それはやや挑発的な言い方をすれば、「世界革命」の文書であり、アメリカ革命は、すくなくとも原理的には、世界がアメリカになったときにはじめて完結するというロジックを内包していた。[3] つまり、アメリカという国は、国境を超えて、世界を変えていこうという内的な衝動がその建国の理念に埋め込まれており、それが常に顕在化するとは限らないものの、他の外交潮流との関係性の中で、現実のアメリカ外交が形成されてきた。

ミードの四類型の限界

トランプ大統領が、「国家安全保障戦略（National Security Strategy）」（二〇一七年一二月）で提唱した「アメリカ・ファースト外交」は、どうもミードの四類型には収まりきらない。ミード自身は、トランプ外交をジャクソニアンの系譜でとらえることができると主張しているものの、そもそもミード自身、当初はジャクソニアンの典型としてジョン・マケイン上院議員をあげていることからもうかがえるように、かなりジャクソニアンの意味合いをずらしながら、トランプ外交に適用している（いうまでもなくマケインはトランプ批判の急先鋒である）(4)。ミードは、軍人としての経歴を強調したケネディ大統領やジョージ・H・W・ブッシュ大統領らも、ジャクソニアン的な系譜の中で説明できるとしている。ジャクソニアンは、軍の文化に固有の名誉、勇気、誇り、そして自己犠牲に依拠し、トランプのアメリカ・ファースト外交とはかなり位相を異にする。たしかにトランプ政権の誕生とともに、大統領の執務室に新たにアンドリュー・ジャクソン大統領の肖像画が飾られたことがひろく伝えられた（これは解任されたスティーブン・バノン首席戦略官の発案だった）。しかし、トランプ大統領のアメリカ・ファースト外交がジャクソニアン的な装いを纏っているからといって、それがジャクソニアンだとは限らないだろう。むしろ、トランプ政権の軍出身の閣僚・高官たちは、アメリカ外交をトランプの影響から救い出そうとしているかのようにも見える。

しかし、それをいうならば、実は二〇一六年大統領選挙民主党予備選で、旋風を巻き起こしたバーニー・サンダース上院議員も、ミードの四類型には収まりきらない。サンダースは予備選で敗退はしたものの、予備選終盤までクリントン候補を脅かし続け、そしていまなお民主党左派を中心に強い影響力を及ぼし続けている。もはやアメリカを存在論的に「良き存在」とはとらえておらず、アメリカを告発するサンダースを、「良きアメリカ」を前提とするジェファーソン的な孤立主義の型に押し込めることは無理がある。

となると、ミードの『特別な摂理』が刊行されて、およそ二〇年弱が過ぎようとしているが、その間に、アメリカ外交の位相がかなりずれた可能性を示唆している。トランプ外交、そしてサンダースが志向した世界との関わり方は、もはやミードの類型ではとらえられないということなのか。本稿の目的は、新たな類型を模索することではないが、トランプ外交については、ミード自身がもはや消え去った外交潮流としてわずかに言及しているに過ぎないデイヴィソニアン(Davisonian)的な潮流がむしろアメリカ・ファースト外交と合致しているようにもみえる。(5) デイヴィソニアンは南部連合の大統領だったジェファーソン・デイヴィスに因んでいる。これは、なにもトランプ大統領が奴隷制を支持したであろうということではないが、南部に北部の産業文化が入り込んでくるのに抵抗し、旧体制にしがみつこうとしたデイヴィスの有り様は、グローバリゼーションに抵抗するトランプ大統領のアメリカ・ファーストとも重なる。(6)

サンダースの方は、一九七二年の大統領選挙における民主党候補、反戦派のジョージ・マクガバンに因み、マクガヴァナイトという潮流が考えられよう。マクガバンは、「カム・ホーム・アメリカ」というメッセージを掲げ、ベトナム戦争からの撤退を訴えた。(7) アメリカが外に出て行くことはむしろ混乱を増大させる、そうした世界観がマクガヴァナイトの基底にある。

仮にデイヴィソニアン、そしてマクガヴァナイトが、アメリカ外交における新たな潮流だとすると、それはアメリカ外交を見る視点に大きな修正を迫るものである。とりわけウィルソニアン的な潮流にとっては、原理的なチャレンジになりうる。というのも、これまでのミードの四類型では、ウィルソニアンは、他の三類型とつながりようがあった。例えば、ネオコンを説明する際には、ジャクソニアンとのハイブリッドというかたちで説明された。また外に向かうベクトルの共通性という点で、ハミルトニアンとウィルソニアンは結びつきうる。第二次大戦後のリベラル・インターナショナル・オーダーは、ハミルトニアンとウィルソニアンの共同プロジェクトだともいえる。ジェファーソニアンとは一見反りが合わないが、ウィルソニアンは、ジェファーソニアン的な世界観が外の世界に向かって投射されたものである。具体的なアクションということになると、共通項は少ないが、その精神は共振している。しかし、これがデイヴィソニアンやマクガヴァナイトということになると、ウィルソニアンとはつながりようがないだろう。この両者の間には共通項が一切ない。

ここ一年ほどの間に、トランプ政権への近さで一気に頭角を現したハドソン研究所（hudson.org）のアーサー・ハーマンは、トランプ大統領は「ウィルソンの亡霊」をついに追い払ったとの賛辞を惜しまない。トランプは、人類の公益を推し進めることになど関心はない、トランプはアメリカの国益を追求すると。さらにトランプにとってアメリカは理念ではなく、競争的な世界の中で他の大国と競合する大国だと。トランプを経て、アメリカは無駄な装飾を払拭し、やっと普通のグローバルなスーパーパワーになる、そうした賛辞だった。[8]

二〇世紀の国際政治をつくりかえたウィルソン主義

ウィルソン主義は、国際政治や安全保障の専門家の間ではとりわけ評判が悪い。リアリストからはその道徳的普遍主義に根ざしたナイーブな世界観が揶揄され、リベラルな論客からはアメリカに特殊な役割を付与するその傲慢さが批判されてきた。特にネオ・ウィルソン主義（トニー・スミス）とも呼ばれるネオコン的な介入主義は、ウィルソン主義の評判を著しく貶めた。[9] 近年は、ウィルソン大統領自身の人種問題に関する立場が問題となり、その偽善性さえ指摘されるようになっている。[10] しかし、こうした批判にも関わらず、ウィルソン大統領が一九一七年四月に欧州戦線への介入を唱えたその瞬間が、アメリカがはじめて「リベラル・インターナショナリズム」の狼煙《のろし》を上げた瞬間でもあった。ウィルソンは、アメリカを心地よい繭の中から外に引きずり出し、世界をつくりかえる、事実上、そう宣言した。クレマンソーは、ウィルソンの一四カ条の平和原則を聞くにおよび、「神（good lord）でさえ、われわれに一〇個の戒律しか示さず、それさえわれわれは守れないというのに、一四カ条とはなにごとだ」、と呆れ返ったという。そのウィルソン大統領の名前を冠したウィルソン主義は、絶えず批判の的になりつつも、ウィルソン以降の国際政治は、ウィルソンが提唱した世界の方向に向かって進んできたともいえる。民主化、人権、民族自決、集団安全保障、国際法、そして国際機構、それらは二〇世紀の国際政治を過去と切り離すものでもあった。[11]

ウィルソン主義は、人々を隔てるものを踏み越えて、その向こう側にいこうとする普遍主義的な思考だ。それは壁を取り除こうとする意思でもある。その根底には、世界はよき方向に向かって収斂していくという楽観主義がある。アメリカは歴史的悲劇の感覚を欠いているとしばしば評されるが、ウィルソン主義が依拠する世界観はそうしたアメリカ固有の楽観主義に根ざしている。歴史の重力に縛られないウィルソン主義が世界を変えようとするとき、その関心は国家の対外行動のみならず、その国の内部にまで踏み込み、体制そのものに影響を及ぼそうとする。それは、普通の意味での支配ではなく、ある空間をアメリカ的理念で覆ってしまう。

ウィルソン的普遍主義は、冷戦期、アメリカが顕教として掲げた公式のイデオロギーでもあり、アメリカが主導するリベラル・インターナショナル・オーダーの礎でもあった。ミードは、アメリカはウィルソン的理念の伝播力ゆえに、コミンテルンを必要としなかったと論じているが、ウィルソン主義はコミュニズムに抗する対抗イデオロギーでもあった。[12] それゆえ、そう語られることは必ずしも一般的ではないものの、冷戦の終焉は、ある意味においてアメリカ外交の諸潮流の中でもとりわけウィルソン主義にとっての勝利であった。東西のイデオロギー対立が解消し、いずれ世界はリベラル・デモクラシーの方向に向かって「収斂（converge）」していく、そうした期待が冷戦後しばらくの間は支配的だった。[13] それはウィルソン主義が思い描いた世界でもあった。

このような傾向の思想的表現は、フランシス・フクヤマの「歴史の終焉論」だったし、具体的な事例としては、中国やロシアを地政学的脅威として語るよりかは、いずれは「こちら側」にくる国として語られたことに典型的に現れていた。[14] 中露両国のＷＴＯ加盟もまさにその文脈ですすめられた。一九九〇年代に賑わった人道的介入をめぐる議論も、この「convergence」を加速させるため、もしくはそれを妨げるものを除去するとの態度表明でもあった。バーツラフ・ハヴェル・チェコ大統領が、コソボへのＮＡＴＯ軍の介入を評して、人類史上初の「倫理的な戦争」であると述べたが、それはウィルソン主義こそが世界史の主流になったということとほぼ同義だった。しかし、コソボ戦争が、ウィルソン主義の頂点だったとすると、その凋落のはじまりは間もなくイラク戦争というかたちで訪れた。

アメリカ・ファースト外交誕生の文脈

九・一一テロ攻撃は、世界はリベラル・デモクラシーの方に向かって収斂していくという感覚を一時的に後退させせた。しかし、ワールド・トレード・センター崩落のシーンを前に、歴史は終焉などしていないとの声が高まる一方で、オーバードライブに入ったウィルソン主義が「大中東圏（グレーター・ミドル・イースト）」に民主化の波を外科手術的に引き起こそうとした。それは、アメリカの力で無理やり歴史をねじ伏せて、終焉させてしまおうとする介入だった。当時、イラクへの米軍介入後の見通しとして、「ジェファーソニアン・デモクラシー」の可能性が介入支持派の間で真剣に語られていると伝えられたが、まさに「ウィルソンの亡霊」がブッシュのホワイトハウスを彷徨っていたかのようだった。[15]

イラク戦争の挫折は、アメリカ国内における空気を一変させ、アメリカの「例外性」に懐疑的なオバマ大統領をホワイトハウスに送り込んだ。そのオバマは、世界をアメリカに似せて作り変えるのではなく、アメリカを世界に適応させる、そうした問題意識で世界と向き合った。「核兵器なき世界」を志向し、多国間主義と対話を重視したオバマ外交をウィルソン主義の文脈で語ることは難しくない。しかし、オバマ外交は、その本質においては、ウィルソン主義と相容れない傾向を内包していた。ウィルソン主義は、アメリカの「特殊な役割」に依拠している。しかし、オバマは、アメリカの例外性について、諸外国がそれぞれ固有の存在であるという限りにおいてアメリカも固有であるに過ぎないと語ったことがある。[16]つまり、使命的民主主義（ミッショナリー・デモクラシー）を放棄したアメリカが、そもそもウィルソン主義の担い手たりうるのか、オバマ外交はそうした問題を提起していたといえよう。たしかにオバマはウィルソン主義が目指した理念そのものは放棄しなかったものの、その実現の過程でアメリカの果たすべき役割については、抑制的な態度をとり、それを国際社会との共同性を模索していく中で見出し、実現していくべきものとした。

しかし、そうしたオバマ大統領の後を受けて大統領に就任したドナルド・トランプは、さらにはっきりとウィルソン主義と決別した。トランプ大統領は、ロバート・ケーガンの表現を借りれば、「ワールド・オーダー・ビジネス」から撤退し、むしろ普通の大国として、他の国もそうしているように、普通に、そして身勝手に振舞わせてもらうと居直った。[17]トランプが回帰したのは、ウィルソンが「リベラル・インターナショナリズム」の狼煙を上げる以前の、保護主義、単独主義、大陸主義、そして重商主義に特徴づけられる外交政策だった。[18]本稿では、それを仮にデイヴィソニアンと呼んでみた。トランプにとって、アメリカをアメリカたらしめているのは、その理念ではなく、むしろスーパーパワーであることそのものであり、その地位に挑戦しようとする国は、パートナーにはなりえず、リビジョニストか戦略的な競争相手、もしくはライバルでしかなかった。中国とロシアは、それぞれ国家安全保障戦略（NSS2017）、国家防衛戦略（NDS2018）、そして一般教書演説において、まさにそのように位置づけられた。もはや国際社会は、協力や協調を通じてなにかを実現していく場ではなく、ゼロサム的な競争的世界としてしか認識されなかった。

政権が発足して数カ月たち、H・R・マクマスター安全保障担当大統領補佐官とゲーリー・コーン前経済担当大統領補佐官の二人がウォール・ストリート・ジャーナル紙に寄稿したコラムで、アメリカ・ファーストのエッセンスを簡潔に語っている。[19]世界は、グローバルなコミュニティではなく、国家、非国家組織、そしてビジネスが競合する場であり、そういう場でアメリカの国益を最大化することこそが「アメリカ・ファースト」であると述べている。それは、まさに、「アメリカン・ナショナリズム」の宣言であり、その後、随所で同じメッセージが繰り返されている。

アメリカにおいて、「パトリオティズム」が肯定的な文脈で語られることが多いのに対し、「ナショナリズム」は否定的な文脈で言及されることが多い。それは、前者は国を思う気持ちの上に成り立つ言葉であるのに対して、後者はウチとソトを区分けすることを前提とした言葉だからだろう。別の言い方をすると、パトリオティズムは否定の上に成り立つ概念ではないが、ナショナリズムは他者を必要とする。他の国では普通に用いられるナショナリズムという言葉がアメリカで座りが悪いのは、アメリカ自体がひとつのイデオロギー（アメリカニズム）であり、他者を異質な存在として固定するのではなく、他者をウチに取り込みながら、膨張していく普遍国家だからだ。つまり、アメリカにおけるナショナルな感覚は、自らが普遍的であることに依拠しており、それを表現する言葉としては、ナショナリズムよりもアメリカニズムという言葉の方がしっくりくるということだ。

しかし、トランプ大統領は、ナショナリズムを躊躇することなく肯定する。それは単なる言葉の変化ではなく、トランプ大統領が思い描くアメリカの姿が、これまでのアメリカのリーダーたちが思い描いてきたアメリカの姿とは大きく異なるからだろう。トランプ大統領は、もはや国境を乗り越えて世界を作り変えていこうなどとはしない。むしろ、ソトの異質なものがウチに入り込んでくることに強い懸念を抱き、それによってアメリカが変わってしまうかもしれないこと(もしくは、もうすでに変わってしまったこと)に強い危機感を感じている。その危機感の物理的な表現がメキシコとの国境に建造される(と約束された)壁だ。この壁こそが他のなによりもトランプ外交を支える世界観を象徴しているといえるだろう。長らく外交安全保障エスタブリッシュメントの話を鵜呑みにしていたら、アメリカ自体がかなりおかしいことになってしまった。自分は抽象的な国際正義などには一切関心がない、もっと手にとって確認できるような利益をストレートに追求させてもらう。トランプ大統領はそう言い放った。ウィルソン大統領が、米連邦議会で演説をしてからおよそ一〇〇年。アメリカはウィルソン主義から大分遠い地点に来てしまったとの印象は拭えない。

むすび

ウィルソン主義は道義的関心が強く作用するため、予測可能性が低く、さらに二重基準の問題もはらむため、国際関係に不要な不安定要素を持ち込む。そうであるがゆえに国家は、各々の国益に基づいて行動する方が、国際社会全体の予測可能性を高め、国際体系それ自体が安定する。ウィルソン主義に対するリアリズムの側からの典型的批判だ。現にウィルソン主義に対しては、常にリアリストの側から厳しい批判が寄せられてきた。しかし、ウィルソン以降の国際社会を眺めてみると、現実には緩やかに、しかしはっきりと、ウィルソンが提唱した世界の方向に向かって弧を描いているともいえる。その中心に常にアメリカがいたわけではないが、アメリカは常に重要な役割をはたしてきた。戦後のアメリカはその力と理念で、リベラル・インターナショナル・オーダーを支え、拡張させてきた。

しかし、いまウィルソン主義に対して向けられている批判は、リアリストからのものではない。それは、アメリカを外の世界から遮断しようとするアメリカン・ナショナリズムからの批判だ。アメリカン・ナショナリズムは、もはやアメリカを例外的な存在とはみなさない。それは、内在的な傾向として常にアメリカン・インターナショナリズムと表裏一体で存在してきた傾向でもある。それは、アメリカのハートランドに住む人々が、「ワールド・オーダー・ビジネス」に感じる違和感であり、孤立主義と呼ぶほどはっきりした傾向でもないが、国際社会に対する違和感と不信感に特徴づけられる。しかし、これまではそれは最終的には退けられる抵抗勢力でしかなかった。しかし、トランプ大統領は、アメリカン・ナショナリズムの旗を掲げて、ホワイトハウスに乗り込み、例外主義の言説を支えてきたウィルソンの亡霊を追い払おうとしている。

アメリカン・ナショナリズムが、どれほど根深い現象なのか。それはアメリカ外交のかたちをまったく変えてしまうのか。その点については、慎重な検討が必要だろう。いまのところ、トランプ外交は、ミードが評するように、ジャクソニアンの外形をかろうじてとどめているようにも見える。それは、トランプ外交チームの「大人たち(マティス、マクマスター、ティーラソン)」が、トランプ外交をぎりぎりのところでトランプ大統領から救い出しているからだろう。[20] しかし、仮にトランプ外交を突き動かしているものが、デイヴィソニアン的な衝動だとしたら、それはもう明らかにアメリカだけの問題ではなくなる。

[注]（1）Walter Russell Mead, *Special Providence: American Foreign Policy and How It Changed the World* (New York: Alfred A. Knopf, 2001); Henry Kissinger, *World Order: Reflections on the Character of Nations and the Course of History* (New York: Penguin, 2014), p. 268.

（2）David Armitage, *The Declaration of Independence: A Global History* (Cambridge: Harvard University Press, 2007), p. 1.

（3）斎藤眞「世界史の中の独立と革命」『アメリカとは何か』（平凡社ライブラリー、一九九五年）九二―一二三頁。

（4）『特別な摂理』は二〇〇一年に刊行されているが、二〇〇〇年の大統領選挙共和党予備選挙で「ストレート・トーク・エクスプレス」の異名をとり、筆頭候補のジョージ・W・ブッシュを脅かしたマケイン・キャンペーンのことが念頭にあったということだろう。Walter Russell Mead, "Jacksonian Revolt: American Populism and the Liberal Order," *Foreign Affairs* (March/April 2017); Mead, *Special Providence,* p. 86.

（5）Mead, *Special Providence,* p. 90.

（6）トランプ自身がどれほど自覚的だったかはまったく不明だが、ハリケーン・カトリーナで被害を受けた旧デイヴィス邸ボーボワールを修復するために、トランプは二万五〇〇〇ドルを寄付している。

（7）Thomas J. Knock, *The Rise of a Prairie Statesman: The Life and Times of George McGovern* (Princeton: Princeton University Press, 2014), p. 429; 茶城麻優子「マクガヴァン主義の遺産―1972年大統領選挙と超党派外交の崩壊」慶應義塾大学大学院政策・メディア研究科修士論文（二〇一七年）［未公刊］。

（8）Arthur Herman, "Trump Banishes Woodrow Wilson's Ghost," *National Review Online,* November 27, 2017 <http://www.nationalreview.com/article/454057/president-trump-pushes-realpolitik-american-interests-not-woodrow-wilsons>, accessed on February 14, 2017.

（9）Tony Smith, *Why Wilson Matters: The Origin of American Liberal Internationalism and Its Crisis Today* (Princeton: Princeton University Press, 2017), xiv.

（10）John Milton Cooper, Jr. and Thomas J. Knock, eds., *Jefferson, Lincoln, and Wilson: The American Dilemma of Race and Democracy* (Charlottesville: University of Virginia Press, 2010).

（11）Smith, *Why Wilson Matters.*

（12）Mead, *Special Providence,* p. 168.

（13）冷戦後の「収斂（convergence）」への期待については、Thomas J. Wright, *All Measures Short of War: The Contest for the 21st Century & The Future of American Power* (New Haven: Yale University Press, 2017) の第一章を参照。

（14）ここでは、フクヤマ本人が自称ウィルソン主義者であったかどうかが問題なのではなく、フクヤマの言説が担った機能に着目している。なお、フクヤマは、二〇〇〇年代のイラクへの介入を批判する文脈で「現実的ウィルソン主義（realistic Wilsonianism）」を提唱している。Cf., Francis Fukuyama, *America at the Crossroads: Democracy, Power and the Neoconservative Legacy* (New Haven: Yale University Press, 2007).

（15）ブッシュ大統領は、二〇〇三年二月、アメリカン・エンタープライズ研究所で、イラクへの介入を訴える演説を行なっている。この演説で、ブッシュ大統領は、ジェフアーソニアン・デモクラシーという言葉は用いていないものの、繰り返しデモクラシーとフリーダムに言及し、アメリカの歴史的使命について語っている。George W. Bush, "President Discusses Future of Iraq," February 23, 2003 <https://georgewbush-whitehouse.archives.gov/news/releases/2003/02/20030226-11.html>, February 14, 2018.

(16) オバマ大統領は、決してアメリカ例外主義について語らなかったわけではない。国としての歩みという点では、例外的だったことを躊躇なく肯定する。しかし、ウィルソン主義的な意味でアメリカが使命を帯びているかといえば、決してそうは考えていなかった。Greg Jaffe, "Obama's New Patriotism: How Obama has used his presidency to redefine 'American exceptionalism'," *Washington Post,* June 3, 2015.

(17) Robert Kagan, "Trump marks the end of America as world's 'indispensable nation'," *Financial Times,* November 20, 2016.

(18) Hal Brands, *American Grand Strategy in the Age of Trump* (Washington, D.C.: Brookings Institution Press, 2017), p. 84.

(19) H.R. McMaster and Gary D. Cohn, "America First Doesn't Mean America Alone," *Wall Street Journal,* May 30, 2017.

(20) 拙稿「トランプ外交の一年：最悪事態は回避できたが…」SPFアメリカ現状モニター（二〇一八年二月六日）<https://www.spf.org/jpus-j/investigation/spf-america-monitor-document-detail006.html>, accessed on February 14, 1967.

Special Feature

特集◎リベラルな国際秩序の終わり？

中国は強大化するのか

ミンシン・ペイ
（米クレアモント・マッケンナ大学政治学部教授）

Minxin Pei（裴敏欣）
上海外国語大学卒業後、ハーバード大学で修士号および博士号取得（政治学）。専門は外交政策、現代中国など。「フィナンシャル・タイムス」、「ニューヨーク・タイムス」、「ワシントン・ポスト」、「ニューズウィーク」などにコラムニストとして寄稿している。主な著書に*"China's Trapped Transition: The Limits of Developmental Autocracy"*（Harvard University Press, 2006）,*"China's Crony Capitalism: The Dynamics of Regime Decay"*（Harvard University Press, 2016）など。

ルールに基づく自由主義の秩序は今、第二次世界大戦後で最大の試練に直面している。致命的な危機にあると言う人さえいるかもしれない。西側の民主主義陣営の内部で右翼ポピュリズムの台頭、独裁的な人種差別主義者のアメリカ大統領選勝利、大きな格差、中間層の急激な衰退、そして移民に対する反動が、民主制の効率と正統性の低下につながり、自由民主主義国家の将来的な存続に疑問を生じさせている。西側の民主主義諸国は国内での困難に加え、自由主義の経済と安全保障の世界秩序にますます大胆に挑みかかっている中国、ロシアをはじめとする攻撃的で強大な独裁政権と相まみえるようになっている。

国内では民主主義に再び息吹を与えるとともに、対外的には攻撃的な独裁国家に対抗するという二重の課題解決は、西側民主主義諸国にとって極めて困難だったことだろう。それが今日、この二つの仕事はさらに困難の度を増している。

自由主義の世界秩序の要であるアメリカは自国の自由民主主義体制の存続に関して、おそらく一八六五年の南北戦争終結以降で最も危険な脅威に直面している。これまでのところは独立した司法やメディアの監視、力を強めた野党によってトランプ政権による最も危険な政策措置は阻まれているが、安心できる理由はまったく見当たらない。司法に攻撃の矛先を向け、メディアを悪魔化し、人種間の緊張をあおり立て、政敵のヒラリー・クリントンを刑務所に入れると脅すトランプ大統領は、大統領府とアメリカの民主主義の規範のほぼすべてを犯している。

その一方で、今や連邦政府の三権を一手に牛耳る共和党は、アメリカの民主主義の規範と機構の崩壊に関心がないようだ。二〇一八年一一月の中間選挙で民主党が少なくとも上下院どちらかの支配権を取り戻さないかぎり、アメリカの民主主義の崩壊がさらに進む危険は高まる一方になる。

世界で最も強力な行政府の支配権を独裁志向の指導者が握り、しかも「アメリカ・ファースト」の外交政策をはっきりと公約するという事態を受けて、西側は危険の度を増す世界において自由主義の秩序を維持し、それを再び高めていく上で不可欠なリーダーシップを欠くことになる。さらに加えて、西側の民主主義の機能不全に四つの世界的な難題が重なり、問題はさらに複雑化する。

経済のグローバリゼーション、技術革命、途上国から先進国への大規模な移民、気候変動の四つで、最初の三つは西側の社会構造に極めて強い緊張をもたらしている。中間層の崩壊を引き起こし、移民排斥主義の火に油を注ぎ、民族的アイデンティティに最も顕著な政治的亀裂が生じる恐れがあるからだ。

西側が直面しているのは政治的な試練だけではない。経済面での勢力バランスは西側から途上国に決定的にシフトしている。IMF(国際通貨基金)がまとめたデータによると、一九九〇年の時点では西側先進国が購買力平価ベースで世界のGDP(国内総生産)の六四%を占めていた。それが二〇〇七年には五〇%にまで低下。二〇一七年には逆に途上国が世界のGDPの五九%を占め、先進国の比率は四一%に落ち込んでいる。

西側民主主義国家の衰退の兆候に乗じて、中国、ロシアをはじめとする世界の主要な独裁国家が国内での抑圧と国外での攻撃的行動を強めている。ロシアは二〇一四年にクリミア半島を併合して以来、ウクライナに対する戦争を続けている。中国は南シナ海の係争水域に大きな人工島を建設し、領有権を固める第一歩とした。

国内では右翼ポピュリズムと移民排斥主義、国外では攻撃的な独裁国家による打撃を受け、自由主義の秩序の運命はどう転ぶかわからない状態にある。自由主義の秩序の終焉を宣言するのは早すぎるが、その破綻が可能性として考えられるということは、第二次世界大戦後の時代を通じて自由主義の秩序が支えてきた世界の平和と繁栄の将来に、数々の重要な疑問を浮かび上がらせる。自由主義の秩序の終焉は時代の転換点となるだろう。それは間違いなく新しい世界秩序を生み出し、世界の国々に適応を強いることになる。自由主義の秩序の終焉は、世界の主要国に機会と危険の両方を生み出すだろう。

自由主義の世界秩序の終焉に最も重大な影響を受ける大国の一つは中国だろうと言うのも、誇張ではないかもしれない。一九七九年に世界に門戸を開いて以来、中国は西側が支配する自由主義の秩序に極めて大きな恩恵を受けてきた。経済面ではグローバリゼーションにより、中国は西側の技術と資本と市場にほぼ無制限にアクセスできるようになり、その間に急速な経済成長を遂げた。自由主義の秩序によって、安全なシーレーン（海上輸送交通路）、途上国での紛争の管理と解決、平和と繁栄に寄与するルールの維持と実施など、グローバル公共財ももたらされた。特にアメリカの覇権がもたらす安全保障によって、中国は比較的良好な外部環境を享受できた。

中国は過去四〇年間、自由主義の秩序の純受益国となっていることから、その終焉は中国にとって純損失になると考えたくなるところだ。しかしながら、自由主義の秩序の終焉によって生じうる利益と損失を慎重に分析すれば、中国にとって功罪相半ばする結果になりそうなことが見えてくる。

イデオロギー面では、中国は間違いなく状況が好転することになるだろう。支配的立場にある自由民主主義諸国から突きつけられていた体制の存亡に関わる政治的脅威が、大幅に弱まるからだ。

安全保障面では、中国は一部の領域で利益を得る一方で他の領域では損失を被るだろう。だが、世界が勢力圏争いに回帰するのだとしたら、中国は今よりも状況が悪くなる可能性が最も高い。中国の覇権に抗おうとする周辺諸国の団結に直面する事態が考えられるからだ。

中国の経済的利益に関しては、自由主義の秩序の終焉は大災難以外の何物でもないだろう。依然として西側に必要とされるよりも西側を必要とする部分のほうが大きいキャッチアップ型の経済であるために、中国経済は貿易と投資と技術の流入の大幅な減少によって手痛い打撃を受け、数十年にわたって成長が減速することになる公算が最も大きい。

イデオロギー面での大きな利得

自由主義の秩序が崩壊した場合に、中国にもたらされる極めて大きい明白な利益は、西側の自由民主主義のイデオロギー上の訴求力が失われることだ。中国共産党は表向きは西側と協力関係を結んでいるが、これまで一貫して西側の自由民主主義を体制の存亡に関わる政治的脅威と見なしてきた。自由で公平な選挙から政治的正統性が生まれ、法の支配によって国家の権力が制限される自由民主主義の政治システムの成功は、常に中国に対して代替の政治モデルを示し、実際に共産党の独裁支配を多元的な民主主義体制に代えようとする社会的・政治的な力を中国国内に生み出した。

歴史的経験を踏まえれば、西側の自由民主主義が強力に機能している時期には、独裁体制は内部的反乱に特に弱くなる。一九八〇年代、西側民主主義諸国の再生はソ連圏の共産主義体制の停滞と好対照をなした。

実際、旧ソ連圏諸国を支配していたエリート層の正統性を一九八〇年代に突き崩したのは、破綻をきたした全体主義の共産主義体制に対する自由民主主義の明白な優位性だった。西側の民主主義諸国が国内で政治の機能不全と経済停滞にはまり込んでいたなら、ソ連のミハイル・ゴルバチョフ書記長がグラスノスチ（情報公開）とペレストロイカ（改革）に踏み切ることもなかったはずだ。

不幸にして今日、状況は西側の自由民主主義国家にとって不利な形勢に逆転している――少なくとも表面上は。西欧諸国は右翼ポピュリズムの復活と中道勢力の瓦解を目の当たりにしている。アメリカはさらに悪い政治状況に直面している。極端な政治の二極化と行き詰まりだ。それと対照的に、中国は新たによみがえった個人独裁の下で栄えているように見える。

二〇一二年末から中国共産党総書記の座にある習近平は、自らを毛沢東以後の時代で最強の指導者に仕立て上げた。最高指導者としての五年間に政敵を粛清したばかりか、強硬な生存戦略も実行に移した。国内では共産党の権威に対するいかなる政治的挑戦も封じ込めるべく、毛沢東時代の終焉以降で最も広範な反体制派の弾圧と自由権の制限に乗り出した。対外的には自らの個人的権威と中国共産党の正統性を高めるべく、ナショナリスティックな拡張主義の外交政策を推進している。

この強硬な生存戦略が最終的に成功を収めるかには疑問符が付く。その戦略実行には極めて大きな経済的・道義的コストが伴い、個人の自由の制限は経済のダイナミズムを阻害し、平和的な政治改革を求める中国市民に対する弾圧は毛沢東の全体主義支配の亡霊をよみがえらせる。

加えて、中国社会はこの四〇年間にわたる猛スピードの経済発展によって深く変容し、歴史的にみれば独裁体制からの移行に寄与するはずの所得や教育、移動、情報へのアクセスといった有益な構造的条件がそろうようになった。実際、所得や教育などの構造的指標を比較すると、今日の中国は一九八〇年代末の台湾と韓国に似ている。東アジアの「二龍」が独裁体制から民主主義に移行した時期だ。

しかしながら、唯一異なるのが外部環境だ。自由主義の秩序は一九八〇年代に隆盛を誇ったが、今や後退しているばかりか崩壊の瀬戸際に立たされるようにさえなっている。中国共産党にとって、現在のイデオロギー面での外部環境は絶好の状態だ。端的に言えば、一党独裁に代わるモデルとして最も妥当性と魅力の高い自由民主主義が本質的な訴求力を失っているのだ。

トランプとブレグジット（イギリスのEU離脱）の時代にあって、中国の国営メディアが西側民主主義諸国の苦難を知らしめようと熱を上げるのは驚くにあたらない。このプロパガンダ攻勢の背後にある政治的動機はあまりに明白だ。中国共産党は国民に対し、中国では自由民主主義は達成不可能であるばかりか望ましくもないと思わせようとしている。それには西側の自由民主主義の哀れな状態に人々の目を向けさせ、この落ちぶれたシステムを真似たいのかと自問するように仕向ければ事足りる。

しかしながら中国の指導者たちは、過去に同様の試練をくぐり抜け、たくましさを増してきた自由民主主義の自己修正能力を過小評価しているかもしれない。もし、西側の自由民主主義諸国がいま対峙している力は手に負えないほど強いものであるのなら、私たちは考えられないことを考えなければならないかもしれない。自由主義の秩序の終焉は自由の大義にとって災禍となるが、世界最大の一党独裁体制にはイデオロギー上の恵みをもたらすのだ。

中国と国際安全保障——未来への回帰か

西側の自由民主主義がイデオロギー上の訴求力を失うことによって、中国共産党が大きな利得を得るのだとすれば、自由主義の秩序の崩壊が安全保障に及ぼす影響はもっと複雑になる。中国は一部の領域では恩恵を得るかもしれないが、同時に他の領域では状況が悪化することになるはずだ。台頭する大国の例に漏れず、中国は究極的に東アジアでアメリカに取って代わり、地域の覇権国家になるという野心をもっている。自由主義の秩序の崩壊が中国に対し、その地政学上の長期目標の達成に向けて戦略的な好機を生み出すのかどうかは、アメリカの安全保障戦略と世界貿易という、二つの変数次第となる。

自由主義の秩序が崩壊した場合の安全保障の力学は、イデオロギーの力学とは根本的に異なる。イデオロギー面では、西側民主主義諸国の内部における解決不能な社会的・政治的争いによって自由主義の秩序が崩壊した場合、その訴求力が失われることは明白であるはずだ。だが、安全保障の力学はそれよりも複雑だ。自由主義の秩序が終焉を迎えた場合、一般的に独裁主義の大国を利することになるのかどうかは不透明だ。中国の場合、最も重要な変数はアメリカの国家安全保障戦略だ。

自由主義の秩序の崩壊後、アメリカが取りうる戦略は二つある。一つは、アメリカがグローバルな関与から退いていくなかにあっても、安全保障上の国益に関わる直接的な挑戦には積極的に立ち向かうという戦略だ。この場合、中国はほぼ確実に戦略的競争、さらには紛争におけるアメリカの最大の標的となる。このシナリオの下では、アメリカは東アジアで安全保障の構えを強めることになる公算が大きい。アメリカが他の地域から手を引くことによって、国防総省は中国の軍備増強に対抗すべく西太平洋へ回せる軍事資産を増やし、アメリカ軍の前方展開が進むことになるだろう。アメリカは米中の戦略的競争における勝算をさらに高めるためにアジアの同盟ネットワークを強化し、本来的にアメリカの同盟国となるはずの二つの中国の隣国、インドとベトナムを同盟に取り込もうとする動機づけも働くだろう。このシナリオの下では、中国の安全保障は明らかに状況が悪化する。

一方、「孤立主義のアメリカ」というシナリオが現実になった場合、中国は戦略的空間が広がり、アジアを支配するという目標を達することになるかもしれない。しかしながら、この結果になることは考えにくい。

アメリカが西太平洋から撤退した場合、タイやカンボジア、ラオスのような一部の小国は中国に引き寄せられるかもしれないが、日本や韓国、インドネシア、ベトナムのようなミドルパワーが自国の安全を守るために対抗する連合を組むことになる公算が最も大きい。この勢力はほぼ確実に、中国がアジアを一手に支配することを望まない別の二つの大国、インドとロシアの支援を得るだろう。そうなると、アメリカが撤退した後の東アジアは中国の勢力圏にはならず、第一次世界大戦前夜のヨーロッパに似た様相を呈するかもしれない。敵対する二つの連合がにらみ合い、軍事衝突の危険が高まる状態だ。中国の覇権にあらがう決意を固めたアジア諸国の連合を前にして、中国はその強大な力にもかかわらず安全保障が悪化することになるかもしれない。

自由主義の秩序が崩壊した場合に中国の安全保障に生じうるもう一つの代償が、特定のグローバル公共財の消失だ。具体的に言うと、自由主義の秩序の中核であるパックス・アメリカーナ(アメリカ主導の世界平和)が、世界の平和と繁栄に決定的な重要性をもつグローバル公共財を提供してきた。アメリカが主導する核不拡散の取り組みは、完全なものでもまったく私心のないものでもないかもしれないが、実際に核兵器の拡散に歯止めをかけてきた。自由主義の秩序が消え失せれば、自衛のために核兵器をもつ国が増えることになる可能性が高い。この事態は中国の安全保障を損なう。

グローバル公共財のもう一つの形態が、グローバル経済の貿易ルートを構成するシーレーンの安全だ。アメリカとその同盟国の海軍の存在がなければ、決定的に重要なシーレーンに海賊行為の横行や国家が背後についた侵略行為の危険が生じる。貿易ルートが不安定な状態になれば、世界最大の輸出国である中国は経済の生命線を失うことになる。もちろん、中国はそうした海域の警備に海軍を送り込むことを決めるかもしれないが、それには莫大な経済的費用が伴う上に、外国の海軍基地に支援拠点を確保することも必要となる。それを確保しようとすること自体、中国の影響力を恐れる相手国や周辺諸国との間に緊張を引き起こしかねない。

中国は数十年来、アメリカ一極の終結が中国の安全保障上の利益に紛れもない恵みをもたらすと信じて「多極世界」を擁護してきた。アメリカ一極が実際に新たな多極の世界秩序に取って代わられると、皮肉にも中国の状況はさほど好転しないかもしれない。むしろ、アメリカの覇権を中核とする自由主義の秩序によって提供されている公共財にただ乗りできなくなるため、状況が悪くなることのほうがほぼ確実だ。

ポスト自由主義世界における中国経済

中国にとって、自由主義の秩序の終焉後に状況が悪化する公算が大きいのは安全保障だけではない。世界貿易のシステムが経済ナショナリズムと保護主義の餌食にされるなかで、中国の経済はさらに大きな破壊的影響を被ることになる恐れがある。

自国を世界経済から隔離していた中国が一九七〇年代末に開放へと転じてからの急速な経済発展は、自由主義の経済秩序なしには果たされ得なかった。確かに、中国国内の経済自由化と民間の起業活動、人口ボーナスが経済成長の主要な原動力だった。だが、西側の技術と資本、市場に対するほぼ無制限のアクセスがなければ、三〇年以上にわたって二桁の成長率を維持することなどあり得なかった。

この四〇年で世界の輸出全体に占める中国の割合は二%足らずからほぼ一四%にまで高まる一方、中国の公式統計によると対中外国直接投資(FDI)は二〇一六年時点で一兆七一〇〇億ドルに達している。何万社もの外国企業が中国に生産拠点を構え、中国が世界の製造超大国になることを助けた。

問題は、自由主義の秩序が崩壊した際に、中国が開かれた世界経済の恩恵を享受し続けられるかどうかだ。

確かに、中国が得をしうる分野もある。たとえば、ルールに基づく自由主義の秩序の終焉は、知的財産権の保護が大幅に弱まることにつながるかもしれない。キャッチアップ型経済の中国は、それが利益につながりうる。そうしたルールに従う必要がなくなってより大きな自由を享受し、西側の重要な知的財産権を侵害しても罰せられなくなるからだ。

中国が受けるかもしれないもう一つの恩恵は、環太平洋経済連携協定(TPP)に対抗して打ち出した東アジア地域包括的経済連携(RCEP)など、自国が支配する自由貿易圏の構築だ。

実際、アメリカ離脱後のTPP11とRCEP(実現するのだとして)の今後には、自由主義の秩序が崩壊した後の国際貿易の姿をうかがえるかもしれない。中国から見れば、RCEPによって、世界貿易機関(WTO)のような開かれた貿易体制に代わるシステムの構築が可能になる。極めて強い経済的影響力を握ることで、中国は現在のアメリカとEUと同じようにルールの設定と実施ができるようになる。

しかしながら、RCEPはWTO体制よりもはるかに小規模だ。その結果、この自由貿易協定がもたらす恩恵も同様に限られる。自由主義の秩序が崩壊すればWTOがなくなることも確実であるため、世界貿易は壊滅的な打撃を受けるだろう。アメリカやヨーロッパなどが中国の輸出に対する障壁を設け、世界の貿易大国の一つである中国が最も重要な市場を失うことになりかねない。

自由主義の秩序の終焉は、世界銀行やIMFなど主要な国際金融機関を巻き添えにするかもしれない。一見、西側主導の国際機関の崩壊は中国の勝利であるかに思える。なんといっても中国政府は近年、アジアインフラ投資銀行(AIIB)や新開発銀行(NDB)など、対抗するための国際機関の設立に巨額の資金を投じている。

不幸にして、これら中国主導の機関は世銀やIMFに取って代われない。世銀やIMFは出資の過半を豊かな西側諸国から受け、さらに資本増強にも応じてもらえるため、AIIBやNDBよりはるかに資本面で充実している。たとえ中国経済が一〇年以内にドル建てでアメリカ経済に追いついたとしても、総生産は依然として西側(アメリカ、EU、日本)の半分にも満たない。

さらに加えて、世銀もIMFも開発と経済の安定化に膨大な量の知見と経験を蓄積している。中国には端的にないものだ。したがって、このように十分に確立された国際機関の消滅が中国主導の国際金融機関の支配につながる、と考えるのは非現実的だ。

世銀やIMFなき世界は、現在よりもはるかに不安定になるだろう。貧困の緩和を目的に開発資金を提供している世銀に関しては、貧困が紛争を引き起こすなら、世銀の消滅は途上国における政治の不安定化と混乱につながることを意味しうる。中国は、その間接的な被害を受けるだろう。なぜなら、重要な原素材を天然資源の豊富な貧困国に依存しているからだ。

中国は近年、途上国に対しても巨額の投資をしている。貧困に起因する大規模な民族的・政治的紛争が発生すれば、中国はその投資の多くを失うことになるかもしれない。重要な原素材やエネルギーに対するアクセスが脅かされ、場合によっては断たれてしまうことになる恐れもある。

IMFが存在しなくなれば、世界の金融システムは大きく不安定化するはずだ。IMFは、国際収支上の問題やマクロ経済上の深刻な不均衡に直面している国々に対して、極めて重要な資金を提供している。金融危機は一国から他国に波及しやすいため、IMFが存在しなくなれば、世界の金融システムは今よりも頻繁に、より重大な危機に見舞われるようになる。金融危機が頻発する世界に中国が恩恵を受けることは想像しがたい。

時代の先取りか

自由主義の秩序なき世界の中で中国はどうなるのかという本分析は、総合的に見て、中国は自由主義の秩序の下にある世界にいたほうがいいということを示している。もちろん問題は、中国共産党がなぜその崩壊を望んでいるのかという点だ。その答えは、中国の共産党支配そのものの存続に対して、自由主義の秩序が突きつけている最も重大な脅威の中にある。

中国の一党独裁体制にとって、自由主義の秩序は存亡に関わる政治的脅威にほかならない。中国は国家として自由主義の秩序から経済と安全保障に極めて大きな恩恵を受けてきたが、中国共産党の独裁体制はいくつかの極めて重要な側面で、この秩序と相容れない。

イデオロギー面では、自由主義の秩序は中国共産党の政治的正統性を脅かす。それというのも、自由主義の秩序を擁護する国々は、代替の政治モデルを求める中国の人々を触発しうる民主主義国家であるからだ。

経済面では、ルールに基づくシステムという概念は「力は正義なり」と信じる体制と相容れない。安全保障に関しては、中国の支配者たちは集団的安全保障をまったく信用していない。

したがって、中国は自由主義の秩序が崩壊すれば苦しむことになるかもしれないが、その崩壊によって存亡に関わる政治的脅威がなくなるのなら、中国共産党はその代償を払おうとするだろう。

中国の台頭そのものが自由主義の秩序の弱体化に極めて大きな役割を果たしてきただけに、中国の指導者たちはおそらく、その秩序が崩壊する日を予見しているだろう。自由主義の秩序は中国が超大国の地位を獲得した後でも中国を組み入れ、一つにとけ込ませる力があると確信していた西側民主主義諸国の指導者たちと異なり、中国の指導者たちは、必要な経済的・軍事的な力を獲得しさえすれば、自由主義の秩序を構築した国々が定めたルールを書き換えられるということをよく知っている現実主義者だ。そうしたルールを書き換えることができなければ、中国はルールを無視するか、自国が支配する並行秩序を構築することによって単純に挑もうとするだろう。

ある重要な意味において、中国の指導者たちは時代を先取りしているのかもしれない。二〇〇八年の世界金融危機以降の中国の大きな戦略的動きをたどると、中国政府は自由主義の秩序が崩壊しうることを見越して基礎固めをしているというパターンが見えてきそうだ。特に南シナ海の係争水域での人工島の建設、ＡＩＩＢとＮＤＢの創設、「一帯一路」構想とＲＣＥＰの推進、軍備近代化の加速（とりわけ航空母艦などの戦力投射能力に対する投資）、ロシアとの安全保障上の連携の開始は、中国が自由主義の秩序が消滅する日に備えていることを示している。

言うまでもなく、これは大胆で危険をはらむ戦略的決断だ。自由主義の秩序が内部的な緊張によって実際に崩壊した場合、中国の賭けは大きな見返りをもたらすことになる。たとえ総体的にそれほどの結果にはならない場合でも、少なくとも中国は他の国々より備えができていることになる。

しかしながら、西側民主主義諸国が自己蘇生に成功して自由主義の世界秩序を救えば、中国は高くつく戦略的過ちを犯したことになる。すでに中国の行動は、自由主義に対する直接的な脅威として不安を引き起こしている。自由主義の秩序が生き残れば、その最大のステークホルダー(利害関係者)であるアメリカとEUはほぼ確実に、その秩序がもたらす恩恵に対する中国のアクセスを制限しようとするだろう。中国は自由主義の秩序なき世界を目にするのではなく、息を吹き返した自由主義の秩序との対立——負ける可能性が高い争い——に引き込まれることになるのだ。

Special Feature

特集◎リベラルな国際秩序の終わり?

プーチン政権と地政学の復権

ロシアの「大国」アイデンティティ

小泉 悠
(未来工学研究所研究員)

Yu Koizumi
1982年生まれ。早稲田大学大学院政治学研究科(修士課程)修了後、民間企業勤務、外務省国際情報統括官組織専門分析員、ロシア科学アカデミー世界経済国際関係研究(IMEMO RAN)客員研究員などを経て、現職。ロシアの軍事政策を中心に旧ソ連の安全保障政策を専門とする。主な関心領域はロシア軍改革、核戦略、対外軍事関係など。著書に『軍事大国ロシア』(作品社)、『プーチンの国家戦略 岐路に立つ「強国」ロシア』(東京堂出版)など。

はじめに——「地政学」の氾濫

ロシア人は「地政学」という言葉が大好きである、という話からこの文章を始めることにしたい。これは読んだとおりの意味であって、ロシア人との会話やロシア語の文章にはやたらにゲオポリティカ(геополитика=地政学)が登場する。ただし、政治と地理の関係に着目するという地政学的な考え方がそこに反映されていることは稀で、単に国際安全保障上の諸問題、という程度の使われ方である場合が多いようだ。この意味では、金融業界でよく用いられる「地政学リスク」に似た趣がある。

だが、ロシア語に「地政学」が溢れるようになったのは、ソ連崩壊後のことであった。ソ連では地政学がナチスのイデオロギーであるとされ、極めて否定的な扱いを受けていたためだが、現代のロシア人がこれほどまでに「地政学」という言葉を愛用するのは、どうも当時の反動なのではないかとさえ思われる。ソ連崩壊後に共産党書記長となったゲンナジー・ジュガーノフまでが『勝利の地政学』と題した書物を著したのはその好例であろう。

だが、地政学を抑圧したソ連時代においても、地政学がやたらに持ち上げられる現代ロシアにおいても、本質的な状況はあまり変化していないのではないか。というのも、地政学という言葉を用いるかどうかは別として、「地政学的なるもの」はソ連やロシアの国家観に深く根付いているように筆者には見えるためである。

では、ロシア的な文脈における「地政学的なるもの」とは、具体的にどのような思想であるのか。そして、それはロシアをどのような行動に導き、二〇一四年以降に世界の耳目を集めてきた対外的行動とどのように結ばれているのか。本稿ではこれらの点について考えてみたい。

アイデンティティとしての地政学

ソ連崩壊後にロシアで興った地政学ブームは、ロシアにおけるアイデンティティの危機と深く結びついていた、といえば若干の違和感をもたらすかもしれない。この数年、日本でも一種の地政学ブームが起きており、書店へ行けば地政学と銘打った本が平積みになっているのを目にする。だが、こうした書物でアイデンティティという要素が注目されることは少ないようである。どちらかといえば、ユーラシア大陸の心臓部(ハートランド)を支配しようとする大陸勢力(ランドパワー)とこれを阻止しようとする海洋勢力(シーパワー)の対決という古典地政学の図式から国際政治の現状を説明しようと試みるものや、より純粋に地理的要素から個々の国家が置かれた状況を分析しようとする「景観学派」的なアプローチが多いように見える。しかし、ロシアにおける地政学思想、ことにソ連崩壊後のそれを考えるとき、アイデンティティの問題は避けて通ることはできない。

ソ連崩壊により、ロシアはあまりにも急速に超大国としての地位を失った。深刻な政治と経済の混乱により国力は低迷し、かつては世界最強を誇ったソ連軍も解体されて弱体化していった。何より、ロシアが共産主義イデオロギーを放棄したことは、西側の自由民主主義体制とは異なるモダニティのあり方をリードする思想的中心としての地位の喪失を意味していた。

かといって、誕生したばかりのロシアは新たなアイデンティティを確立することもできなかった。ロシアの代表的な国際政治学者であるドミトリー・トレーニンがその主著『ポスト帝国』(Dmitri Trenin, *Post-Imperium: A Eurasian History,* Carnegie Endowment for International Peace, 2011. 邦題『ロシア新戦略』作品社、二〇一二年)で述べたように、新生ロシア連邦は自らを国民国家と位置付けるわけにはいかなかった。約一七〇〇万平方キロメートルという巨大な国土に、ロシア人からアジア系諸民族まで、正教徒からイスラム教徒までの多様なアイデンティティを抱え込んだロシアが、何故現在の範囲でひとつにまとまっていなければならないのか。かつてのソ連であれば、その国歌が宣言するとおり、共産主義という理想に向かって団結した同盟(ソユーズ)なのだという理解が可能であったが、ロシアという連邦(フェデラーツィヤ)は国家としての団結を説明する原理を欠いていた。再び国歌を例にとれば、ソ連崩壊後のロシアはなかなか新しい国歌を制定することができず、二〇〇〇年になってようやく制定された新国歌も、ロシアを「愛すべき我らの国」とするばかりで、団結の原理を示していない。果たして一九九〇年代のロシアは、北カフカスではチェチェンの分離独立運動やモスクワの支配に服さない地方の知事たちに手を焼く結果となるのである。

一方、ロシアは新たに画定された国境の外部にも問題を抱えていた。プーチン大統領はかつて、ソ連崩壊を「二〇世紀最大の地政学的悲劇」であると述べたことで知られるが(二〇〇五年の議会向け教書演説における発言)、その後に続く言葉が注目されることは少ない。すなわち、「数千万人の我が国民と同胞が、ロシアの領域外に居ることになってしまった」という一言である。これはソ連崩壊によって二六〇〇万人とも言われるロシア系住民がロシア連邦の国境外に取り残され、ロシア民族が分断されてしまったことを示している。ロシア人が「パチティー・ナーシ(ほとんど我々)」と呼ぶベラルーシ人やウクライナ人を含めれば、分断の規模はさらに巨大なものとなる。プーチン大統領のいう「地政学的悲劇」とは、単に超大国としての地位を失ったことを嘆くだけのものではないことは明らかであろう。

以上のように、新生ロシアは突如として超大国としての地位を失い、「ロシア的なるもの」は国境で分断され、国境内には「非ロシア的なもの」を抱え込むという三重のジレンマに陥った。そして、このジレンマは、アイデンティティと地政学の交錯点でもあった。

前述のトレーニンが述べるように、ソ連とは(その看板とは裏腹に)帝国であった。ホーウェは、帝国の一般的定義を「もともとの境界外部の領域に対して支配を及ぼす広範な政体」であり、「核」と「周辺」の間の支配関係を特徴とすると述べているが(Stephen Howe, *Empire: A Very Short Introduction*, Oxford University Press, 2002.)、このような関係性はソ連にもそっくり当てはまる。ソ連において「核」を形成したのはロシアであり、これが東欧、カフカス、中央アジアという「周辺」を直接・間接に統治するという構造であった。

ところが、ソ連の崩壊は、こうした帝国的秩序の崩壊にもつながった。地球の陸地総面積の約六分の一(約二二〇〇万平方キロメートル)を占めていた巨大国家は今や一五の独立国家群へと分裂し、ソ連の支配下にあった東欧諸国も自律性を取り戻した。かといって、ロシアとこれらの国々が突如として普通の国家間関係へと移行できたわけでもない。各種のインフラから生産ネットワーク、プーチン大統領が述べる国境外の「同胞たち」、在外ロシア軍基地などは依然としてかつての「核」と「周辺」を結びつけていた。

ロシアはこれらの国々とどのような関係を結べばよいのか——つまり、旧ソ連諸国に対して帝国として君臨した過去と訣別して対等な国家間の関係を築くべきなのか、それとも過去の帝国的秩序をなんらかの形で引き継ぐべきなのか。そして、これらの国々に対する域外勢力(たとえば米国)の関与をどのように扱えばよいのか——たとえば旧ソ連諸国がNATOに加盟することを認めてもよいのか……?

これらの問いは、究極的には新生ロシアの方向性をどのように定めるのかという問題に行き着く。つまり、ロシアは今後も旧ソ連という「境界外部の領域に対して支配を及ぼす」べきなのか否かということだが、これはある意味では地政学(旧ソ連空間における「ロシア」の範囲をめぐる問題であると同時に、アイデンティティ(ロシアは帝国であるべきか)の問題でもある。ここにおいて、地政学とアイデンティティはほとんど判別不能な形で癒着することになったのである。

西欧、帝国、大国

アイデンティティと地政学をめぐる問題に関してロシアでは様々な政治的意見が噴出したが、トールはこれを西欧志向、帝国志向、大国志向の三つに整理した(Gerard Toal, *Near Abroad: Putin, the West, and the Contest over Ukraine and the Caucasus*, Oxford University Press, 2017.)。

西欧志向は初期のエリツィン政権期においてコズィレフ外相が推進した西側協調路線に顕著に見られる。ここでは、米国を中心とする西側諸国の価値や制度への統合を志向しつつ、ソ連崩壊によって生じた新たな国境を尊重し、旧ソ連諸国を独立した主権国家として扱う傾向が認められる。

しかし、西欧志向は短期間のうちに放棄された。ソ連崩壊の前後、ロシアはワルシャワ条約機構の解体、在欧ロシア軍の撤退などによって西側との軍事的対決姿勢を放棄したが、対ソ同盟であったNATOはソ連崩壊後も解体されるどころか東欧社会主義国を飲み込み、旧ユーゴスラヴィアではロシアの意見に耳を傾けることなく介入が行われた。この結果、西欧への統合を志向する限り、ロシアはその後を追う格下のパートナーとしか見なされない、という不満がロシアには鬱積していく。

一方、帝国志向は、ジリノフスキー(現・自由民主党党首)、ロゴージン(現・副首相)、ルシコフ(元モスクワ市長)といった民族主義的政治家、ドゥーギン(思想家)やソルジェニーツィン(作家)などの知識人が唱えたものであり、ソ連崩壊の結果に対して極めて否定的な姿勢を示す。つまり、ソ連崩壊の結果として誕生した新興諸国を本当の意味では独立国と見なさず、依然としてロシアを中心とする秩序の下にある国々と見なすのである。その根拠となるのが、旧ソ連諸国に取り残されたロシア系住民やロシア語話者、さらにはウクライナ人やベラルーシ人といったスラヴ系諸民族の存在である。帝国志向の国家観においては、こうしたエスニック集団が暮らす領域をロシアの「歴史的空間」と見なし、その内部ではロシアが彼らを保護する「責任」を負うとともに、本来の国境線を超えて「歴史的主権」を及ぼすことができるとされる。

ここに、ドイツを中心として発展した大陸地政学との類似性を見出すことはさほど難しいことではあるまい。ドイツのラッツェルやハウスホーファー、あるいはスウェーデンのチェレーンといった思想家によって一九世紀から二〇世紀前半に体系化された大陸系地政学は、国家を一種の生命体に見立てた。そして、生命体たる国家は「成長」の過程で人種、言語、文化などを同じくするエスニック集団を吸収し、さらにこの集団が自活するに足るだけの生存圏(レーベンスラウム)を支配下に置く「権利」を有するとされる。

こうした思想が生まれてきた背景には、ドイツ民族が統一国家を持たず、いくつもの国家に分割されていたというドイツ版の「地政学的な悲劇」が存在していた。ロシア国際法思想の研究家であるメルクソーが、国境とエスニック集団の分布が一致しなくなったロシアを第一次世界大戦後のドイツになぞらえてワイマール・ロシアと呼んだのはこのような類似性に着目したものである(Lauri Maelksoo, *Russian Approaches to International Law*, Oxford University Press, 2015.)。それゆえに、ソ連崩壊後のロシアで生じた帝国志向は、大陸地政学の論理と極めて強い類似性を示すことになった。

歴史的に見ても、ロシアは常に大陸地政学の影響を受けてきた。たとえば筆者の手元には『地政学:理論と実践』と題された二〇一六年発行のロシア語書籍がある。これを見ると、ロシアの近代地政学は一八世紀におけるロシア帝国の拡張と地理学の進展によって始まり、ドイツから大陸地政学の影響を受けながら独自の発展を遂げてきたことが分かる。「独自の」というのは、欧州とアジアにまたがる巨大な国土や厳しい自然環境などロシア固有の地理的環境、あるいはロシアが救世主となって周辺の諸民族に調和をもたらすのだというメシア主義といった独特の思想が見られるためだが、国境線ではなくエスニックな集団を国家の範囲とみなし、それが集団の活力に合わせて伸縮するといった考え方をとる点では、ロシアの地政学思想は大陸地政学のそれと極めて似通っている。

このように考えれば、現代ロシアにおける代表的な帝国志向思想家であるドゥーギンが、大陸地政学やロシア地政学の研究家として出発したことは偶然ではないだろう。帝国志向とは、ソ連崩壊後に生じた「地政学的悲劇」に対する処方箋を大陸地政学に求めたものと言える。

ただし、トールやメルクソーも断っているように、ロシアの対外政策や国際法理解において、ここまで極端な考え方が主流となっているわけではない。ドゥーギンがプーチン大統領のブレーンであるかのように言われることもあるが、これは後述するプーチン大統領の大国志向にドゥーギン的な帝国志向との共通性が見られることによる一種の神話であると考えたほうがよい。

また、実際の能力から考えても、ソ連崩壊後のロシアが旧ソ連諸国を完全なコントロール下に置くことは不可能であった。国力が衰え、イデオロギー的な求心力も失ったロシアには、「帝国」として振る舞いうる余地は残されていなかったのである。そもそも大陸地政学が発達したのは勃興期のドイツにおいてであり、衰退の只中にあった一九九〇年代のロシアにとっては現実的な処方箋であったとはいえない。

そこで最後の大国志向について見てみると、これは帝国志向のやや現実的な変種と呼ぶべきものであることがわかる。大国志向的国家観においては、西欧への統合は否定されない。また、ロシアが旧ソ連諸国を帝国的秩序の下に直接統治することはやはり想定されず、ソ連崩壊によって生じた新たな国境も否定はされない。ただし、旧ソ連圏において生起する事象に関してロシアが強い影響力を発揮できる地位を持つべきであるという点では、大国志向は帝国志向との共通性を有する。

西欧志向が失望のうちに放棄され、夢想的な帝国志向も実現不能という状況下で、ソ連崩壊後のロシアが依拠したのがこの大国志向であった。ひとつの画期と見なされるのは、西欧志向の代表格と見なされていたコズィレフ外相が一九九二年一二月に行った次のような「転向」演説であろう。

「ロシアは外交政策の概念を修正せねばなりません……依然としてヨーロッパへの仲間入りをすることには重点を置いています。しかし、我々の伝統というものがかなりの程度(主にというわけではないにせよ)アジアに基礎を置いており、これがためにヨーロッパとの和解には限度があるということに、我々は今やはっきりと気付いているのです……旧ソ連空間(中略)はポスト帝国の空間なのであって、この中でロシアは、軍事力や経済力まで含むあらゆる可能な手段を用いて自らの利益を守らねばならなくなるでしょう」

コズィレフの演説は、旧ソ連諸国との地政学的な関わりがロシアのアイデンティティをめぐる問題そのものであること、しかもそれが単純な西欧志向では割り切れないものであったことを明瞭に示している。そして、このような大国志向は、ソ連崩壊後四半世紀を経た現在のロシアにも明瞭に受け継がれている。前述のトールによれば、現代のロシアにおける大国主義者(державники)の代表格はプーチン大統領であり、それゆえに大国志向は対外政策の基調とみなすことができる。

しかし、西欧志向とも帝国志向とも異なる大国志向とは結局何なのだろうか。それはロシアのアイデンティティをどのようなものと定め、旧ソ連空間におけるロシアの地政学的地位をどのように導こうとしているのだろうか。そこで次節では、この大国志向についてもう少し詳しく見ていくことにしよう。

「大国」と「主権」

まず検討されるべきは、大国志向が目指すところの「大国」とはそもそも何なのかという点である。ツィガンコフによれば、ロシア語の「大国(держава)」とは、独力で他国とのパワーバランスを維持し、自らの独立を保つことができる国のことであると理解されてきた(Andrei P. Tsygankov, *Russia's Foreign Policy: Change and Continuity in National Identity*, Rowman&Littlefield, 2016.)。やや古めかしい言葉を用いるならば「強国」とか「列強」ということになろうが、いずれにしても「大国」の要件として他国との相対的なパワーが想定されていることにここでは注目したい。単純な国土の大きさや経済力では「大国」たるに十分とは言えず、自らの独立を全うできるだけのパワーを有することが必須条件とみなされるのである。

そして「大国」であるということは、時に「主権」と同一視される。つまり、「大国」としての要件を備えた国だけが本当の意味での主権国家なのであり、そのような力を持たない国々は大国に主権を委譲した「半主権国家」にならざるを得ないという理解である。

「真に主権を有する国家はごく限られた数しか存在しない」というプーチン大統領の二〇一七年の発言は、こうした理解の典型例であろう。プーチン大統領によれば、軍事・政治同盟体制に頼る国は、そのような同盟体制を率いる上位者(начальство)によって主権を制限されざるを得ない。したがって、この世界で真に主権を有すると言えるのは、ごく限られた大国だけ(プーチン大統領は一例としてインドと中国を挙げている)ということになる。

一方、プーチン大統領が「主権を制限された国」として挙げたのはドイツである。だが、世界有数の経済力を有し、欧州連合(EU)においては主導的地位にあるドイツでさえ「主権国家」と見なされないのだとすれば、現在の世界で「主権国家」に該当する国はほとんど存在しないということになろう。プーチン大統領は別の機会に、主権とは「自由の問題であり、各人、各民族、各国家が自らの運命を自由に決せるということ」であるとも述べているが、それを自らの力で保持できる国＝「大国」だけがプーチン大統領のいう「主権国家」なのである。このような主権理解は帝国志向の思想家に鮮明であるが、上掲のプーチン発言にも見られる通り、大国主義者にも色濃く受け継がれている。

そして、このような大国志向の主権理解は、階層的な国家間関係理解へと必然的に行き着く。ごく限られた国々だけが「大国」＝「主権国家」としての要件を備えることができるのだとすれば、それ以外の国々は「大国」＝「主権国家」に追従することでしか生存を確保することができず、そこには一種の権力関係が生じることになるためである。つまり、「大国」＝「主権国家」を中心とする勢力圏のようなもの、かつての大陸地政学で言う生存圏のような秩序への志向性をロシアの主権理解は孕んでいると言えよう。

ただ、主権がパワーを反映するものだとすれば、パワーの増減によって主権もまた増減することになる。この意味で、冷戦後の世界はロシアにとって危機的状況であった。政治・経済・軍事全ての領域に渡る深刻なパワーの低下により、旧ソ連諸国に対して「上位者」として君臨することはおろか、ロシア自身が米国の前で「半主権国家」扱いされかねなかったためである。二〇〇七年二月、ミュンヘン国際会議に臨んだプーチン大統領は有名な「新冷戦」演説を行い、米国を中心として形成されてきた冷戦後の秩序を激烈に批判した。プーチン大統領はこの演説において、米国の覇権が「支配者が一人だけ、主権はひとつだけという世界」を作り出したと述べているが、これは冷戦後にロシアが抱いた「大国」＝「主権国家」としての地位に対する危機感そのものであったと言えよう。

しかし、プーチン大統領が「新冷戦」演説を行った二〇〇〇年代後半になると、国際的なエネルギー資源価格の高騰によってロシアの国力は相当の回復を見ていた。それから二年後に公表された中期戦略文書『二〇二〇年までのロシア連邦国家安全保障戦略』は、ロシアが「ソ連崩壊後のシステム的な危機を克服した」と高らかに宣言し、ソ連崩壊後の混乱を乗り切ったことに自信を見せた。さらに二〇一五年末に公表された後継文書『ロシア連邦国家安全保障戦略』では、ロシアが「主権、独立、国家的・地域的な領土の一体性、在外同胞の権利保護を行う能力を実証した」との情勢認識が打ち出されている。

このようにして「大国」=「主権国家」としての自信を取り戻したロシアは、それにふさわしいと考える振る舞いに及ぶようになった。すなわち、旧ソ連の「半主権国家」がロシアの勢力圏から離脱しそうな場合、軍事力を用いてでもこれを阻止するようになったのである。二〇〇〇年代半ばに旧ソ連諸国で発生した一連の民主化革命(ウクライナ、グルジア[現・ジョージア]、キルギスタンでのいわゆる「カラー革命」)やバルト三国(エストニア、ラトヴィア、リトアニア)のNATO加盟といった動きに対しては、ロシアは政治的な反発を示しつつも実力行使に及ぶことはなかった。しかし、「新冷戦」演説後のロシアは違っていた。二〇〇八年八月に発生したグルジア戦争は、旧ソ連の勢力圏が侵されることをロシアはこれ以上認めないという明瞭なメッセージであり、二〇一四年のウクライナ危機はこのことを改めて実証する結果となったのである。

勢力圏を巡って

ロシアの勢力圏の範囲については、概ね旧ソ連からバルト三国を除いたものと考えればよいだろう。この領域はソ連、そしてロシア帝国の時代からロシアの統治の下にあった「歴史的空間」であり、すでに述べたエスニック集団も概ねこの領域内に分布しているためである。また、バルト三国はすでにNATOとEUへの加盟を果たしているために便宜的にここでは除いたが、歴史とエスニック集団という二つの基準からすれば、依然としてロシアの勢力圏から完全に外れたとは言えないだろう。人口の約四分の一をロシア系住民が占めるエストニアではことにそうである。

ただ、その内部における国家間関係のあり方は一筋縄ではない。勢力圏としての旧ソ連空間をごく単純化して考えた場合、その内部ではロシアが「大国」＝「主権国家」または「上位者」として振る舞い、旧ソ連諸国を「半主権国家」として統治するということになろうが、現実はこれと大きく異なる。同じ旧ソ連諸国といっても、ロシアの主導性を認める国もあれば、これを拒否してNATOやEUへの加盟を目指す国々もあるし、あるいはトルクメニスタンのように永世中立を宣言する国もあるなど、その関係性は一様ではないためである。

加えて、ロシアに対して友好的な国であっても、かつての東欧衛星国のようにモスクワが一方的に命令を下せるような関係性はもはや存在しない。中央アジア政治の研究者である湯浅は、ある国家から常に一定方向に対して介入が行われる地域を「勢力圏」と定義したが（湯浅剛『現代中央アジアの国際政治　ロシア・米欧・中国の介入と新独立国の自立』明石書店、二〇一五年）、現在の旧ソ連諸国には、米国、EU、中国、トルコといった第三者勢力をバランサーとすることで、ロシアの介入を相対化する余地がある。

だが、これで旧ソ連空間におけるロシアの勢力圏が消滅したと考えるのもまた早計であろう。仮にロシアが旧ソ連諸国を完全に支配し、その行動の一々を思いのままにできないとしても、ロシアにとってどうしても都合の悪い行動を思いとどまらせられるような力を有している限り、そこには消極的な意味での勢力圏が成立しているとも考えられるためである。旧ソ連諸国の中に、たとえ望んでもNATO及びEUへの加盟を果たせない国々（代表格がウクライナとグルジア［ジョージア］）があるのは、それが消極的な意味でロシアの勢力圏にとどめ置かれているためだと理解することができよう。そして、現在のロシアにおける大国主義者が当面の地政学的優先課題と位置づけているのは、こうした消極的勢力の維持（他の勢力圏の拡大阻止と呼んでもよい）であるように見える。

多極世界とロシア

以上では、「大国」＝「主権国家」としてのロシアの自己認識と、これを基礎とする地政学思想について見てきた。では、これを冷戦後秩序全体の中に位置付けたとき、何が言えるであろうか。

すでに見たように、ロシアはソ連崩壊後の混乱期を乗り切り、「大国」としてのパワーを回復させたことに一定の自信を有している。さらに米国の絶対的なパワーが長期的には衰退傾向にあること、中国やインドといった新興諸国の台頭によって米国の優位が相対化されつつあることなどによって、世界は米国中心の一極構造から多極構造へと転換しつつあるというのが最近のロシア側の認識である。

だが、ここまで見てきたロシアの大国志向、あるいは地政学思想から明らかなとおり、多極世界とは各国が平等な主権を持つという世界ではない。米国に加えて有力なパワーを持つ少数の「大国」=「主権国家」が世界秩序を形成するというのがロシアの考える多極世界であり、当然、ロシアはその一角を占めるものと想定されている。多くのロシア専門家が指摘するように、これは一九世紀ヨーロッパの大国間協調に近い世界観であると言えよう。

米国の覇権を相対化し、ロシアを世界的大国の一角に復帰させることは、ソ連崩壊後のロシアにとって悲願であった。それだけに多極世界の成立はロシアにとって歓迎すべき事態ということになりそうだが、ロシア政府の安全保障政策文書が描く国際情勢認識は、より厳しく硬いトーンに彩られている。

たとえば先に紹介した二〇一五年版『ロシア連邦国家安全保障戦略』は、「世界秩序の新たな多極モデルの形成プロセスは、グローバルかつ地域的な不安定性の増大を伴っている」と述べる。また、軍事政策の基本文書である『軍事ドクトリン』(二〇一四年公表の現行バージョン)によると、「現段階における世界情勢の展開は、グローバルな競合、価値観の方向性・発展モデルを巡る様々な分野での国家間・宗教間の緊張、国際関係全般の複雑化によるグローバルかつ地域的レベルでの経済的・社会的プロセスの不安定性によって特徴付けられる」という。多極世界の登場が何故、このような厳しい情勢認識につながるのか。ロシア側の言い分によれば、これは米国の振る舞いによるものである。

プーチン大統領は、ロシア政府主催の有識者会合「ヴァルダイ会議」において、米国を、金の使い方を知らない「成金」に喩えたことがある。米国は冷戦後に世界の覇権を握ったものの、それを適切に利用することができなかった。そしてパワーバランスが多極化しつつあることを認めようとせず、一極世界を維持するために力を行使して世界を従わせようとしている、という認識である。

さらにプーチン大統領は、「戦争に見えない戦争」が行なわれているという認識も度々示している。引き続き「ヴァルダイ会議」でのプーチン発言をもう少し引用すると、米国は自国の覇権に従おうとしない国に対して「軍事力の行使、経済及びプロパガンダの圧力、内政干渉、そして「超法規的な正統性」のアピール」を行うとともに、「何人もの指導者に対する違法な脅迫」を加えている。プーチン大統領によれば、米国はこのような方法により、一極支配に楯突く不都合な体制を公式の戦争に訴えずして転覆させてきたのである。

こうした陰謀論的な世界観は、ロシアの政治的言説においては決して珍しいものではない。前述した「カラー革命」が米国によるロシアの勢力圏切り崩し工作であったという理解はロシアの言説空間ではもはや「常識」となっており、上記の各国家政策文書でもこのような認識が公式に記載されている。二〇一〇年代に中東諸国で発生した「アラブの春」や、二〇一四年のウクライナ政変に関しても同様の陰謀論的理解が盛んに喧伝された。

このような世界観からすれば、現在の世界を不安定化させ、秩序(大国=「主権国家」を中心とする勢力圏秩序=多極世界)に挑戦しているのは米国の方であるということになる。一方、ロシアの介入は秩序を守るための防衛的行動であり、むしろ旧ソ連の被介入国の主権や領土的一体性を保護するものとして正当化されることになるのである。

おわりに――巨人の見る夢

以上、ロシアの国家的アイデンティティと地政学という観点から冷戦後のロシアが抱える内在的論理について見てきた。すでに述べたように、ここで焦点となってきたのは、「ロシア」というものがどこまでの空間的広がりを持ちうるか(持つべきか)という問題であった。

もちろん、国際的に承認された国境線を基準にすれば、そこには「問題」が入り込む余地はほとんどない。日本との北方領土問題を除くと、ロシアの国境はほとんど全てが法的に画定済みであり、ロシアとはその内部の空間でしかないということになる。

それではあまりにも杓子定規だという議論もあろう。たしかに現実の国際関係には過去の歴史的経緯や国家間のパワーバランスが少なからぬ影響を及ぼし、なんらかの階層的な関係や勢力圏のようなものが形成されることは珍しくはない。この意味では、ロシアが旧ソ連空間を自らの勢力圏と認識して振舞うことは一概に否定されるものではないし、ロシアのような巨大国家の認識は(たとえそれが主観的なものに過ぎなくても)現実の一部を構成することは忘れられるべきではない。巨人が自分の見る夢にうなされて寝返りを打てば、それは大きな地響きとなって現実の世界に影響を及ぼすだろう。

ただ、以上を認めたとしても、二〇一四年のウクライナ危機においてロシアが行った一連の介入は明らかに許容できるものではない。それは「勢力圏」というロシアの一方的な思い込みの下にウクライナの国家主権を蹂躙する行為であるばかりか、今後の国際秩序にとって危険な前例となり得るためである。たとえばロシアに「歴史的主権」が認められるとすれば、論理的には他の大国もこうした特権を周辺諸国に対して主張し出す可能性がある。その大国が中国であった場合、ロシアの振る舞いは日本にとっても対岸の火事ではない。

ところで本稿の中で、ドイツは主権国家ではないというプーチン大統領の発言を紹介した。では、日本はどうなのだろうか。二〇一六年一二月に訪日したプーチン大統領は、安倍晋三首相との共同記者会見に臨んだ際、日本が米国と「特別な性格の関係」にあり、安全保障に関する「条約上の義務」を負っていることが平和条約締結交渉を進める上での重要なポイントであると指摘した。これは日本が安全保障を米国に依存した「半主権国家」であるということにほかならない。一方、自前の核抑止力を整備しつつある北朝鮮は、プーチン大統領の世界観からすれば「主権国家」への道を歩みつつある、とも考えられる。

巨人の見る夢は、ときに壮大であり、あるいは奇妙に見え、またひどく傲慢なこともある。ただ、巨人の隣で暮らす以上、我々はその夢の中身に常に注意を払うほかない。本稿がその一つのよすがとなれば幸いである。

Special Feature

特集◎リベラルな国際秩序の終わり?

海洋グレートゲームの時代

「新しいインド」とリベラルな国際秩序

ヴィヴェク・プララダン
（慶應義塾大学客員研究員）

Vivek Prahladan
ジャワハルラール・ネルー大学で博士号取得（近代史）。ロンドン・キングズカレッジ歴史学部客員研究員を経て慶應義塾大学客員研究員。ウッドロー・ウィルソン・センターの国際史プロジェクト、「ナショナル・インタレスト」誌、「ザ・ディプロマット」誌、「Economic and Political Weekly」誌などに寄稿している。専門はインド政治。著書に“*The Nation Declassified: India and the Cold War World*”(Har-Anand, 2017)など。

インド外交の起源

アジアの紛争の構造によって、菱形をしているインドは縮小を続け、そのためインド政府はユーロアジアとインド太平洋の両地域の紛争構造の間にはさまれた巨大な楔としての立場に立たざるを得なくなっている。

イギリスの考古学者で技師のアレクサンダー・カニングハムは一八七一年に著書『インドの古代地理学』の中で、古代ギリシャの博物学者エラトステネスとストラボンが『地理書』においてインド亜大陸を菱形、あるいは不等辺四辺形と表現したことに言及している。宗主国イギリスが引き揚げた後の一九四七年にインド亜大陸はインド、パキスタン、東パキスタン（後にバングラデシュ）に三分割され、菱形という地勢上の概念には当てはまらなくなった。その菱形という地勢上の概念は、イギリスの帝国支配の安全保障のあり方に代わってインドの大戦略の基盤になりうるものだったが、三分割の陰に隠れてしまった。

イギリス帝国は、ユーラシアから東アジアまでを単一の戦略的なクレセント（三日月形）と捉えることでインド亜大陸に勢力を確保していた。そのクレセントにおいては、敵対していたロシア、フランス、オランダの各帝国に対して、トルコ、ペルシャ湾、中央アジア、南アジア、そしてインド洋諸島に至る地域で、生存をかけて情報活動による競争が繰り広げられた。

中国とは異なり、インド亜大陸での帝国支配の崩壊は概念と実際の両面で戦略的真空を後に残した。そのためインド外交は、戦略的な想像力を概念面より実践面で発揮した。一九六二年の中印国境紛争でインドのジャワハルラール・ネルー初代首相は、中国に対する間接的な抑止力を得るために南アジアに壮大なパワー・ポリティクスを持ち込んだのである。

ネルー首相は一九六三年、アメリカ第七艦隊がインド洋に入ることに同意した。一九六九年以降はデタント（緊張緩和）により、中国よりもソ連を封じ込める目的でアメリカのポラリス型原子力潜水艦がインド洋海域に展開するようになった。

一方、インドが自国の安全保障に中央アジアも関係しているという事実に目覚めたのは、ソ連によるアフガニスタン介入以降のことであった。ソ連の勢力圏がユーラシアにまで及んでいたために、一九四七年からインドが直面していた概念上の空白が覆い隠されていたのだ。

インドの国益を法的に保護する国際システムは、リベラルな国際秩序に対する揺るぎない信念に基づいていた。一九五一年の日米安全保障条約と一九五五年の朝鮮戦争により、インドは東アジアにおける自国の利益にも目覚めた。このように、インドは菱形の地勢の陥穽と利点に断続的に目を見開かされてきたのである。

ネルー首相はインド共和国憲法の下で政権運営を始めた。州議会議員によって選ばれた憲法制定議会が起草したその憲法はネルーにとって、紀元前三世紀の仏教の政治的伝統に起源をもつ内面的自由を尊重するヒューマニズムの復興だった。

ネルーの自由民主主義国家にとっては、ローマ帝国のコンスタインティヌス大帝に相当するのが、紀元前三世紀のマウリヤ朝のアショーカ王であり、西洋政治文明におけるギリシャ哲学に相当するのが、ギリシャ・ローマ文明と仏教的伝統を融合した国家的文化だった。シャシ・タルールは著書『ネルー——インドという発明』において、ネルーは「アショーカの心には冷戦という考えはなかった」が、アショーカの帝国の精神には勢力均衡の考えは確かにあったと記している。

中国のインド包囲

現在、この菱形のインドの外縁部分に安全保障の警告灯を設置すれば、境界線のほぼ全部分で警報が作動するはずだ。二〇一八年二月、中国がアフガニスタンのバダフシャーンに軍事基地を建設しようとしていると報じられた。現実に基地が建設されるかどうかにかかわらず、これは中国のアフガニスタンに対する長期的な関心を示すものだ——特に、アメリカ軍がアフガニスタンから撤退する可能性があるという文脈においては。

アメリカはピボット、つまりそのアジア回帰政策の信頼性と完成度を高めつつあり、アフガニスタンの政治改善に対する関与を縮少するかもしれない。またドナルド・トランプ米大統領は対パキスタン援助に関して、パキスタンの軍管区内で自由に活動しているテロ組織に同国が明確な行動を取ることを条件にすると表明している。

それに対して中国は、アフ・パク地域（アフガニスタンとパキスタン）に今後どのような戦略的空白が生じようとも、ロシアと連携してその空白を埋めるための準備を進めているのかもしれない。二〇一八年一月にCNNは、アフガニスタン駐留米軍の将軍が最近カブールで起きたテロ攻撃に関して、ロシアがタリバンを支援している可能性を「否定しない」と語ったことを報じている。実際ロシア外務省は同月、アフガニスタン政府とタリバンの協議を仲介する用意があると表明している。

このロシアの発表は、旧ソ連軍がアフガニスタンから撤退した一九八九年以降の対中央アジア政策をみる上で最も重要なニュースである。ロシアにとっては、アフ・パク地域におけるアメリカのプレゼンスを弱体化させ中央アジアの「グレート・ゲーム」に中国が入り込む余地を生み出し、ユーラシアからアジアへのアメリカのピボットを複雑化させようとしている。

中国は「中国・パキスタン経済回廊(CPEC)」に五四〇億ドルを投じ、チベットと新疆ウイグル自治区とパキスタンをつなぐという「グレート・ゲーム」の設計図を描いている。中国はチベットとネパールを結ぶ鉄道の建設について、ネパールの新たな左派連合と交渉している。またすでに中国は、スリランカのハンバントタ港の九九年間租借契約を締結済みだ。さらに遠方では、タイが中国製潜水艦「S26T」を購入する。インドは中国の戦略的壁に包囲されつつあり、インドの安全保障当局としては、同国の境界のユーラシア側とアジア側でアメリカの立場を強固にすることによって勢力均衡のゲームに乗り出すことが、唯一の選択肢となっている。

インドは、日本のようにアメリカの本格的な同盟国となるかどうかを決断する時を迎えつつある。実際、インドが日本と関係を深めようとしているのは大っぴらには語られないものの、このことが動機となっている。ユーラシアにおける自国の権益を中国に包囲されるなか、インドは戦略的連携でそれに切り込み、パキスタン、中国と接するヒマラヤ国境地帯に及ぶ圧力を放散させる方法として近い将来、インド太平洋地域のフォーラムを活性化しようとするだろう。

ロバート・カプランは二〇一七年に米海軍大学校で行った講義の中で、アメリカのアジア回帰は冷戦終結を受けて行われるはずだったが、ペルシャ湾岸での有事によって後まわしになったとしている。だが、アジア回帰が遅れた理由としてはそれよりも、二〇〇八年にロシアが立ち向かってくるまで北大西洋条約機構(NATO)の東方拡大に一貫して焦点が合わされたことのほうが大きい。

ビル・クリントン米大統領の二期目の外交政策の最優先課題は、「分断なき民主主義のヨーロッパ」だった。インドから見ると、冷戦後南アジアで力の空白が生じた結果、中国の台頭を招き、その中国はアジアとユーラシアの広大な地政学的空間で、自国の大戦略を自由に構想していると見える。

アメリカの「大封じ込め」とインドの新しい役割

中国台頭後の世界におけるアメリカの大戦略にとって、インドがユーラシアでもアジアでも同盟国になるのは地理的理由から当然のことであるように思える。ロシアと中国をともに封じ込めようとするなら、なおのことだ。冷戦時代の封じ込めとは異なり、この新たな封じ込めは計画段階からインド、日本の両国と協議する必要がある。

インドにとっては対ロ関係と対米関係のバランスをどうとるかという点で、非常に明確な方向性がある。両国との関係のバランスをとるインドの「デュアル・ユース」外交、つまり二股外交は、冷戦の産物である。冷戦期の両超大国に対する「デュアル・ユース」外交は、一九八〇年代のインディラ・ガンジー政権下で、アメリカからTOW対戦車ミサイルと、国産戦闘機用のエンジンを調達しようとしたことに始まる。しかし、このデュアル・ユース外交から得られる利益は逓減し続けてとうとう限界に達し、今後インド外交は新たな歴史的方向に向かうであろう。そしてそれが、アメリカの中国封じ込め能力は直接的に、ロシア封じ込めについては間接的に規定することになるはずである。

というのは、インドとロシアのパートナーシップはインドにとってはその国境の現状を維持する方向で作用するが、中国が包囲網を強化する中で地政学的に自由な空間を広げるのにはほとんど役立たないからである。リチャード・ハースは、二〇一五年にアメリカの外交評議会が出した報告書「アメリカの対中国戦略の再検討」の序文で、中国がアメリカの国益に対して世界中で挑戦しているとしている。この報告書の執筆者でもあるロバート・ブラックウェルは、最近の「フォーリン・アフェアーズ」誌で、二〇一六年のアメリカ大統領選にロシアが介入したことに対して、アメリカは再封じ込めで対応するべきだと提唱しているが、彼は二〇〇一年から三年までアメリカの駐インド大使だったのである。アメリカの戦略的計算がロシアと中国の「大封じ込め」を視野に入れても不思議はない。インドと日本がそのような計画のバックボーンになる決意を固めれば、なおのことだ。

デービッド・ペトレイアス元CIA(アメリカ中央情報局)長官は二〇一八年一月にニューデリーを訪れた際、インドは中国問題に対する答えになると語った。この言葉は、アメリカの世界戦略とインドの国益との収斂を予示するものだ。インド独立当初からの自由主義の国際秩序に対する信念は、インドの民主主義の活力に関する歴史的な省察と、ヨーロッパの啓蒙主義の伝統をくんで自らを「リベラルなヒューマニスト」としたネルー初代首相の遺産と不可分だ。ネルーのアジア・アフリカ重視の外交姿勢は、リベラルな国際システムなら新興国のナショナリズムを包摂できるという信頼を、反映したものである。

一九五一年に施行されたインド憲法の起草段階当初から、インドの諸政党は政治的立場の違いを問わず、自由で公正な選挙と議会制民主主義、司法の独立、個人の基本的権利の尊重という民主主義の柱に対する信念を宣言していた。

憲法に関する自由な議論は、インドの政治的営みの中心にあるインド最高裁判所によって守られている。しかしながら、現在の与党インド人民党（BJP）とナレンドラ・モディ首相は、インドの内政・外交にわたる政治的議論に、インドの文明精神を組み入れるという明確な決断をした。

インドの文明外交はインド内政のダイナミズムを国際主義に収斂させるのを助け、インド太平洋や東アジアで勢力均衡政策を追求するビジョンに、ある種の伝統的色合いを加えている。といってもこのような文明論的自己顕示から美的なインスピレーションを得ているからといって、地政学的反応によりリベラルな国際秩序の安定性に、さらなるショックを与えようとインドが意図しているわけではない。むしろ、インド外交は、現在この秩序にある病巣から差し迫った影響を受けている潜在的パートナー諸国に対して、一定の安心と善意を提供しようとしているのである。

一九五五年にインドネシアで開催されたバンドン会議（アジア・アフリカ会議）で頂点に達したネルー流の「アジア主義」外交は、インドの地政学的な主権を確立するために、アジアにおけるパワー・ポリティクスの影響を弱めることが基礎であった。インドの外交は大国間のパワー・ポリティクスに対する懐疑を伝統としてきたが、モディ首相は東アジアの島嶼部とインド洋、ペルシャ湾、ユーラシアにおける中国のインド包囲の陰で自国の地政学的な空間を生み出す唯一の方法として、インドの外交を進化させて、勢力均衡の政治に健全な関与を開始した。

アメリカとインドの協力の流れは、短期的にはマクロの事象の先駆けとなる一連のミクロの事象の形をとるだろう。二〇一八年二月には、アメリカの空軍参謀長がインドの国産軽戦闘機「テジャス」を自ら操縦した。そのテジャスのエンジンは、アメリカのプラット・アンド・ホイットニー社製のF16戦闘機用エンジンをモデルとしている。インドを戦略的な製造拠点にするというモディ首相の肝煎り政策「メイク・イン・インディア」の下、ロッキード・マーチン社とF16およびF22戦闘機に関して、インドでの共同生産も含めた包括的契約を結ぶとの報道も出ている。インド南部では最近、国防産業のための「産業回廊」の建設用地が確保された。第五世代戦闘機「PAFKA」をめぐるロシアとの取引の今後に関する決定は、インド政府の戦略的方向性を占う焦点となるだろう。

ロッキードは二〇一八年一月、インド空軍向けのF16を同国内でタタ・アドバンスト・システムズ社と共同生産すると表明した。ロッキードはテキサス州フォートワースから生産拠点を移転する。ロッキードは同時に、F35戦闘機をインドに納入するという報道は否定したが、F35は中国、パキスタンとの国境地帯におけるヒマラヤ高地での有事の際にインド軍の作戦行動上の制約を解消するのにうってつけの垂直離着陸機だ。

インドとアメリカの関係において、歴史は一巡しようとしている。一九六二年にネルー首相は、空からの中国の脅威に対抗すべく、ジョン・F・ケネディ米大統領に戦闘機二〇〇機以上の派遣を求める書簡を送った。中印国境紛争が勃発した同年一〇月、インド空軍の代表と閣僚がワシントンを訪問し、アメリカの軍事支援を取りつけようとした。『機密解除された国――インドと冷戦世界』で私も指摘したが、一九六二~六六年におけるロバート・マクナマラ米国防長官にとっての問題は、アジアにおけるアメリカの国益にインドがどのような役割を果たせるかという点だった。マクナマラは、その戦略的な見返りとしてインドがベトナム戦争での役割を果たす可能性を探ったが、これはインド側に拒まれた。そして現在、インドもアメリカも互いにやはり同じことを問い合っている。

アメリカの国益が一九六六年当時と同じく世界規模であるのに対し、インドの国益は、中国が国境地帯に強く介入してくる可能性があるなかで地政学的な生命線を確保することが問題である。アメリカの大戦略上の利益は、インド太平洋地域とペルシャ湾岸およびユーラシアの両方でアメリカに地政学的・戦略的支援を提供するインドの能力と関係を強めている。

優先課題の変化とインドの外交機関の構成

インドの安全保障の概念は伝統的に、国際システムの中でパキスタン、中国との国境問題に関して現状を維持することに限定されてきた。パキスタンとの国境の停戦ライン（LOC）付近の「ホットな」停戦状態は、インド国内の政治議論に強く影響している。インド国民の間では、パキスタンに対して強い態度を取ることが他の安全保障環境の側面よりも明確に支持されている。中国に関しても、安全保障当局は第一にインド領内のヒマラヤ高地に関心を向けている。安全保障におけるインド洋の優先順位は三番目に過ぎない。

しかしながら、インド洋の周縁にある東アジアの安全保障環境の変化が、戦略的連携の方向性の選択をインド寄りに動かすと同時に、インド政府は国際システムにおける役割の拡大を模索している。インド洋戦略を通じて映し出される東アジア外交は、インド政府が国際的威信を積み上げるうえで一つの径路となるものである。その威信は国民にアピールできるものであり、インドがリベラルな国際秩序の中心に入っていくことを助けるものでもある。このようにインドと太平洋地域とのつながりは、インドが勢力均衡のゲームに入っていく道を切り開くものであり、インドの大戦略上の目標にとって最も実り多い道筋を提供するものである。

インドの政策立案者は、インド洋中心の議論からインド太平洋への移行と、勢力均衡外交の柱——すなわちインド洋、アクト・イースト（東アジアとの関係強化）、インド太平洋——の長期的な統合への移行の準備を続けている。東京のインド大使館は、中日関係と日ロ関係の現状を伝える上で重要な役割を果たすことになる。中国と日本の間で大きな和解が生まれれば、インド政府はインド太平洋に対する熱意がしぼみ、ペルシャ湾岸およびユーラシアに対する外交とBRICS（ブラジル、ロシア、インド、中国、南アフリカ）に力点を移すことになる。

インドの外交において十分に評価されていない一側面がインド外務省内の力学の飛躍的な変化であり、集団的協働体制から外務大臣官房に意思決定を集中させる体制へと変わったことである。

過去の歴代政権では、外務省の幹部会議による討議でコンセンサスがまとめ上げられていた。インドの指導者として外交政策を内政と同等の重要課題として位置づけたのは、おそらくモディ首相が初めてだろう。モディ首相の外遊前には必ず、当該地域担当の外務省高官が首相の訪問中に果たすべき目的を詳しく説明している。

モディ首相が就任早々に対米政策の見直しに動いたことで、インドの外交・軍事当局の内部で二つの勢力による争いが起こった。ロシアとの関係深化を目指す勢力と、アメリカへの戦略的シフトを支持する勢力だ。この争いは、モディ首相が外務省内の政策立案部局による説明を受けてから政策を考えるのではなく、首相府から直接的に外交政策を打ち出すようになったことでおおむね決着した。外務大臣官房内でこれほど権力と威信をもち、外務省の他の幹部を寄せ付けない存在となったのは前例がない。モディ首相の在任一期目の最終年に新たな外務大臣が就任した際、ある元外交官は、インド大使などの出先の外交官が外務大臣とは別の重要な存在として外国政府から真に受け止められるよう、外務省内で多元的な意思決定プロセスを復活させなければならないと述べているほどである。

現在のトップダウンの政策アプローチは、アメリカの大戦略とグローバルに連携する機会を深く探っているインド政府内で構造転換しつつある意思決定プロセスを活性化している。かつてチャーチル英首相がアイゼンハワー米大統領を必要としたのとほぼ同程度に、インドはトランプ米大統領を必要としているかもしれないが、トランプはまだインドを訪問しておらず、二〇一七年一一月のアジア歴訪ではインドが訪問先に含まれなかったことが際立つ結果となった。トランプがインドに立ち寄らずに中国と東アジア諸国を歴訪したことで、インド首相府は大きな心痛を受けたはずだ。

インドの「二つの外交」——ユーラシアとインド太平洋地域

このことは、インドの外交当局の極めて重大なジレンマをめぐる議論につながる。すなわち、平和と繁栄という二つの国益のバランスを取ることだ。なぜなら、国際システムの変化を受けて、インドの平和と繁栄の戦略が同じ方向を指し示すとは限らなくなっている可能性があるからだ。

モディ首相は二〇一八年一月のダボス会議(世界経済フォーラム年次総会)での演説において、「(貿易)保護主義はテロと同等に危険になりうる」と述べた。

リベラルな国際秩序によって、インドの中間層がグローバル公共財の恩恵を受けるようになった。国際貿易システムによってインド政府は、公共・戦略的インフラと経済成長のための投資財源となる歳入を生み出せるようになった。今後、インドの首相府と外務省の内部で、対ユーラシア外交と対インド太平洋外交がリソースと権威をめぐって争うようになるだろう。対日関係と対米関係の強さが、インド太平洋地域に対するインドの関与の持続可能性の試金石の一つとなるはずである。インドの対ユーラシア外交と対インド太平洋外交における国益のバランスは、それぞれの諸国によってもたらされる貿易と戦略的技術へのアクセスと、技術移転を通じた産業への関与の度合いによって左右される。

二〇一八年一月、インドとユーラシア経済連合(EEU)は自由貿易協定(FTA)の締結に向けて歩みを進めた。中国とアメリカのトランプ政権との貿易をめぐる争いが激しくなったことで、少なくとも短期的には中国も、ユーラシアでの取り組みと「一帯一路」構想にインドを組み入れることに柔軟な態度を取るかもしれない。したがって、インド太平洋地域の貿易と産業の成長を促進してさらなる繁栄の波を生み出そうとする取り組みを伴わないと、インド太平洋の平和を目指す戦略も、インド太平洋の協力関係を醜い冷戦スタイルの封じ込めに変質させ、インドと日本、東南アジア諸国連合(ASEAN)の各国に政治的・経済的損失をもたらすことになる。

東アジアの安全保障に利害関係をもつ国々にとっての問題は、平和のための取り組みと繁栄のための取り組みの調和を通じて、各国が「インド太平洋ファースト」の政策に足並みをそろえる用意があるのかどうかだ。アメリカのケネス・ジャスター駐インド大使は、インドとアメリカのFTAを段階的に築き上げていくことについて言及している。

しかしながら、そのような新たに構築されつつある同盟内でのインドの安全保障への関与は、長期的には不確実だ。そのために、たとえば北朝鮮と韓国が南北統一について協議することの意味合いが、インド太平洋地域におけるインドの未来の文脈では完全には判らない。たしかにアメリカのユーラシアからアジアへのピボット、つまり軸足の転換は、東アジアで中国の力に対抗する四カ国の連合を可能にした。だがアメリカは、ヨーロッパにおける対ロ関係と東アジアにおける対中関係に関して国益のバランスを保つことは困難だと考えるかもしれない。中国とロシアに対する巨大な「二重封じ込め」によって、アメリカのピボットの力は分散をしてしまうかもしれない。またアメリカのピボットには十分な明確性が欠けているために、中国の封じ込めにどのような連合が組まれても、参加する各国は互いの意図と長期の戦略的目標に確信をもてなくなってしまうだろう。

インド、フランス、東アジアのタペストリー

インドのASEANおよび日本との関係は、地政学的空間の持続可能な拡大を最も必要とする段階にあるインドの国益を封じ込め、その力を発揮するのを防害する中国の力に対応して勢力均衡のゲームに参入することを公に表したものである。安定した地政学的空間という環境によって、インドは自国の戦略的展望に沿って行動する能力を高めることが可能になる。「新しいインド」は伝統的価値観とのより大きな調和の下で、民主主義の精神を通じた文明的再生を図っているが、まだ「古いインド」から脱却していない。「新しいインド」に対する国内外の批判派は、インドの民主的な社会契約には、ネルー時代のインドの旗印だった社会近代化計画の見直しが伴うのではないかと危惧している。

国内政治では、近代国家の文明論的側面を強調する転換は、モディ首相がアメリカとの戦略的協力を強化する決断をしたことと、結び付いている。そしてそういった協力関係はもしかするとフランスとの関係強化にも結び付くかもしれない。

ペルシャ湾岸およびインド洋でのインド－アメリカ－フランスの三国間協力は、NATOの中心にある米仏関係が両国内の政治力学の下で揺れ続けるなかでも高まりそうである。二〇一七年一一月にインドを訪問したフランスのジャンイブ・ルドリアン外相はインドの外相と共

に、インド洋における三国間協力に対する関心を表明した。フランス政府系の造船会社DCNSがインド海軍の発注でディーゼル・エレクトリック方式のスコルペヌ級潜水艦を製造し、またオーストラリア向けに潜水艦「バラクーダ・ショートフィン」も製造することは重要な意味をもつ。

フランスと日本も二〇一八年一月、東京での二国間協議の中でインド太平洋地域における共通の利益を表明している。インドは歴史的に、北方領土問題を含む日本の安全保障上の懸念に敏感だ。冷戦時代においてもインド外務省は、日本の北方領土の領有権主張に深い共感を向けていた。日本が今後、潜水艦による核抑止力の開発を決断すれば、インドは必ず歓迎するはずだ。

二〇一八年二月のモディ首相のオマーン訪問の前後、インドとフランスは仏領レユニオン島にある海軍基地の施設をインドに与える「兵站協定」の締結に向けて取り組みを進めるとの報道が取りざたされた。

インドは二〇一六年八月、初の兵站協定(LEMOA=兵站相互支援合意)をアメリカと結んでいる。これはインドとアメリカの軍事作戦協力に道を開くものだ。フランスは東アジアの海域に回帰する構えを取っている。中国とイギリスの海軍協力の可能性は、インド政府には、東アジアの長期的な勢力均衡に関わる地政学的影響力をめぐってヨーロッパの争いが絡んできたと受け止められるに違いない。

二〇一七年一〇月には大きな進展として、中国の駐英大使がチャーチル元英首相の言葉を引いて英中海軍協力の拡大を訴えるなか、中国人民解放軍の艦艇が史上初めてテムズ川のイースト・ロンドンに停泊した。中国国営新華社通信の論説は二〇一八年一月、テリーザ・メイ英首相の中国訪問は中英関係の「黄金時代」の幕開けを告げるものだと評した。インドは、東アジア海域への戦略的な復権に向かおうとするフランスに格好の機会を提供している。その復権はフランスをイギリスとの競争に引き入れる可能性も高い。

エマニュエル・マクロン仏大統領とメイ英首相の外交方針に見て取れるように、EU(欧州連合)の将来の地位をめぐる危機が解決されなければ、両国の競争の可能性はなおのこと高まる。インドの政策立案者たちはヨーロッパの対中戦略が曖昧になることを見越して、インド太平洋とペルシャ湾における地域的な機会への関心をさらに引き寄せるよう努めるかもしれない。インドは依然、自国が創出に関わらなかった勢力均衡という政治の選択肢を最大限に活用できるという冷戦時代のニッチを失っていない。インドは、そうした選択肢は長期的には持続不可能であることを経験から知っているが、短期的には戦略的な見通しの代わりに損得勘定に基づいた取引に目を向けている。

モディ首相の「新しいインド」のビジョン

インドは冷戦とその後の時代を通じて戦略を追求すること自体を避け、自国以外のもののために地政学的リスクは取らないようにしてきた。モディ首相は、世界の勢力均衡のゲームにおいてインドの存在感を戦略的に高めるという考え方を受け入れた。その最初の試金石となるのは、インド太平洋地域に対する外交の成果だ。そこでは日本がインド外交をアメリカおよびオーストラリアとの戦略的関係に導く一方で、インドも日本の対ユーラシア外交へ導き、互いの利益を高め合うことが可能だ。「新しいインド」というビジョンは、国内の開発目標と国際システムにおけるインドの国益に収斂をもたらすものだ。

インドがリベラルな経済秩序の下に入るうえで大きなネックの一つは、産業協力プロジェクトが大きく欠けていることだった。インドは今、もう一つの冷戦時代の政策の遺物も捨て去ろうとしているのである。すなわち、経済政策を政治的外交よりも下に位置づけてきたことだ。

グローバリゼーションの潮流への関与は、戦略的分野に対する目玉となる民間投資に重点が置かれているので、モディ首相の「メイク・イン・インディア」政策に決定的な重要性をもつ。オーストラリア・グループへの参加や原子力供給国グループ（NSG）への加盟申請、国連安全保障理事会の常任理事国入りを求める活動、アジア太平洋経済協力会議（APEC）への加盟など、インドはリベラルな国際秩序の主要舞台に入るのを二〇年近くも待たされているのだ。

二〇一八年一月のインド・ASEANサミットの二五周年と同月二六日の共和国記念日の祝賀パレードにA

SEAN各国の首脳が顔をそろえたことは、インド太平洋地域への関心の機運がニューデリーで最高潮に達したことを示している。インドの東アジアに対する関与は、冷戦時代に発展したインドと諸国との相互信頼によって、インドの安全保障上の懸念やASEAN経済との統合に、深い友好的態度を涵養した領域だ。

しかしながら、インドという「菱形」が今後どの方向に向かうのかは、二〇一九年の総選挙でモディ首相がどこまで国内の政治勢力を結集できるかにかかっている。たとえモディ首相が政治基盤を弱めても、政治的外交が減速することはないだろう。ただ、インドにおける目玉的な民間投資計画の推進は今より困難になるかもしれない。モディ首相は一般的には保守派と評されるかもしれないが、与党内には特に東アジアでインドの文明外交をもっと早く復活させようとし、中国に対して強いタカ派の姿勢を取る強硬な保守派がいる。

インドと日本の関係は一九五七年に岸信介首相がニューデリーを訪問して以来、強固な基礎が歴史的に築かれてきた。モディ首相の地政学的プロジェクトとしての「新しいインド」というビジョンは、インドへの外国投資に対する構造的制約を積極的に取り払い、大規模な民間投資協力を生み出すことによって、苦境にあるリベラルな国際秩序に新たな活力を吹き込みうる。

インドは、ますますシーパワーと関係を深めているユーラシアと本来シーパワーの問題であるインド太平洋の両方にとって重要な、ユニークな立場にある。「新しいインド」という運動は、海洋の「グレートゲーム」の夜明けにおける発展途上の地政学的国家プロジェクトなのである。

Special Feature

特集◎リベラルな国際秩序の終わり？

「西側結合」の揺らぎ

現代ドイツ外交の苦悩

板橋拓己
（成蹊大学法学部教授）

Takumi Itabashi

1978年生まれ。北海道大学大学院法学研究科博士後期課程修了。博士（法学）。専攻は国際政治史、ヨーロッパ政治史。主な著書に『中欧の模索——ドイツ・ナショナリズムの一系譜』（創文社）、『アデナウアー——現代ドイツを創った政治家』（中公新書）、『黒いヨーロッパ——ドイツにおけるキリスト教保守派の「西洋（アーベントラント）」主義、1925～1965年』（吉田書店）、『国際政治史——主権国家体系のあゆみ』（共著、有斐閣）など。

はじめに——リベラルな国際秩序の「最後の擁護者」？

二〇一六年に大西洋の両岸で起きた二つの出来事は、世界を驚かせた。一つはEU脱退をめぐる英国国民投票での離脱派の勝利、もう一つはアメリカ大統領選でのドナルド・トランプの勝利だ。そして、この二つの出来事、とりわけトランプの米大統領選出以来、ドイツは「リベラルな国際秩序の最後の砦」として注目を浴び、メルケル首相は「自由世界の最後の擁護者」と持ち上げられた。

こうした状況は、ドイツ政治を学んできた者には驚くべきことだ。ナチの経験を抱えた戦後のドイツ連邦共和国（冷戦期は西ドイツ）は、初代首相のアデナウアー以来、断固として「西側」の「自由民主主義」諸国と結びついていくことを、外交・安全保障的にも国内政治的にも大原則としてきた（この政策路線は「西側結合（Westbindung）」

と呼ばれる)。ドイツは、歴史的にあくまで「問題児」だったのであって(いわゆる「ドイツ問題」)、西側の「リベラルな国際秩序」のフォロワーないし受益者ではあれ、決して担い手などではなかった。そんなドイツに期待が集まるということ自体が、近年の「リベラルな国際秩序」の動揺を浮き彫りにしていると言えよう。

むろん、「リベラルな国際秩序」について、第二次世界大戦以後のアメリカが担ってきたような役割をドイツに期待できないのは自明である。メルケル自身、そうした考えは「馬鹿げたこと」であり、「グロテスク」ですらあると述べている(二〇一六年一一月)。とはいえ、「リベラルな国際秩序」の二大支柱であったはずの米英が国際的な指導力を失っていく一方で、中国やロシアが自らのやり方で国際秩序を変容させようとしている現在、「リベラルな国際秩序」を支える存在として、ドイツに注目ないし期待が寄せられるのも無理からぬことかもしれない。

しかし現在、ドイツ自身も岐路に立たされている。何よりも、これまでドイツ外交が公理としてきた前提の多く、とりわけ「西側結合」路線が揺らいでいる。なにしろ、結びつくべき先の「西側」自体が揺らいでいるのだ。ドイツ外交は現在、いかなる方向に進むべきか逡巡のさなかにある。さらに、内政的にも問題を抱え込んでいる。二〇一五年の難民危機がドイツ社会にもたらした「不安」感、一七年九月の連邦議会選における右翼ポピュリスト政党「ドイツのための選択肢(AfD)」の躍進、そして新政権の難産は、その氷山の一角である。

本稿では、「リベラルな国際秩序」が動揺するなかで、現代ドイツ外交も苦境に立たされていることを指摘したい[1]。まずは、ドイツ外交の要諦である「西側結合」の中身を歴史的に確認する。次いで、トランプ政権の誕生が、ドイツ外交にとって方向感覚の喪失をもたらしていることを示そう。そして最後に、ヨーロッパにおいてもドイツの立場が問われていることを論じる。

「二重の西側結合」——戦後ドイツ外交の大原則

まずは、ドイツ外交の大原則である「西側結合」路線が、第二次世界大戦後の「ドイツ問題」へのドイツ自身の解であったことを確認しておきたい。

「ドイツ問題」は歴史的に多義的な言葉だが、第二次世界大戦後には、大きく三つの意味をもった（なお、現在のドイツ外交は冷戦期の西ドイツ外交の延長線上にあるので、ドイツ民主共和国＝東ドイツには触れない）。

第一は、ナチの台頭を許し、第二次世界大戦を引き起こした張本人であるドイツをいかに封じ込めるかという問題である。これは近隣諸国や、西独領域の占領にあたった米英仏の西側三カ国にとって最重要の課題だった。また西ドイツにとっても、自分たちが再びナチのような勢力の台頭を許さず、国際的な信用を回復することは不可欠であった。

第二は、冷戦下の分断国家という問題である。分断国家西ドイツは、東西冷戦の最前線に位置したため、西側全体の安全保障に関わる存在であった。それゆえ西側諸国は、西ドイツを再軍備させつつも、「独り歩き」を防ぐために、多国間的な安全保障体制にしっかりと縛り付けることを目指した。

第三の問題は、ドイツの経済力である。敗れたとはいえ、やはり西ドイツ経済の潜在力は大きく、大戦で疲弊した西欧諸国の復興と繁栄のためにも、西側はドイツの資源や経済力の活用を企図した。

要するに、第二次世界大戦後の西側世界の課題は、西ドイツを「脅威」として封じ込めつつ、西側の安全保障体制に組み込み、かつその経済力を西欧諸国のために役立てることであった。

かかる「ドイツ問題」の性格を西ドイツ側でよく理解し、その解として「西側結合」路線に踏み切ったのが、初代首相アデナウアー（在任一九四九〜六三年、キリスト教民主同盟〔ＣＤＵ〕所属）である。アデナウアーは、ドイツ人の宿願であるドイツ統一を棚上げにしてでも、西側世界との緊密な関係の構築を最優先した。そうすることで、西ドイツの政治社会を安定させるとともに、他国との「平等権」の獲得を目指したのである。

こうしたアデナウアーの「西側結合」路線により、西ドイツは「ＥＵ＝ＮＡＴＯ体制」[2]とでも言うべき複合的な国際体制に埋め込まれていく。まず安全保障面では、一九五五年にＮＡＴＯに加盟し、再軍備と同時に、アメリカを中心とする大西洋同盟に組み込まれた。そして経済面では、西欧諸国、とりわけかつての「不倶戴天の敵」フランスと連携しながら、一九五〇年代に欧州石炭鉄鋼共同体（ECSC）や欧州経済共同体（EEC）といった超国家的《スープラナショナル》なヨーロッパの統合を着実に進展させたのである。この大西洋同盟とヨーロッパ統合への、いわば「二重の西側結合」によって主権を回復し、平和と繁栄を享受したこともあり、西ドイツにとって「西側結合」は、個別利害や単なる「国益」を超えた国家の存立基盤に関わる行動準則、すなわち「国家理性」（E・コンツェ）となっていく。(3)

すでに一九六〇年代には左派の社会民主党（SPD）も「西側結合」を受容し、「新東方政策」を推進したSPD主導のブラント政権（一九六九～七四年）であれ、シュミット政権（一九七四～八二年）であれ、西側との関係についてはアデナウアー以来の路線を踏襲した。コール政権（一九八二～九八年）のもとで成就した一九九〇年の東西ドイツの統一も、コール首相（CDU）やゲンシャー外相（自由民主党（FDP））らが、アメリカを中心とする「西側」との結びつきを絶やさず、統一後もそれを継続することを誓約したからこそ可能なことであった。

こうして（西）ドイツは、「西側結合」のなかで国際社会に復帰し、平和と繁栄を享受し、さらには統一まで達成した。そして、冷戦の終焉後もドイツは、あくまで「西側結合」を基軸に外交・安全保障政策を進めてきた。たとえば、冷戦後の新しい安全保障環境のなか、連邦国防軍の「NATO域外派兵」に踏み切り、一九九九年にはシュレーダー政権（一九九八～二〇〇五年）下でコソヴォ空爆にも参加した。シュレーダー政権は社会民主党と緑の党の連立だったが、国際社会、あるいはNATOのなかで求められた責任を果たしたのである。周知のようにシュレーダー政権はイラク戦争には反対し、一時期アメリカとの関係を冷え込ませたが、その後のメルケル政権（二〇〇五年～）によって対米関係は修復された。

このように、もちろん紆余曲折を経てはいるが、NATOとEU、アメリカとヨーロッパへの「二重の西側結合」がドイツ外交の根幹に据えられてきた。言い換えれば、「大西洋主義」と「ヨーロッパ主義」がドイツ外交の二つの支柱なのである。そして、この「二重の西側結合」の前者（大西洋主義）を脅かしたのが、NATO軽視の発言を繰り返すトランプの米大統領就任であった。

「大西洋主義」をめぐる論争

ドイツで連邦議会選が終わって間もない二〇一七年一〇月、「それでもアメリカ：ドナルド・トランプ時代の大西洋マニフェスト――ドイツの視座」という文書が、ドイツ語および英語で発表された。署名者は、ドイツの指導的な外交政策アナリスト一二人。そのほとんどが在ベルリンのシンクタンクに所属し、現実のドイツ外交にも影響を与えうる存在である。このマニフェストは、ウェブ上で公表されるとともに[4]、アメリカでは『ニューヨーク・タイムズ』紙（一七年一〇月一一日）、ドイツでは『ツァイト』紙（同一二日）に掲載された[5]。

「大西洋マニフェスト」は、ドイツの次期政権に向けて、いかなる場合でも対米関係を維持せよと説くものだった。この「大西洋主義者」たちの宣言発表をきっかけに、ドイツでは『ツァイト』紙をはじめ様々なメディアを舞台に、ドイツの伝統的な外交路線であった「大西洋主義」をめぐる論争が起こった。

この論争は、主に外交政策アナリストを中心に交わされたものだが、現在のドイツ外交の苦悩を浮き彫りにするものであり、ここでやや詳しく紹介したい。

（1）「大西洋マニフェスト」

大西洋主義者のマニフェストは、「多国間主義を基盤とし、グローバルな諸規範と諸価値、そして開かれた社会と市場を備えたリベラルな世界秩序」に「まさにドイツの自由と繁栄がかかっている」と確認する。しかし彼らは、この「リベラルな世界秩序」が、いまや「危機に瀕している」という。非リベラルな政府や権威主義的な体制の増大、反近代的な思考の流行、ヨーロッパ平和秩序に対するロシアの挑戦など、様々な方向から攻撃を受けているのだ。

そして、この「リベラルな世界秩序」の「発明者にして守護者」であったはずのアメリカで、「アメリカ・ファースト」を掲げるトランプ政権が成立した。マニフェストの執筆者によると、トランプは「リベラルな国際秩序の理念と諸制度に根本的な疑問を投げかけた、第二次世界大戦後初のアメリカ大統領」であった。

このトランプ政権の誕生以来、ドイツでは、アメリカと距離をとり、独仏を中心とするヨーロッパ統合の深化、とりわけアメリカから独立したヨーロッパ安全保障の構築を主張する者が増えた。さらには、ロシアや中国との協調を支持する者まで出てきた。

しかし、ドイツがリベラルな国際秩序を維持しようとするならば、トランプの登場にもかかわらず「アメリカが必要なのだ」とマニフェストの執筆者は主張する。

マニフェストは述べる。「アメリカとの絆」は「ドイツの中核的な国益」である。「西側」と結びつくことで、(西)ドイツは、冷戦時代に共産主義に打ち勝ち、ドイツの統一もヨーロッパの統合も成し遂げた。それゆえ「アメリカから切り離されるということは、過去七〇年間における最も重要な政治的・文化的偉業のひとつ、すなわちドイツの西側統合を、根本的に疑義に晒すだろう」。もしドイツが西側結合から離反すれば、再びドイツの独行への恐怖を周辺諸国に呼び覚まし、ヨーロッパ平和秩序を危険に晒すだろう。

こうした議論の背景には、マニフェストの執筆者たちが抱く、「西」は「概念としても政治的主体としてもアメリカを抜きにしては存在しえない」ものであり、依然として「アメリカはリベラルな普遍主義と開かれた世界秩序のアンカーなのだ」という確信がある。彼らにとって「西側結合」は不動のドイツの国是であり、さらにその「西側」とは何よりもアメリカを意味するのだ。

もしドイツが国際政治において将来的にリーダーシップを発揮すべきだとしても、「ヨーロッパ大陸の中心部における強大なドイツ」という存在を他の欧州諸国に受け入れてもらうためには、「より密接なアメリカとの協調が必要となる」。もちろん、中国やロシアも「個別の計画ではアドホックなパートナーになりうる」だろう。ただし、「アメリカ合衆国こそが、民主主義的でヨーロッパ的なドイツの戦略的パートナーであり続けなければならない」のである。

それゆえ大西洋マニフェストは、可能な限りトランプ政権とも協調すべきだと説き、とくに安全保障政策とエネルギー政策での協働を推奨する。安全保障については、とりわけNATO内での「より公正な責任分担《バーデン・シェアリング》」が求められる。すなわちドイツは、防衛支出のGDP比「二%目標」を速やかに達成すべきなのである。またエネルギー政策については、アメリカの意向に従い、ロシアとの天然ガス・パイプライン「ノルド・ストリーム2」計画を放棄すべきだと主張される。

以上が大西洋マニフェストの論旨だが、かかる文書が発表された背景には、トランプ政権の誕生に加えて、連邦議会選前後のドイツの国内事情もある。マニフェストの執筆者の一人トーマス・クライネ＝ブロックホフ（ドイツ・マーシャル基金のベルリン事務所長で、ヨアヒム・ガウク前ドイツ連邦大統領のアドバイザー）は、『ニューヨーク・タイムズ』紙のインタビューで、連邦議会選でのAfDの躍進、そして左翼党はもちろん、社会民主党内の反米主義（選挙戦でシュルツ党首は「二％目標」を拒否していた）への危惧を表明している。[6]

しかし、より重要な背景は、メルケル政権の態度だろう。二〇一七年五月、トランプ大統領の訪欧直後に、メルケル首相自らが、「もはやわれわれが他国に頼れる時代は終わりつつある」と演説した。こうした動きが「大西洋主義者」たちの危機感を高めたのだろう。

（2）「ポスト大西洋主義者」による反論

さて、大西洋マニフェストの特徴（であり弱点）は、トランプが「特殊な大統領（president *sui generis*）」であり、「トランプ大統領はアメリカではない」という主張である。つまりマニフェストの著者たちは、トランプの登場を「アメリカの長期的なトレンドを示すものではない」と理解しているのである。そして彼らは、「アメリカが繰り返し示してきた、その感銘すべき自己修正能力」に賭けた。

この点を中心に大西洋マニフェストに批判を加え、「ポスト大西洋主義」の必要性を掲げる論考が、マニフェスト掲載の翌週の『ツァイト』紙に寄せられた。[7] 著者は、同紙の副編集長イェルク・ラウと外交担当記者ベルント・ウルリヒである。彼らは、トランプ大統領の登場によって「米欧に共通の戦後価値」が危機に晒されており、それゆえ「大西洋主義後の新たな外交政策を描く時機が到来した」と主張するのである。

もちろんラウやウルリヒも、「連邦共和国ほど、アメリカ主導の世界秩序から利益を得てきた国はない」と認めるように、大西洋主義が戦後（西）ドイツの復興と「西側への再統合」を可能にしたことに異論はない。西側結合こそが、隣国が恐れる「ドイツ問題」を解決したのである。そして、大西洋を通して、ドイツは三つの中核的な西側の近代的価値にアクセスが可能となった。その三つとは、資本主義、文化的リベラリズム、そして積極的かつ自律的な市民権《シティズンシップ》である。これら三要素が、戦前のドイツに蔓延していた軍国主義、国家崇拝、「服従のメンタリティ」を克服することに貢献したのである。

しかし、「いまや全体的な状況がひっくり返ってしまった」とラウらは述べる。アメリカが創ったリベラルな国際秩序の基礎を、アメリカ自身が攻撃しているのである。そして、ドイツ外交の諸原則、すなわち「ヨーロッパ統合、多国間主義、人権と法の支配の重視、ルールに基づいたグローバル化」が、アメリカによって疑問に晒されている。

しかもラウらは、「トランプ後にアメリカがかつての役割に復帰することを待っていればよいと考える者は、自己欺瞞的である。実際、大西洋関係の危機は、トランプから始まったわけでもなければ、トランプで終わるわけでもない」と指摘する。この点を大西洋主義者は誤認しているのだ。たとえば、すでにオバマ政権は、ヨーロッパ周辺の紛争から撤退を始め、ウクライナ危機をメルケルに「押し付けた」。また中東でも介入を最小限に控え、この地域へのロシアの(再)浸透を許した。「もはやアメリカは、ヨーロッパのスタビライザーにも保護者にもなりえず、またそうなろうともしないだろう」。アメリカは、「民主主義の擁護者」であることを止めるとともに、「道徳的・軍事的・政治的リーダーシップを喪失した」とラウたちは診断するのである。

それゆえ彼らは、「アメリカのリーダーシップなき大西洋同盟の刷新」を要求し、ドイツは「ポスト大西洋的な西側政策」を追求すべきだと主張する。その政策内容としてラウたちは、たとえば「謙《へりくだ》ることなくフランスを支援すること」、「懲罰を意図することなくブレグジットに対処すること」、「ロシアの攻勢を断固として防ぐこと」、「中国が不可欠な領域(自由貿易、気候変動政策、北朝鮮危機)では彼らと協働し、中国が不正に振る舞う領域(知的財産、南シナ海をめぐる紛争、人権)では彼らと対決すること」などを挙げている。

こうしてラウとウルリヒは、いまやドイツが「国際政治を新しく創り直さねばならない」と主張するに至るのである。

(3)「大西洋主義」論争の意味

以上のように、現在ドイツでは、大西洋関係を従来通り維持すべきか、あるいはアメリカから離れ、「ポスト大西洋主義」的な外交政策を追求するべきかという論争が生じている。これ以上個々の議論に立ち入ることはしないが、興味深いのは、ジャーナリストのアンナ・ザウアーブライが指摘するように、論争が「アメリカの将来に関する洞察を提供するというよりも、ドイツ自身の困難についてのフロイト的分析に転じた」ことである。[8] たとえば、冷戦期にソ連で育ち、一九九三年にドイツに移住したジャーナリストであるセルゲイ・ラゴディンスキー(緑の党所属)は、『ツァイト』紙上の論争に加わり、アメリカの民主主義を糾弾する「ドイツ人の傲慢」を指摘し、ドイツ自身の「民主主義」や「リベラルさ」を省みるよう説いている。[9]

つまり、トランプ政権がもたらした大西洋関係の動揺、そして「リベラルな国際秩序」とドイツの関係をめぐる議論は、具体的な展望や戦略を提示するというよりは、ドイツの自己省察を促しているのである。その背景には、戦後「西側結合」を国是とし、長らく「リベラルな国際秩序」の受益者の立場に安住してきたドイツが、次第に自らも「リベラルな国際秩序」を担わねばならないと認識したこと、そしてその重荷への不安があると言えよう。

いずれにせよ論争は継続中である。そしてその論争は、要職にある政治家たちにも波及した。たとえば、連邦議会の外交委員会委員長を務めるノルベルト・レトゲン(CDU)は、明示的に大西洋マニフェストを支持した。他方、社会民主党に所属し、(新政権成立まで臨時の)外相を務めるジグマール・ガブリエルは、二〇一七年一二月五日にベルリンで、いまやアメリカは「西側の多国間主義の信頼できる保証人」ではなくなり、「たとえドナルド・トランプがホワイトハウスを去っても、米欧関係はもはやこれまでと同様にはならないだろう」と演説した。そしてガブリエルは、たとえば「ロシアとの新たなデタント政策」のような、アメリカのリーダーシップに頼らない戦略を練るよう求めたのである。

しかしこうした論争は、実のところ現在のドイツ(およびEU)が直面している問題の大きさを正面から見据えたものになっていない。

この論争に介入したハンス・クンナニとヤナ・プグリエリンも述べるように、大西洋主義者もポスト大西洋主義者も「願望」に基づいて語っており、現今の大西洋の危機を過小評価している。[10] すでにラウらも指摘していたことだが、大西洋マニフェストの執筆者たちは、アメリカの外交政策における長期的・構造的なシフトに目を向けていない。

さらに言えば、大西洋主義者たちには、現在の大西洋関係における自国の立場についての批判的考察が欠けている。たとえばドイツは、他の同規模の加盟国と比べても、大西洋同盟に「ただ乗り《フリーライド》」してきたし、いまもそうである。すでに二〇一一年六月にロバート・ゲーツ米国防長官は、ＮＡＴＯが「犠牲を払い、同盟の責任を担う意志と能力を持つ者たち」と「加盟国であることの利益は享受するが、リスクやコストを共有しようとしない者たち」から成る「二層の同盟」になっていると述べ、防衛支出がＧＤＰ比二％以下の加盟国を批判した。これはとりもなおさず、人的・経済的には大国であるにもかかわらず、ＧＤＰ比一・二％しか支出していないドイツへの非難であった。このように、ドイツの「フリーライディング」に対するアメリカの批判はトランプ以前から存在しており、トランプはその批判を単純化・先鋭化させただけと見ることができる。

では、「ポスト大西洋主義」へと舵を切るべきなのかというと、それも難しい。ポスト大西洋主義者は、安全保障領域におけるヨーロッパのアメリカへの依存を過小評価している。やはりクンナニらも指摘していることだが、安全保障に関しては、大西洋関係の亀裂は、ただちにヨーロッパ内の亀裂となって表れる。アメリカ主導のイラク戦争をめぐって、ヨーロッパ諸国が（イラク戦争に賛成する）「新しいヨーロッパ」と（反対する）「古いヨーロッパ」に分裂してしまったことは、それほど昔の話ではない。現在でも、ロシアに大きな脅威を感じるポーランドやバルト諸国が、独仏主導の安全保障政策で安心できるとは思えない。この点をとらえて、クンナニたちは、現在のドイツおよびヨーロッパは「板挟み状態」にあると指摘している。アメリカのヨーロッパへの関与の不確実性は、ヨーロッパ人を「戦略的自律」に走らせるが、そうした「自律」への歩みは、アメリカのコミットメントをさらに毀損し、ヨーロッパの安全保障を危険に晒すのである。

しかし、筆者の見るところ、より根深い問題は、たとえアメリカから離れてドイツが「リベラルな国際秩序」のリーダーシップを握ろうとしても、そもそもEU内においてすら、そのリーダーシップが疑問視されていることにある。この問題については、節を改めて論じたい。

EUの「問題」としてのドイツ(11)

EU離脱の賛否を問う二〇一六年六月二三日の英国国民投票で離脱派が勝利したあと、EUウォッチャーたちの視線は、ブリュッセルでもパリでもなく、ベルリンに集まった。ブレグジットについてだけではない。近年のユーロ危機やウクライナ危機への対応においても、ドイツの動向に世界は注目した。いまやドイツが、EUの「リーダー」であるかのようだ。しかし、ドイツがEUにおいて自他共に認める「リーダー」かというと、そうとも言えない点に、現在のEU＝ドイツ関係の難しさがある。

そもそも、冷戦終焉後の東西ドイツ統一とEUの「東方拡大」により、ドイツは地理的のみならず、様々な意味でEUの「中心」となった。人口は加盟国のなかで最多で(八二八〇万人でEU総人口の約一六%)、経済力も群を抜いている。結果としてEUへの財政的貢献も最も大きい。現在、EU予算の約四分の三は加盟国のGNI比拠出金で賄われているが、その拠出金の二割以上をドイツが担っている。

このように客観的には、ドイツはEUの中核的な大国と言える。しかしドイツ自身、「リーダー」としてEUを牽引するには、歴史的経緯による躊躇と、国内政治的な制約を抱えている。また他のEU諸国にも、ドイツの覇権への反発や恐れがある一方、応分の責任を担おうとしないドイツに対する苛立ちもある。この点から、著名な現代史家T・G・アッシュは、いまヨーロッパは「新しいドイツ問題」を抱えていると喝破した。(12) ここでは、その「問題」の現れ方を、ユーロ危機の事例から見てみよう。

二〇〇九年来のユーロ圏の危機をめぐって、EUの経済大国ドイツの対応は世界的な注目を浴びた。金融危機から近年の慢性的・構造的な危機に至る展開について詳述する紙幅はないが、概してドイツの対応は鈍く、かつ頑なだったと言える。ショイブレ財務相(一七年一〇月に退任）に典型的だが、ドイツの論調は、南欧諸国に「ドイツのようになれ」、つまり改革を断行して財政を健全化せよと厳しく迫るものだった（実際ドイツ自身、連邦と州の財政につき、起債に基づかない収支の均衡を義務付けた「債務ブレーキ規定」を二〇〇九年に基本法に書き込んでいる）。

かかる政治指導者の言動の背後には、安定した通貨によってこそ戦後ドイツ経済は成功したという従来からの信念に加えて、国内世論への配慮があった。たとえば通俗メディアは、ドイツは自国民の血税をギリシャに注ぎ込んでいるという論調で世論を煽った。選挙戦略的な観点からも、メルケル政権は、債務国支援措置に対する有権者の反発を考慮せざるをえなかったのである。

こうしてユーロ危機に対応するなかで、ドイツはとりわけ国外からあらためて「問題」化された。債務危機に陥った諸国では、ドイツの支援の遅れは独善性の表れだと非難された。また大規模な支援措置をとっても、たとえばギリシャでは、構造改革は「ドイツに強制された」という言説が溢れ、ナチによる占領の記憶を呼び覚ますかたちで、「ヒトラー＝メルケル」というプラカードが街頭デモで掲げられた。

他方で、かつてないほどEUにおけるドイツのリーダーシップを期待する声もある。二〇一一年にポーランドのシコルスキ外相がベルリンで「わたしはドイツの力よりも、ドイツが何もしないことをより懸念し始めている」とまで述べたことは、二〇世紀までのドイツ＝ポーランド関係を考えるとき、極めて注目すべきことであった。

こうして、たとえば著名な政治学者ミュンクラーなどは、ドイツはいまや「覇権国」として行動すべきだと主張している。[13] しかし、いまだドイツは「嫌々ながらの覇権国《リラクタント・ヘゲモン》」（二〇一三年の『エコノミスト』誌の特集で有名になった表現）である。ドイツは十分な力を持っているにも拘らず、歴史的な経緯や国内政治的な制約からEUでリーダーシップを発揮しない（あるいはできない）のである。

重要なのが、ヨーロッパ統合への国民のコンセンサスが、ドイツでも次第に弱まっていることである。ドイツでは主要政治エリートの「ヨーロッパ・コンセンサス」が強く、それゆえ選挙でもヨーロッパ統合は争点となりにくく、さらに制度的に国民投票が存在しないので、国民のEUに対する反感が、あるとしても見えにくい構造になっている。

そうしたなか、ユーロ危機後、ドイツ国民もＥＵへの懐疑を表明しつつある。二〇〇三年のシュレーダー政権による「アジェンダ二〇一〇」は、規制緩和、労働市場改革、社会保障改革を進めた。こうした痛みと犠牲を伴う改革によって、国内産業の競争力が高まり、ドイツ経済は好調を維持しているという認識が多くのドイツ国民にはある。それゆえ、ドイツ国民がギリシャなど南欧諸国に向ける視線は厳しい。ドイツ国民から見ると、彼らは「怠け者」なのであり、そこから「ドイツのようになれ」という言説もでてくる。

さらに見逃せないのは、この間の独仏関係の変化である。ドイツとフランスはこれまで「独仏枢軸」などと形容され、ヨーロッパ統合の推進力であった。しかし、独仏関係がＥＵのなかで持つ重みは相対的に軽くなっている。加盟国数の増加によって多数派形成のポリティクスが複雑となり、独仏だけでＥＵを牽引することは難しくなったし、独仏間でも足並みが揃わない事例が増えてきた。さらにユーロ危機のなかで独仏の財政哲学の違いが顕在化し、そのうえで実際の危機対応がドイツ主導で進んだ意味は大きい。そもそも「独仏枢軸」は、フランスが主導しドイツが追従するというかたちでスタートしたが、ユーロ危機対応で、この主導と追従の立場は入れ替わったのである。二〇一七年五月にフランス大統領選で勝利したマクロンは、果敢なＥＵ再建策を打ち出しているが、その成否もドイツの新政権次第というのが現状である。

おわりに

たしかに「ヨーロッパ」は、ドイツにとって、アメリカに代わりうる枠組みを提供するように見える。しかしながらＥＵ自体、ユーロ危機以来の危機の連続のなかで、その能力不足や内部分裂を露呈させている。そしてドイツがＥＵでリーダーシップをとろうにも、いまや多くのＥＵ加盟国にとって、ドイツは解決というよりは問題の一部と見なされている。ユーロ危機対応以外でも、たとえば二〇一五年にメルケル首相が貫徹した寛容な難民受け入れ政策は、人道的観点からは評価できるものの、その一方的なイニシアティブから他のＥＵ加盟国の反発を呼んだ。加えて、ハンガリーやポーランドにおける反リベラルで欧州懐疑的な政権の存在は、EU内でのドイツのリーダーシップをより難しいものにしている。

現在のドイツ外交を苦しめているのは、これまで依拠してきた「西側」の二本柱、すなわちアメリカとヨーロッパの双方が、いまや揺らいでしまったことである。もちろん、こうした状況はまったく新しいものというわけではない。むしろ、アメリカとヨーロッパの利害が分岐したとき、ドイツ国内ではつねに「大西洋主義」と「ヨーロッパ主義」との対立が生じた(たとえば一九六〇年代の「大西洋主義」路線と「ド・ゴール」路線の争いなど)。しかし現在の状況は、かつてないほどドイツ自身の主体性、あるいはリーダーシップが問われているという点で新しい。

いまドイツ外交は、第二次世界大戦後、最も大きな知的・戦略的な挑戦と向き合っているのかもしれない。

＊ 本稿執筆にあたって、エアランゲン＝ニュルンベルク大学のシュテファン・フレーリヒ教授(Prof. Dr. Stefan Fröhlich)に助言を頂いた(二〇一八年一月二五日)。記して感謝申し上げる。

[注]

(1) 内政面での苦境については、拙稿「変調するドイツ政治——難民危機とポピュリズムのなかで」『国際問題』第六六〇号(二〇一七年四月)を参照されたい。

(2) 遠藤乾(編)『ヨーロッパ統合史[増補版]』(名古屋大学出版会、二〇一四年)を参照。

(3) Eckart Conze, *Die Suche nach Sicherheit*, Siedler, 2009, S. 318.

(4) たとえば英語版は以下で閲覧できる。“In Spite of It All, America: A Transatlantic Manifesto in Times of Donald Trump – A German Perspective,” The German Marshall Fund of the United States, Oct. 16, 2017. <http://www.gmfus.org/file/16535/download>

(5) “In Spite of It All, America,” *The New York Times*, Oct. 11, 2017; “Trotz alledem: Amerika,” *Die Zeit*, Ausgabe Nr. 42/2017 (12. Oktober 2017).

(6) Cf. Steven Erlanger, “German Foreign Policy Experts Warn Against Anti-Americanism,” *The New York Times*, Oct. 11, 2017.

(7) Jörg Lau und Bernd Ulrich, “Im Westen was Neues,” *Die Zeit*, Ausgabe Nr. 43/2017 (19. Oktober 2017).

(8) Anna Sauerbrey, “Is the Trans-Atlantic Relationship Dead?” *The New York Times*, Jan. 3, 2018.

(9) Sergey Lagodinsky, “Deutsche Illusionen,” *Die Zeit*, Ausgabe Nr. 44/2017 (26. Oktober 2017).

(10) Hans Kundnani & Jana Puglierin, “Atlanticist and “Post-Atlanticist” Wishful Thinking,” The German Marshall Fund

of the United States, Policy Essay, No.1/2018 (Jan. 3, 2018).

(11) 本節につき、詳しくは拙稿「EUとドイツ」西田慎・近藤正基(編)『現代ドイツ政治』(ミネルヴァ書房、二〇一四年)を参照。

(12) Timothy Garton Ash, "The New German Question," *The New York Review of Books*, Aug. 15, 2013.

(13) Herfried Münkler, *Macht in der Mitte*, Körber-Stiftung, 2015.

時評

俳人金子兜太氏の大往生

芳賀 徹
（東京大学名誉教授）

つい最近、ある俳句雑誌に求められて金子兜太氏についてのエッセイを書いた。それの校正刷りも見終えて発行元に返送し、ほっとしていた。その翌々日だったろうか、二月二十一日の夕刊で前夜遅く兜太先生が九十八歳で亡くなったと知って驚いた。

その雑誌（毎日新聞の「俳句αあるふぁ」）が金子兜太特集を編むからといって、俳壇とは直接にはなんのかかわりもない私にまで寄稿を求めてきたのは、あるいは百歳に近い高齢の俳人の身になにか危ない徴候が生じたりしているのか、と原稿を書きながらふと思ったりはした。しかしあの活力旺盛な野性の人に、にわかにそんな最期が襲ってくるはずはない。なにしろ兜太氏は自作の有名な一句に――

おおかみに螢が一つ付いていた

と言う、秩父山中に生き残った不敵な古い狼の一匹にちがいないのだから、と思い直していた。この古狼は首の根っこか尻尾の先に螢一匹の青い灯をともして暗夜の山中に吠える洒落者でもあったのだ。

私はいつ頃から金子兜太氏を知ったのか、はっきりとは思い出せない。駒場の比較文学比較文化の大学院で私の学生だった夏石番矢が俳人として独立し、一九九一年、現代俳句協会賞というのを受賞したとき、その祝賀会に出席してみたら、その席に当時同協会の会長だった金子氏がでーんと坐っていた。そして私たちは互いになにか愉快な話をした。

いや、それよりも前に、一九八〇年

Toru Haga
1931年生まれ。東京大学教養学部教養学科卒業。東京大学教授、国際日本文化研究センター教授、静岡県立美術館館長等を歴任。専攻は比較文化史。著書に『平賀源内』（朝日新聞社、サントリー学芸賞）、『絵画の領分』（朝日新聞社、大佛次郎賞）、『與謝蕪村の小さな世界』（中央公論新社）、『詩の国　詩人の国』（筑摩書房）、『詩歌の森へ』（中央公論新社）、『藝術の国日本』（角川学芸出版）等多数。

に結成された日本文化デザイン会議（代表梅原猛氏、議長黒川紀章氏）が一九八七年十月末、長野市で毎年恒例の地方集会を催した。その年の会の議長役を命じられた私は開会式の講演で、半分以上を信濃の俳人小林一茶の作に触れて費やした。その際私は岩波書店「古典を読む」シリーズの一冊、金子兜太著『一茶句集』を読んで勉強して行ったのだが、この本が実に面白かった。岩波文庫版の『一茶句集』には取りあげられていないような句がいくつも引かれて評釈されていたのである。

夢によく似たりし空の朝朗《ほがら》
ちる木実《このみ》赤ふんどしがうれしいか
牛モウ〳〵と霧から出たりけり
けし《（芥子）》提《さげ》てケン嘩の中を通りけり
花の影寝まじ未来が恐しき

「牛モウ〳〵」と片仮名で三度も繰り返す一句など、アンドレ・ブルトンやマルセル・デュシャンを遡ること百年前の、すでにダダイストの詩ではないか。「赤ふんどし」の句はまったく意味不明だが、愉快な一句。金子氏は右の著作ではこれを文字通り青年になりかけの少年の裸のよろこびととっているが、それにしては「ちる木実」とのつながりが余りにも縁遠い。長野以来ずっと気になっていたが、つい最近何気なく『広辞苑』を見ていたら、「赤褌」の項にこれを「赤啄木鳥《あかげら》」の異名とし、用例にはまさにこの句が引いてある。なるほど、とようやくわかる。だが金子解釈の方が飛躍があって面白いのは変らない。そして「けし提て」について金子氏は「一茶の〈荒凡夫〉に徹しようとするこころの自由さが受け取れる句で、私は、この活気、この明るい諧謔、そして芥子の花の美しさを好む。一茶の代表作と見ている」と書き、後に自称とする「荒凡夫」の語をここにすでに使っている。

国文学者のいつもおづおづとした評釈と違って、金子兜太のこのぶつかり本番のいきいきとした生《なま》の読解の鋭さと面白さは、私をすっかり一茶びいきに、そして兜太びいきにしたものだった。そしてそれは以後の兜太氏の著作のすべてに通じるものであったが、いまこの兜太著『一茶句集』を書棚から探しだしてみると、その一九八三年の本の見返しにはすでに「芳賀徹大人恵存　金子兜太」などと、マジックペンで例の大きな力強い字が記されている。一九九二年（平成4）筑摩版の『金子兜太集』全四巻も、まったく同様の署名入りだった。

二〇〇三年（平成15）二月には山形で兜太先生の名講演を聴く機会を得た。山形出身の大歌人斎藤茂吉（一八八二—一九五三）の歿後五十年を記念して、県主催のシンポジウムが春夏秋冬と四回にわたって催されることになり、私自身が県知事に頼まれて企画と人選を進めた。その第一回の基調講演を俳人兜太氏に引受けて貰ったのだ。第二回は詩人の中村稔氏、第三回は作家で茂吉と同じ精神科医の加賀乙彦氏、第四回は歌壇の長老岡野弘彦氏とつづき、毎回のパネリストにも現代最先端の歌人や学者と地元の茂吉ゆかりの歌人や研究者がずらりと並んだ(私自身は四回を通してモデレーターをつとめた)。壮観とも言うべき連続シンポジウムだったが、その冒頭で、森鷗外に負けぬほどの近代西欧の教養を身につけながらなお「日本列島の土の匂い」を放ちつづけた茂吉を、兜太氏は青年時代からの深い敬愛の念をこめて「土のデモン」と呼んだ。結論には『梁塵秘抄』の一首を引いて「東《あづま》の男巫《をとこみこ》」と讃えた。

　八十四歳の老俳人のあの講演が、めりはりが利き言語明晰、あまりにも面白かったのを思い出して、私は全記録集『今甦る茂吉の心とふるさと山形』(短歌研究社、二〇〇四)を読み直し、実は茂吉をかく論じた兜太氏自身も日本のもう一人の「土のデモン」であり東国の「男巫」だったのではないか、と先に触れた小エッセイで述べたのである。

　この講演の後の夜、兜太先生と私は県庁の若いお役人二人に誘われて、小さな飲み屋の二階で御馳走になった。一仕事を終えた兜太氏は御機嫌で、われわれと放談高笑し、飲み屋の出してきた色紙にも墨痕淋漓、あの「おおかみに螢が一つ付いていた」の一句を書いた。私も頼まれてなにか兜太氏の元気ぶりをからかう俳句もどきを書いたが、憶えてはいない。

　黒田杏子さんと兜太氏は親子のように仲がよく、「黒杏《くろもも》さん」の世話する俳句仲間の年一回のみなづき会(件《くだん》の会)には、氏も熊谷の自宅から出て来て大概出席、第一列に坐っておられた。あるとき私はその会に招かれて、陶淵明の「桃花源記」について講義し、桃源郷が老人たちと幼童の楽園であることに触れて、「金子先生もそろそろ桃源入りですね」などと一言口走った。すると兜太翁は即座に当意即妙のチャチャを入れてきて、会場を湧かせた。その後のパーティで兜太氏は自分の句集『詩経国風』(一九八五)に

　抱けば熟れいて夭夭《ようよう》の桃肩に昴《すばる》

の妖艶の一句があることをメモして教えてくれ、後にはそれを色紙に揮毫して贈って下さった。

　いま『金子兜太集』第一巻を開いて好きな句をあげてゆこうとすればきりもない。「存在の基本は土」と自称したこの秩父山中の「男巫」のごとき大詩人は、五七五の約束など初めから平気

で破る。高浜虚子がベルリンでもロンドンでも「俳句は日本」と自讃して、講演の冒頭からだらだらと春の季語を二十も三十も挙げていったあのウルトラ俳句ナショナリズム（昭和11）は、兜太氏とは全く無縁だった。兜太句の中で季語季感はみな原始土着の、それゆえ普遍の尖鋭なアニミズム的感覚に還ってよみがえる。歳時記で見つけた季語を利用しておすまし顔の、いまなお大流行のあの小《プチ》ブル的花鳥趣味は、氏みずから拒否している。それでいて兜太俳句は実に美しく強烈で、平和ボケの私たちを惰眠から揺さぶり起こし、生《なま》の自然へと覚醒させる。

　きょお！と喚《わめ》いてこの汽車はゆく新緑の夜中《よなか》（『少年』）

　冬眠の蝮のほかは寝息なし（『皆之《みなの》』）

前の句は昭和二十五年末から三年間の日銀福島支店勤務当時の作というから、これは会津の山奥あたりを行く夜汽車か。蒸気機関車はボオッとかボーとか鳴らすものときまっていたのに、「きょお！」とは初耳だ。しかも「喚《わめ》く」とは、なにに腹を立てて叫んでいるのだろう。作者自身の焦燥と苛立ちか。だが「夜の新緑」ではなく「新緑の夜中」の黒い闇と眼に見えぬ緑とその芳香がやがて汽車をも彼をも呑みこんでくれる。

　夜汽車といえば明治の洋画家の赤松麟作の名作『夜汽車』の、三等客の人いきれと煙草の匂いのこめた車内の夜明けの景の一幅（明治35）があった。正岡子規の「汽車過ぐるあとを根岸の夜ぞ長き」（明治29）の句や「汽車の音の走り過ぎたる垣の外《と》の萌ゆる木末《こぬれ》に煙うづまく」（同33）の歌もあった。斎藤茂吉『赤光』（大正2）の「死にたまふ母」には「朝さむみ桑の木の葉に霜ふりて母にちかづく汽車走るなり」など板谷峠越えの夜明けの歌があり、宮沢賢治には「銀河鉄道」ばかりでなく、「岩手軽便鉄道・七月（ジャズ）」などという実にすてきな洒落たジャズ風の一篇（大正13頃）もある。そして萩原朔太郎の甘美な道行きの夜明けの詩「夜汽車」（大正2頃）も、「汽車は闇に吠《ほ》え叫び／火焔《ほのほ》は平野を明るくせり」との「帰郷」（昭和4）の一篇もあった。漱石『三四郎』の冒頭の、屋根からランプを燈す車内の景も忘れ難い。これらの夜行蒸気列車のアンソロジーの中でも、金子兜太の「きょお！と喚く」新緑の中の夜汽車の一句はまた格別に鮮烈である。

　そして「冬眠の蝮の」寝息の一句の、不気味にも生々しい、蝮の生臭さばかりが漂う山村の深夜。いまは熊のいる谷間（熊谷）の夜からただ「荒凡夫」金子兜太先生の安らかな大鼾《いびき》が聞こえてくる。ひたすらに御冥福を祈るばかりである。

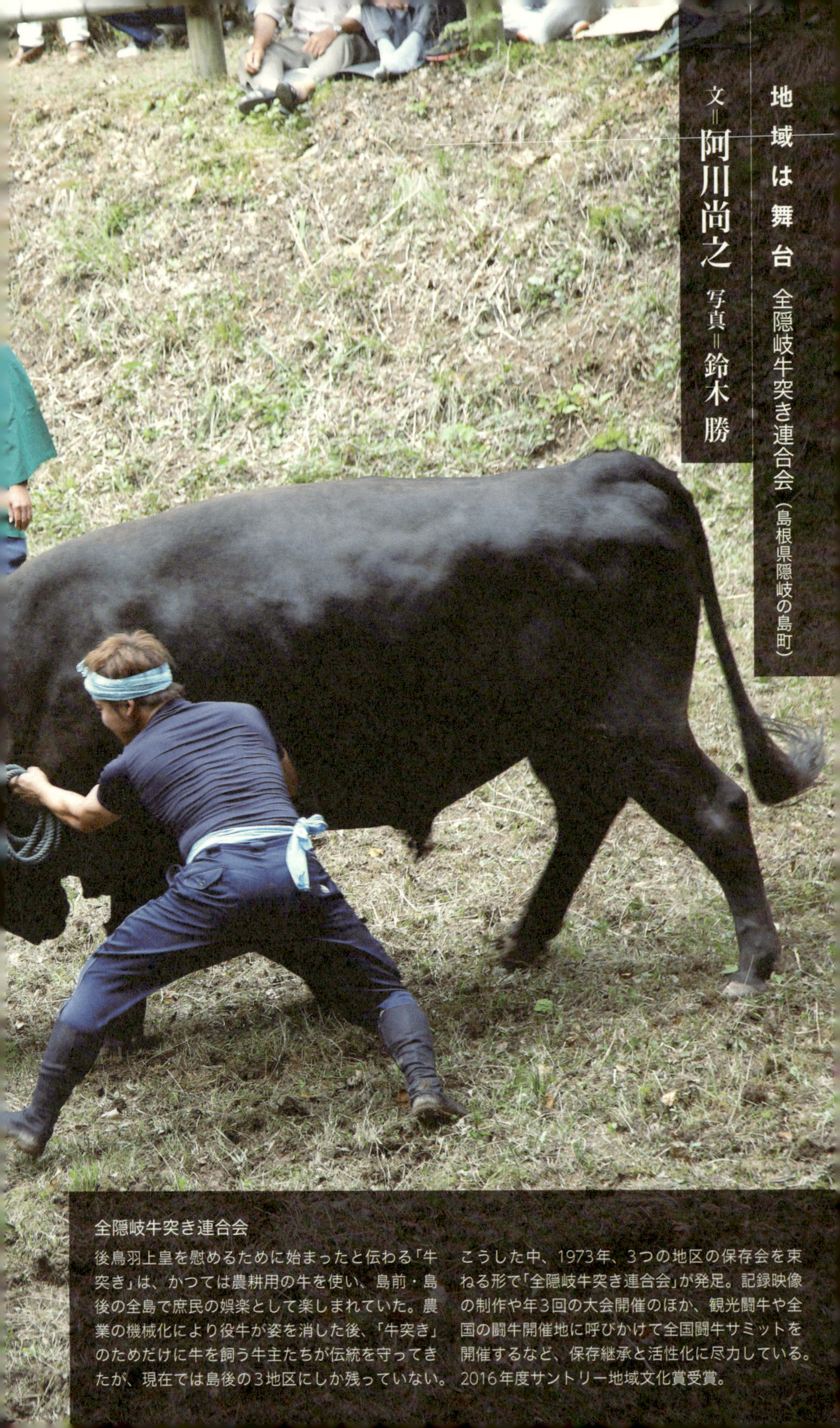

地域は舞台
全隠岐牛突き連合会（島根県隠岐の島町）

文＝阿川尚之　写真＝鈴木 勝

全隠岐牛突き連合会

後鳥羽上皇を慰めるために始まったと伝わる「牛突き」は、かつては農耕用の牛を使い、島前・島後の全島で庶民の娯楽として楽しまれていた。農業の機械化により役牛が姿を消した後、「牛突き」のためだけに牛を飼う牛主たちが伝統を守ってきたが、現在では島後の3地区にしか残っていない。こうした中、1973年、3つの地区の保存会を束ねる形で「全隠岐牛突き連合会」が発足。記録映像の制作や年3回の大会開催のほか、観光闘牛や全国の闘牛開催地に呼びかけて全国闘牛サミットを開催するなど、保存継承と活性化に尽力している。2016年度サントリー地域文化賞受賞。

牛とかっぱと男たちの島

島根県隠岐郡隠岐の島町への旅

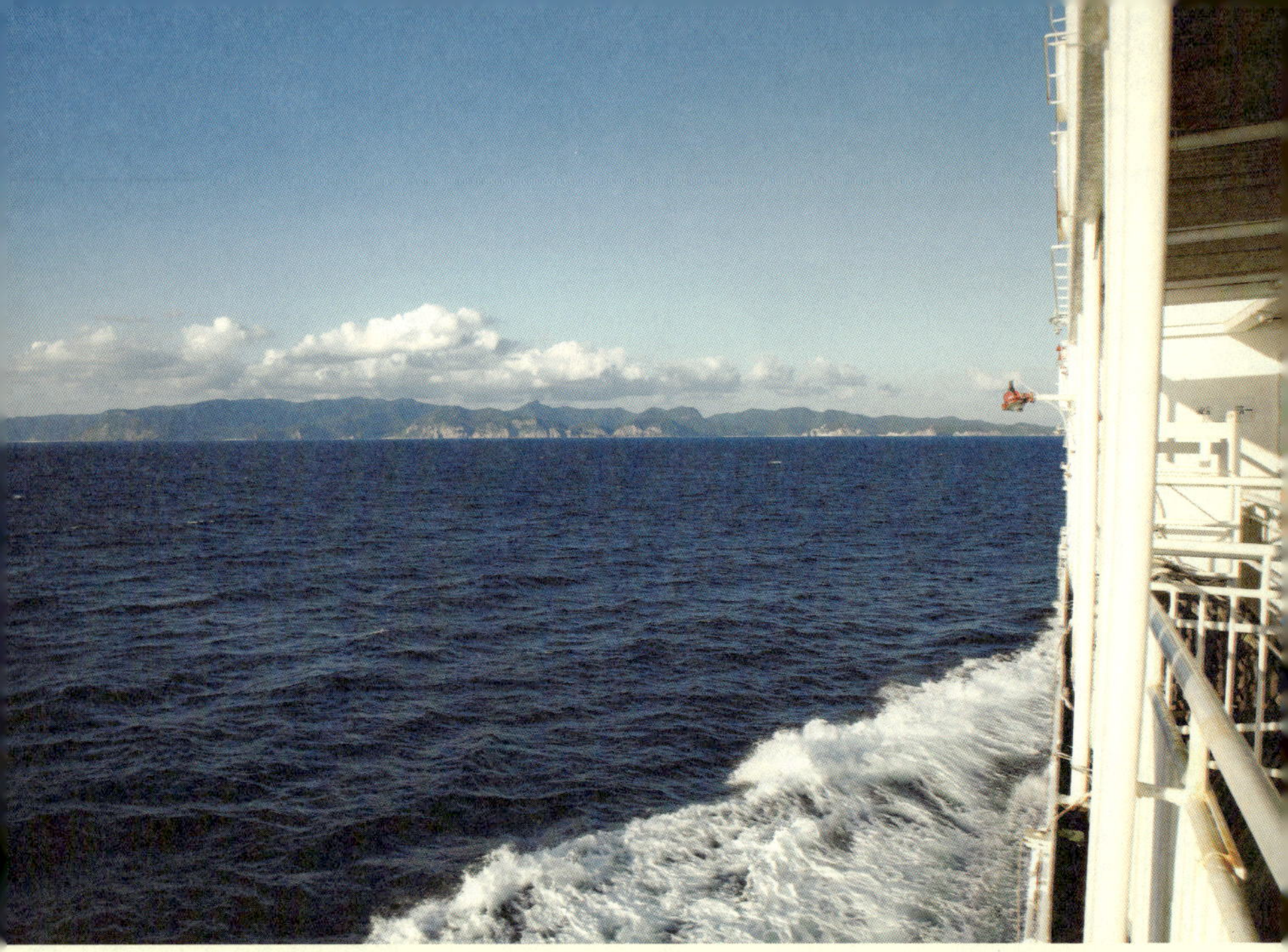

自分は隠岐へ行くことに決心した。（中略）その海岸は（中略）西洋人の眼に未だ嘗て触れなかつたのである。

――◉小泉八雲『日本の面影』

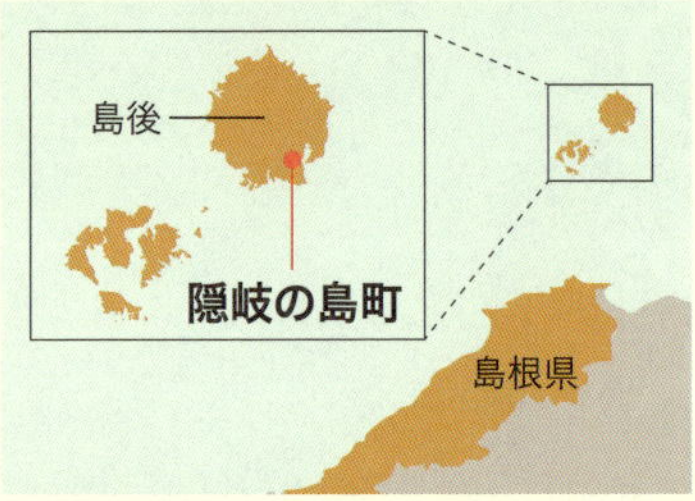

隠岐島へ

八月最後の日の午後、鳥取県境港を出港した隠岐汽船所属の「フェリーしらしま」は約二時間後に隠岐群島の南端に迫り、最初の海峡に入った。

隠岐群島は、人の住む大きな島四つと一八〇ほどの小さな島の総称である。そのうち、本土に近い三つの島と

東郷集会所での前夜祭は牛突き関係者や〝ひいき〟と呼ばれる応援者たちで大賑わい。
しかし、前夜祭を行う牛主は近年減りつつあるという。

周辺の小島をまとめて島前《どうぜん》、その北東に位置する大きな島と周辺のいくつかの小島を島後《どうご》、と呼ぶ。「しらしま」は島前の島々を抜けて、島後の西郷港へ接岸した。

今回島後へやってきたのは、翌日開催される牛突きの大会を見学するためである。隠岐島では古来牛と牛を闘わせて観覧する伝統がある。牛相撲とも呼ぶ。隠岐の伝承によれば、承久の乱（一二二一年）で敗れてこの島へ流された後鳥羽上皇を慰めるために始まった。いまでも大会が年に三回行われる。そのなかでも九月一日に行われる八朔の大会が有名だ。

一休みしたあと、東郷地区へ向かう。この地区の吉田家（屋号は山田屋）の牛「一番星」が、昨年の八朔大会で優勝した。大会前夜の集まりがあると聞いて、寄せてもらうことになった。

東郷地区の集会場の二階では、すでに宴もたけなわであった。大広間に男たちが大勢座り、談笑しながら酒を酌み交わし、いかの刺身やらとりの唐揚げやらを口に運ぶ。男臭い熱気に充ちる。

そのうち、我々に気づいて話しかけてくれたのが、全隠岐牛突き連合会の門脇浩輔さんである。牛突きでは「頭取」、すなわち行司をつとめる。高校のクラスメート一三〇人のうち島に残った六人の一人で、島への愛情は深い。島の伝統を大切に思い、残したいと思う。牛突きだけでなく、古典相撲の伝承にも関わっている。人口減少をいかに食い止め、島の豊かな伝統をどうや

門脇浩輔さん。
116-117頁中央で頭取として闘いの行方を見守っている。

って伝えていくか。門脇さんは熱っぽく語る。

門脇さんは時々立ち上がり、相撲甚句を歌って自慢の喉を披露する。「相撲はよー　神世に始まりましてよー　今じゃよー　日本の国技となりてよー」。周りの人が手拍子をうち、「きたざい、こらさい」と間の手を入れる。一人歌い終わると、別の人が立ち上がって歌う。

門脇さんは、横綱「一番星1号」の牛主である吉田和宏さんを紹介してくれた。古典相撲で番外大関を張ったという、堂々とした体躯の青年だ。牛を飼った経験はなかったのだが、牛主が減っていると聞いて急に思い立ち、五年ほど前初めて牛を譲り受けた。工夫して育てた二頭目の牛が、昨年見事横綱になった。吉田さんの弟も二頭牛を飼っている。

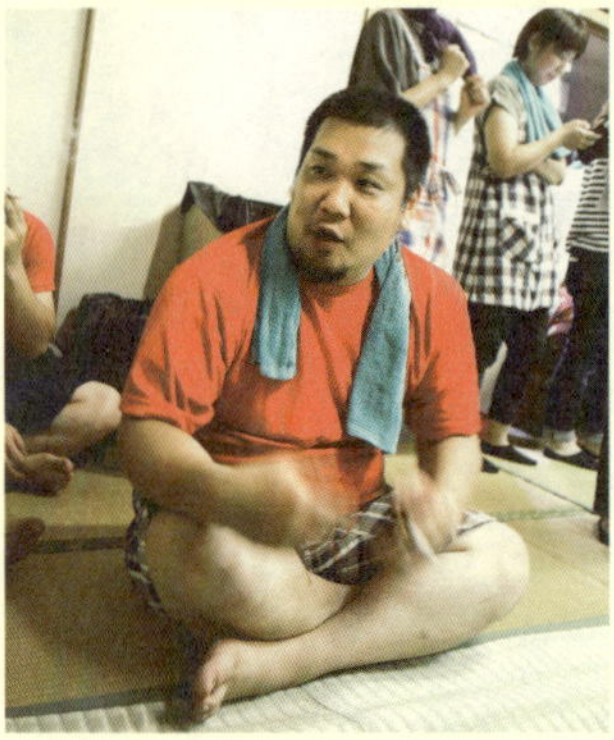
吉田和宏さん。牛突き以上に盛んな古典相撲で大関を張るのは大きな名誉。

その他にも親戚やら友人やら、いろいろ紹介された。みんなよく飲み、よく食べ、よく歌う。その間、女性たちは階下で用意した食べ物や飲み物を、せっせと二階の大広間に運んでふるまう。門脇さんのお嬢さん、妹さん、その娘さんたち。みなべっぴんである。

牛突きの午後

翌日は吉田家で出陣式に立ち会ったあと、八朔大会の会場、佐山牛突き場へ向かった。杉の木が立ち並ぶ山の斜面に囲まれた窪地の底の、丸い平面。埒で囲ったこの土俵で、これから牛突きが行われる。空気がひんやりしていて、木や土の湿った香りが立ちのぼる。頭上にはぽっかりと空が開いている。

午後一時、拡声器で大会開始の案内

地元の都万保育所の子どもたちが踊る「牛突き音頭」。

八朔大会が行われる佐山牛突き場。八朔大会は島の東西に分かれて勝敗を決する場として古くから最も重要視されている。

があった。牛の土俵入り、子供たちの踊り、会長の挨拶があって、取り組みが始まる。

　隠岐では人の相撲も牛の相撲も、座元と寄方に分かれて行われる。座元は大会の主催者であり、今回は都万《つま》牛突き保存会がつとめる。全部で六番ある取り組みごとに、座元、寄方、それぞれの牛を、綱取りが手綱を引いて入場する。綱取りは隠岐の牛突きの特色で、後鳥羽上皇に牛突きを見せるとき万が一にも上皇に怪我をさせてはいけないと、手綱をつけて制御したことに始まるという。牛の角を合わせ、声をかけて闘志をかきたて、取り組んだまま動かなくなった牛同士を一旦離すなど、重要な役割を担う。

　双方の牛は入場し互いに向き合うと、頭を低く下げ、角を相手の牛に直角に向けて攻撃を開始する。角がぶつかるにぶい音が響く。綱取りは「ほいほいほい」「ほら取った」「よいさー」などと声をかけ、牛が動くとそれに合わせて走る。手綱を低く、あるいは高く握り、さらに声をかけてけしかけ、引いてと、忙しい。牛と綱取りから少し離れたところに、緑色の法被をつけた二人の頭取が立ち、牛の動きに合わせて位置を変えながら、取り組みの帰趨を見守る。勝負が長引くと頭取同士が相談して、「引き分け」を宣告する。

　出場した十二頭の牛は、最も軽い牛が三五〇キロ、最も重い牛は千キロもある。年少で軽量の牛は、綱取りも若い。二番目の取り組みに出た寄方東郷山田屋の「一番星2号」(三五〇キロ)は、昨晩会った門脇さんの甥の高校生がつとめた。三番目の取り組みに出た座元「若昇力《わかしょうりき》」(四二〇キロ)の綱取りは、小学五年生の男の子。デビュー戦だという。懸命に駆け回って牛を制御しようとするものの、牛の首にまきつ

八朔大会に出場するのは、隠岐生まれ隠岐育ちの黒毛和牛に限られている。

いた綱を一瞬失い、周りの大人たちに取り返してもらう。

　対照的に四番目の取り組みは座元「都万嵐1号」九三〇キロ、寄方は五箇の「仁王2号」千キロと、巨体同士の対決である。二頭の牛が頭を低く下げ、体中の筋肉を使って角をぶつけ合い懸命に押し合う。しかし、力が拮抗しているためか、綱取りが牛の体を押しながら、「ふんばちょいよ、追いこんだぞ、ほりゃほりゃ」と声をかけても、動きが止まったまま十分が経過。頭取二人が引き分けを宣告したものの、今度は興奮がさめない二頭が組み合ったまま動きまわり、十人ほどの男たちが総出でようやく引き離した。

　五番目の大きな牛同士の取り組みも引き分けで終わったあと、最後の取り組みは座元が「怒虎為勝《どっこいしょう》」四歳七五〇キロ、寄方が昨年の覇者「一番星1号」同じく四歳七三〇キロ。年齢も体格もほぼ互角な二頭の牛が争う。会場は興奮に包まれ、みな固唾を呑んで待つ。

　実は最初の五番は数少ない牛に負け癖をつけないため、すべて引き分けにすることが予め決まっている。勝敗をつけるのは横綱同士の戦いだけである。綱取りが二頭の牛を向かい合わせ、その二頭が頭を下げ角をぶつけあって、取り組みが始まった。さあどちらが勝つか。ところがどうしたことだろう。ぶつかり合うとすぐに、「一番星1号」がものすごい迫力で「怒虎為勝」をぐいぐいと押しはじめ、しばらくこらえていた「怒虎為勝」はたまらなくなって、角を外すと後ろを向いて逃げ出した。

　喜んだ山田屋の男たちが土俵にどっとかけこみ、次々に「一番星1号」の背中に飛び乗る。一人、二人、なんと四人が背中にまたがって、勝ちどきを上げる。飛び乗ろうとして落ちるのがいる。今度は誰かが、子供を乗せる。最後に牛主の吉田さんがまたがり、手を大きく上げて勝利を誇った。

吉田家の前夜祭で出会った若き綱取りたち。牛を知り尽くし、
しかも敏捷さと体力が要求されるため、小学生のうちから練習に励む。

牛突きの夜

牛突き最後の取り組みが終わり、興奮が少し鎮まったころ、我々は都万の共同牛舎へ向かった。都万は昔から牛突

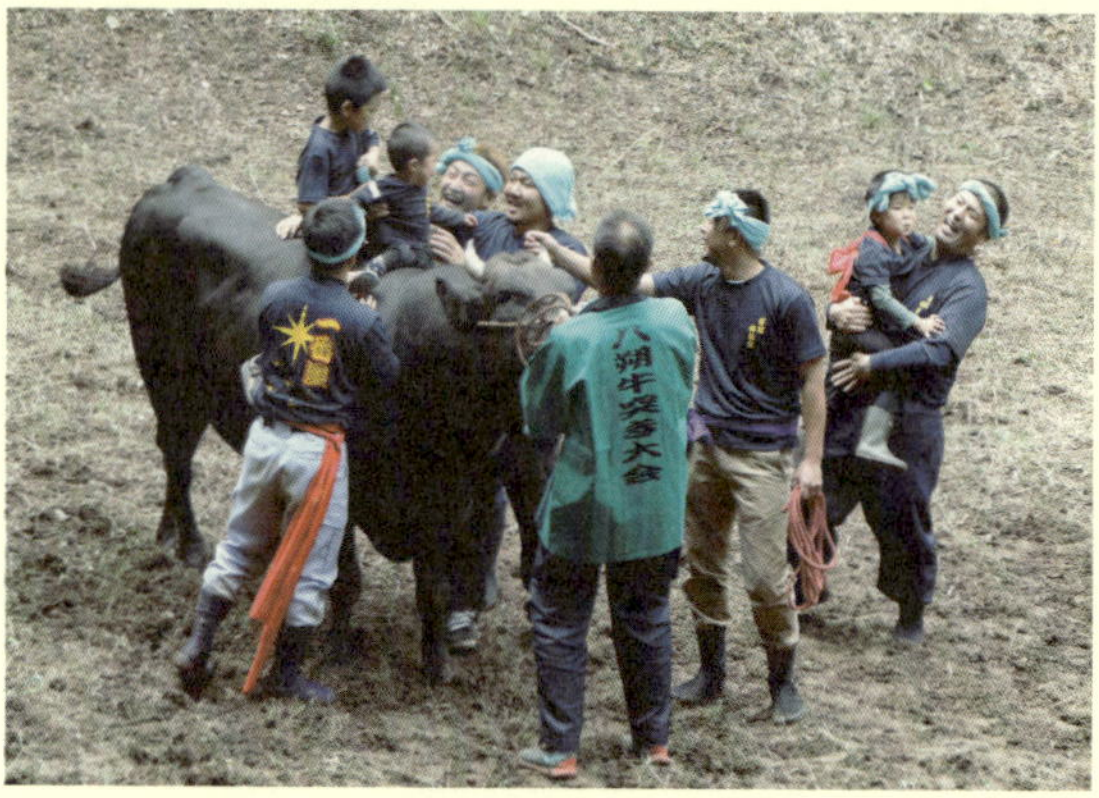

勝利を喜ぶ山田家の人たちとひいきの人たち。

きが盛んなところであり、都万牛突き保存会会長、全隠岐牛突き連合会副会長の齊藤博さんが本拠を置いている。

共同飼育所は、海岸に近い開けた土地にある。三々五々、牛が大会から戻ってくる。雲一つないよい天気で、湿気もなく、太陽の光を浴びて気持ちがいい。海からかすかに風が吹いてくる。

ほどなく、齋藤さんが赤いトラックに「怒虎為勝」ともう一頭を載せて、飼育場に戻った。トラックから二頭を降ろし、牛房に入れる。鼻輪をつけかえ手綱を外し、水をやり、餌をやり、一時も手を休めない。「怒虎為勝」は「一番星1号」に完敗したが、齋藤さんは淡々としている。ただ、ぽつりと「こんなに闘志に欠けるんじゃあ、お前もこれからどうするかなあ」と言った。「怒虎為勝」はしばらくしたら売られて牛肉になってしまうらしい。牛はしかし表情を変えず、よだれをたらしながらもぐもぐと餌を反芻し、悲しいような寂しいような不思議な眼でこちらを見ていた。

齋藤さんは、こどものとき牛突きを

怒虎為勝を連れて帰ってきた齋藤博さん。

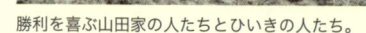

見てすっかり魅了され、それ以来のめりこんだ。その齋藤さんにとって一番心配なのは、牛突きを支える牛の数が減少しつづけていることだ。かつて牛は農耕作業に欠かせないもので、どこの家も牛を飼っていた。六〇年代以降、農作業の機械化が進むにつれ、牛突き

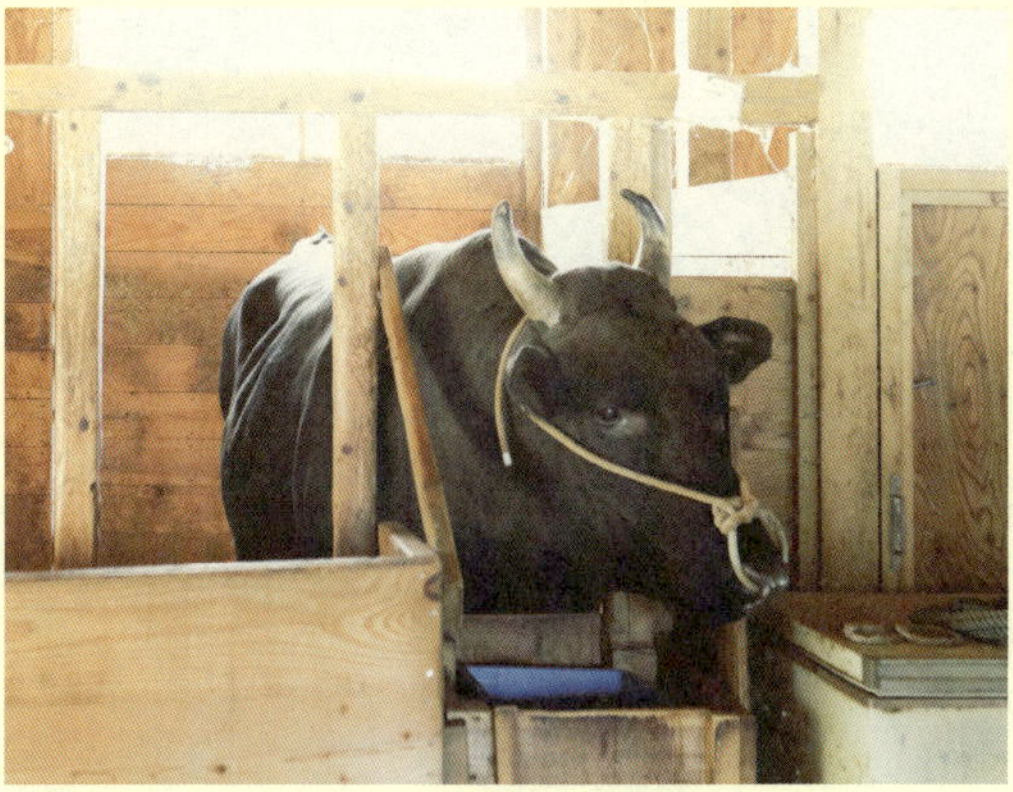
齋藤さんが飼う牛は、代々、「怒虎為勝」と名づけられた。

大会出場だけを目的に牛を購入し飼育する牛主が伝統を支えてきたものの、牛の飼育には金がかかる。大会に出そうと思えば、古いしきたりで人をもてなし、酒をふるまい、さらに散財せねばならない。そんなこんなで牛主が減り、牛が減る。「町から牛主に補助金がいくらか出ているが、それでは足りない。農水省に陳情して特別立法をお願いしているものの、なかなか法律制定に至らない」と、悩みはつきない。

その夜都万での直会《なおらい》では静かに酒が酌み交わされ、東郷での直会では夜がふけても若いエネルギーが全開のままであった。

島との別れ

翌日は隠岐最後の日。朝食のあと、駆け足で島内を観光して回った。最初は海から川を遡り、幻のかっぱを探す「八尾川周遊かっぱ遊覧船」。ガイドさんによれば、湾が深い西郷は、江戸時代、北前船がしばしば寄港し、海が荒れたときには鎮まるのを待つ風待ちの港として栄えたのだそうだ。宿屋がいくつもあって各地の人が泊まり、住みつく人も多かった。古くは貴人が流さ

西郷湾と八尾川を巡る遊覧船は1日3回運航。
湾内の自然景観と川岸に広がる島の暮らしを展望できる。

かっぱの棲処があったとされるかっぱ淵。今でも、心のきれいな人にはかっぱが見えるという。

前夜祭と直会のお手伝いをする女性。
双子の赤ちゃんのおでこには名前を書いた絆創膏が。

れてきた。隠岐の方言が出雲や伯耆の言葉と多少異なるのも、多様な文化があるのも、そしてべっぴんさんが多いのも、そのせいだろう。

もう一ヵ所は玉若酢《たまわかす》命《みこと》神社。隠岐の総社であり、建物が重要文化財に指定されていて、いかにも神さびている。代々神主をつとめる億岐《おき》氏は、祭神の玉若酢命（日本《やまと》武尊《たけるのみこと》の父である景行《けいこう》天皇の孫)の子孫だと伝えられる。
律令時代、億岐氏は国司をつとめた。隠岐は一つの国だった。その後大名や幕府の領地となったが、慶應三年、王政復古の大号令が発せられると、隠岐の人々は松江藩の郡代を島から追放し、一時的に独立を達成する。隠岐は国である、ただの離島ではないという意識は、今でも島の人たちのあいだに残っているのかもしれない。

国指定重要文化財の億岐家住宅(右手奥)と宝物殿。今も億岐家の方々が住んでいる。

日本各地の多くの町や村と同様、そしてこれまで訪れた島と同じように、隠岐も人口の減少や老齢化に悩んでいる。牛突きをはじめ、古い伝統や豊かな文化を将来誰がになうのか、心配だ。けれども隠岐には何か特別なものがある。島の荒々しい地形とどこかで共通する、大地と直接つながっているようなエネルギーを秘めている。東郷山田屋の人たちと「一番星1号」の闘いぶりを見ただけで、そんな結論を出すのは早いのかもしれないけれども、そう信じたいと思った。

必勝を願い、ひいきの人たちが牛主に幟を寄贈する。山田屋の幟は最も数が多かった。

明治二五年に隠岐を訪れた小泉八雲は、船で帰途につき、遠ざかる島に思いを馳せた。残念ながら私は空から帰る。旅客機は海を見下す高台に伸びる滑走路のはしまで進んでエンジンの回転数を一気に上げ、すぐに離陸した。振り向いて探したけれども、島の姿はすでに消え、隠岐の三日間はまるで夢を見ていたかのようだった。

(あがわなおゆき・法学者、エッセイスト)

時評

「自由」か「死」か

高階秀爾
（大原美術館館長、西洋美術振興財団理事長）

Shuji Takashina
1932年生まれ。東京大学教養学部卒業。パリ大学付属美術研究所およびルーブル学院で西洋近代美術史を専攻。東京大学文学部教授、国立西洋美術館館長などを経て現職。東京大学名誉教授。著書に『名画を見る眼』（岩波書店）、『近代美術の巨匠たち』（岩波現代文庫）、『近代絵画史』（中央公論新社）、『日本の美を語る』（青土社）など多数。

昨年（二〇一七年）の十月から十二月にかけて、東京は上野公園内の上野の森美術館で開催された「怖い絵展」は、テーマが人々の好奇心に強く訴える刺激的なものであった所為か大きな人気を呼び、会期末近くには入場待ちの時間が三時間を越えるというほどの賑わいを見せた。

その展覧会で特に「目玉」として評判になったのが、フランスの画家ポール・ドラローシュの手になる大作「レディ・ジェーン・グレイの処刑」である。

悲劇の女王ジェーン・グレイの名前は、イギリス人なら中学生でもよく知っている。時は十六世紀中葉、カソリックとプロテスタントの両派が王位継承をめぐって激しく対立していた時代である。ジェーンは政治的野心とはまったく無縁の教養豊かな読書人であったが、ヘンリー七世の曽孫という血筋の故にプロテスタント派にかつがれて、十六歳という若さで王位につく。しかし即位から僅か九日後、カソリック派の反撃を受けて捕えられ、改宗を迫られたが承知しなかったため、処刑された。イギリスの歴史の上で、悲運の「九日間の女王」として知られる。

当時の処刑は、巨大な切株のような処刑台に罪人の頭部を載せ、首筋に斧の一撃を加えるという乱暴かつ残酷なものであった。時にはその一撃の狙いがそれてただちに絶命するに至らず、二度三度と打撃が繰り返される場合もよくあったという。

ドラローシュの画面は、その最後の瞬間直前のジェーンの姿を克明な描写力で描き出したもので、その様子を夏目漱石は小説『倫敦塔』のなかで、まるで眼に見えるように正確に述べている。

女は白き手巾《ハンケチ》で目隠しをして両の手で首を載せる台を探すような風情《ふぜい》に見える。首を載せる台は日本の薪《まき》割《わり》台位の大きさで前に鉄の環《かん》が着いている。台の前部に藁《わら》が散らしてあるのは流れる血を防ぐ要慎《ようじん》と見えた。……白い毛裏を折り返した法衣を裾《すそ》長く引く坊さんが、うつ向いて女の手を台の方角へ導いてやる。女は雪の如く白い服を着けて、肩にあまる金色の髪を時々雲の様に揺らす。

画面にはさらに、右端に磨き上げられた斧を左手に突いて立ち、犠牲者の方を眺めおろす首斬り人の姿が描かれている。漱石の幻想はその姿に触発されて、それに続く場面を紡ぎ出す。「眼の凹んだ、煤色の、背の低い首斬り役が重た気に斧をエイと取り直す。余の洋袴《ずぼん》の膝に二三点の血が迸《ほとばし》ると思ったら、凡ての光景が忽然《こつぜん》と消え失《う》せた。」

現在ではロンドンのナショナル・ギャラリーの所蔵で、観客のあいだでも人気の高い作品のひとつとされているドラローシュの「ジェーン・グレイの処刑」図は、もともと一八三三年に描かれ、翌年のパリのサロンにおいて発表された。この時も評判は高く、作品の前には人だかりが絶えなかったという。もっとも、この時の人気は、ジェーンの悲運への共感によるものではなかった。当時のフランスの一般観衆は、何百年も前のイギリスの歴史のことなど何も知らなかったし、関心もなかった。ジェーン・グレイの名前を知っている人も誰もいなかったであろう。人々の感嘆の眼差しは、滑らかな手触りを感じさせるような清楚な純白の絹の衣裳や無骨な首置台の迫真的な描写力に向けられていた。床に敷かれた藁の様子があまりにも真に迫っていたので、観客のなかには思わず手をのばして藁を抜き取ろうとした者さえ居たと、当時の批評は伝えている。

しかしながら、それほど好評であったドラローシュの大作は、サロンでの公開の後間もなく、人々の前から姿を消してしまう。若いロシヤ貴族アナトーリー・デミドフがそれを手に入れ、フィレンツェ郊外の宏壮な別邸に秘蔵してしまったからである。デミドフ公爵の死後、そのコレクションは四散、「ジェーン・グレイの処刑」は転々として、ようやく一九〇二年十二月、チャイルズモア卿からナショナル・ギャラリーに寄贈され、ミルバンクのテート・ギャラリーで公開された。したがって、夏目漱石が作品を実際に見る機会はなかった筈である。しかし発表以来ドラローシュの作品はいくつもの複製図版で広く流布していたから『倫敦塔』のあの詳細な幻想の情景は、そのような図版に基くものであったろう。漱石自身、処刑の場面の執筆にあたってドラローシュの絵画の助けを借りたと述べている。

しかしもう少し広い視野で見ると、ドラローシュの作品の持つ社会的インパクトは、それだけにとどまらない。一八三三年と言えば、激しい市街戦が展開された七月革命(一八三〇年)のわずか三年後で、当時の凄惨な光景はなお人々の記憶に焼きついていた。そして、その革命の記憶は当然四十年前のフランス革命の思い出と結びつく。この時、多数の市民たちが断頭台(ギロチン台)の犠牲となった。とすれば、斧の打撃による斬首刑は遠い昔の話だと言ってすませるわけにはいかない。

十六世紀の末までは、斬首刑は「神の裁き」に倣ったものであることを示すよう、さまざまな配慮がなされていた。死刑の宣告をする法廷は「最後の審判」と同じ構造を持っており、刑の執行は贖罪の行為として、キリストの磔刑と重ね合わされていた。ジェーン・グレイの処刑の場に、司祭が補助に登場するのはそのためである。しかしギロチンの登場は、処刑につきものであった宗教性、儀礼性をすっかり剝ぎ取って、いわばむき出しの「死」を人々の眼の前につきつけたのである。ギロチンの採用にあたっては、罪人が苦痛を感じる暇もない程一瞬のうちに処刑が終るという人道主義的見地からの主張がなされたが、むき出しの「死」がどうしても逃れようのないものとして眼の前に立ちはだかる時、人は最後の瞬間までどうにも耐え難い恐怖の深淵に捉えられる。それ故にヴィクトル・ユゴーは『死刑囚最後の日』をはじめ多くの評論でギロチン反対を訴え続けた。(フランス政府が正式にギロチンによる処刑を廃止するのは、第二次大戦後、一九八一年になってからのことである。)

実際、ルイ十六世の処刑は、一七九三年一月、「革命広場」(現在のコンコルド広場)に設けられたギロチン台で、多勢の観衆の前で、何の儀式もなく行われた。切り落とされた血の滴る首を、処刑人がわしづかみにして人々に示している版画が残されている。

歴史年表をひもといてみれば、ルイ十六世の処刑に続いて、三月に革命裁判所開設、四月に公安委員会設置、五月には議会から穏健なジロンド派が追放されて急進的山岳派の独裁体制が確立し、公安委員会で実権を握ったロベスピエールによる「恐怖政治」の時代が始まる。

フランスのノーベル賞作家アナトール・フランスに、『神々は渇く』という作品がある（一九一二年刊）。内容は、一七九三年、ルイ十六世の処刑の直後からロベスピエールの失脚、処刑にいたるまでの「恐怖政治」下のパリの様相を詳細に描いた歴史小説である。小説であるから、主人公の画家エヴァリスト・ガムランをはじめ、その周囲の何人かの人物は架空の存在だが、それ以外はすべて実在の人々で、目まぐるしく変る政治状況や町の人々の動きも、きわめて正確に描き出されている。事実、アナトール・フランスは、執筆に先立って多くの文献や記録を渉猟して、この期間のさまざまな事件や町の様子を一日刻みで詳しく記したノートを準備し、つねにそれを参照していたという。

例えばパリでは、公安委員会の意向を受けて地区ごとに委員会が設けられ、監視委員が町に出て「反革命容疑者」を摘発し、革命裁判所に送りこんだ。時には、厳しい統制で野菜が値上りして困ると愚痴を言ったことが「反革命」と見做されることさえあった。摘発された者は、革命裁判所で一方的に断罪され、断頭台に送られた。この期間にギロチンの犠牲になった人数はパリだけで二千数百人、地方も含めると一万人を越えるという。広場に聳えるギロチンは、文字通り、「恐怖」のシンボルとなった。

小説は、独裁的権力をふるったロベスピエールがいわゆる「テルミドール反動」（一七九四年七月）で失脚、処刑され、熱心な共和派であったエヴァリストもその仲間とされてギロチンへ送られるところで終る。その数日前、エヴァリストは、公園のベンチに腰かけて、苦い思いで述懐する。「われわれは、勝利か然らずんば死、といっていた。だがあれは間違いだった。勝利、そして死、とこそいわなければならなかったのだ」（大塚幸男訳）

はなはだ興味深いことに、ロベスピエールが処刑されて数ヵ月後、パリのサロンに、ジャン＝バティスト・ルニョーの「自由か死か」と題する作品が出品された。画面中央に、三色の翼をつけて両手を大きく拡げた青年（フランス）が飛翔し、その右手の先にはフリギア帽（自由）と水準器（平等）を手にした女性（自由）、左手の先には大鎌を持つ死神が描かれている。まさしく革命の理想を高らかに歌い上げた寓意画である。だがもしエヴァリストがこの絵を見たとしたら、心のなかで「自由も死も」と呟いたに違いない。

時評

「空耳」文化のすすめ

渡辺 裕
（東京大学大学院人文社会系研究科教授）

Hiroshi Watanabe
1953年生まれ。東京大学文学部卒業、同大学大学院修了。玉川大学文学部助教授、大阪大学文学部助教授などを経て現職。専攻は音楽社会史、聴覚文化論。著書に『聴衆の誕生』（春秋社、サントリー学芸賞）、『日本文化　モダン・ラプソディ』（春秋社、芸術選奨文部科学大臣新人賞）、『歌う国民――唱歌、校歌、うたごえ』（中公新書、芸術選奨文部科学大臣賞）、『サウンドとメディアの文化資源学』（春秋社）など。

ベートーヴェンの《第九》といえば、日本では古くから好んで演奏されてきた名曲のひとつである。全国各地に「《第九》を歌う会」のような組織が作られ、市民参加による公演が盛んに行われるなど、「西洋」の音楽だということを思わず忘れてしまうほど日本に根付いた文化になっている。

とはいえ、れっきとした西洋生まれの「異文化」である以上、「音楽は国境を越える」などという怪しげなタテマエで克服できるほど事態は簡単ではない。日本における《第九》の上演史は、この「異文化」を自分たちの文化にするための涙ぐましい努力の跡や、それにまつわる出来事に満ちている。

そのひとつがドイツ語歌詞をめぐる問題である。言うまでもなく《第九》の歌詞はドイツ語である。歌う人の層が広がり、専門的教育を受けていない人が多くなってくると、ドイツ語にはじめて触れる素人が大半ということになり、皆目意味の分からない呪文のような言葉を覚えるために涙ぐましい努力が払われることになる。

まず思い出されるのが、東京の「すみだ第九を歌う会」で考案された「日本語で歌うとドイツ語になってしまう歌詞」である。一九八六年二月二〇日付の朝日新聞で紹介され、話題になったもので、要するにドイツ語を強引に「日本語」にして覚えてしまおうというものである。歌の基調である「喜び（フロイデ）」という語は「風呂出で」に、また全体の白眉とも言うべき「アーレ・メンシェン・ヴェルデン・ブリューデル（すべての人々は兄弟になる）」の部分は「ああ冷麺支援、ベル出ん、鰤うでる」という「日本語」に変換されるといった具合で、ほとんど爆笑ものである。

この手の語呂合わせは受験勉強などではお馴染みで、元素の周期表を「水兵リーベ僕の船」、平安京遷都の年号を「鳴くよウグイス平安京」などと覚えたりした経験は多くの人にあるだろう。そんな小手先の覚え方は意味がない、化学の原理や歴史の流れをしっかり理解する方が大切だ、などと怒られた人も多かろう。《第九》のこんな覚え方も、専門家には一笑に付されるかもしれない。たしかに、ドイツ語の本来の発音や背景にあるドイツ文化そのものを理解するのが異文化理解の「正道」であり、カタカナに置き換えるとか、ましてや全く無関係な語呂合わせで覚えるなどというのは「邪道」だと言われれば、まことにお説ごもっともと言うほかはない。

だが、この「日本語で歌うとドイツ語になってしまう歌詞」、ただ「邪道」として捨て去られるだけのものなのだろうか。言い方を変えれば、異文化理解の「正道」は、本当にひとつしかないのだろうか。

そのようなことを考えたというのも、以前に下田に行った時に立ち寄った博物館でみた、幕末に下田の人々が使った「車夫英語」に関する展示のことを思い出したからである。ペリーの艦隊が突然やってきて、英語教育など全く受けていない人々が突然英語でコミュニケーションしなければならなくなったのだから、これは大変だ。そういう中で、文字を知らない人力車の車夫のような人々は、直接外国人に接して耳だけから英語を習得することで、文字からはいるインテリたちの「書生英語」とは違った世界を作り出したのだが、そのひとつがまさに「日本語で話すと英語になってしまう」一連の言い回しであった。「浜千鳥」と言うと**"How much dollars?"**になったり、「掘った芋いじるな」が**"What time is it now?"**、「知らんぷり」(**"Sit down, please"**)、「おしまいか」(**Wash my car**)といった具合である。

今となっては笑い話にしかみえないだろうが、この「車夫英語」、「書生英語」よりもはるかに実用的だった面もある。英語の発音は、実際には文字に書かれたものとは相当違うから、文字からはいって「シット・ダウン」などと読むより、「知らん」の方が実際の音に近かったりする。なまじ文字ベースの知識があると、それに邪魔されてかえって実際の音を素直に捉えることができなくなる。「車夫英語」はその部分をショートカットし、直接日本語に落とし込んでいるのである。

そちらの方がすぐれた学習法だなどと言うつもりはない。すべての表現が「日本語化」できるわけではないし、このやり方だけで体系的な理解ができるはずもない。だが文化は多様なものだ。その様々な側面を理解するには、「正道」以外のいろいろな切り口が必要なのではないだろうか。

幕末から明治初期にかけて、日本人はほとんど何の準備もなく、突然異文化の海に投げ出された。その中で、驚くべきスピードで変貌をとげ、ついこの間まで鎖国してちょんまげ姿で歩いていた人々とは思われないような「国際化」対応の文化を作り上げた。ほとんど奇跡的と言っても良いが、そのためには「正道」からのアプローチだけではない様々な力が必要とされたのではないだろうか。それはほとんど、生まれた子どもが言葉を身につけてゆく際の驚異的な力にも似ている。もはや立派に成人した人々からは失われてしまっている力なのかもしれない。

ジョン万次郎（中濱万次郎）といえば、その幕末期の「国際人」の草分けのような存在だが、海で遭難してアメリカの捕鯨船に救助され、そこでの生活の中から「車夫英語」的な英語のコミュニケーション能力を身につけていった存在として知られる。彼は帰国後の一八五九年に、英会話の手引書『英米対話捷径』を出しているが（『ジョン万次郎の英会話』〔Ｊリサーチ出版、二〇一〇〕として復刻された）、そこにみられる発音のカタカナは、われわれが通常習うものとは相当に違う。「センカ（think）」、「フハスタ（fast）」、「フハヤ（where）」、「ツラシテ（trusted）」等々、最初はギョッとするが、何度も発音していると、元の発音の中にある、今の教え方では抜け落ちてしまった部分がすくい上げられていることがわかってくる。こちらの方が現地では通じるというのもあながち誇張ではない。

テレビ番組『タモリ倶楽部』の「空耳アワー」のコーナーは、そういうテイストの名残を漂わせている。たまに誰でも知っている名曲が取り上げられることがあり、ビートルズの《抱きしめたい》の“**I wanna hold your hand**”が「アホな放尿犯」と聞きなされた時には思わず大笑いしてしまった。今まで何度聞いても、そのように聞こえたことなど一度もなかったのだが、知ってしまうと今度は何度聞いても「アホな放尿犯」ときこえてしまう。われわれの聴き方が、文字による固定観念にいかに縛られていたかを痛感させられる。

タモリといえば、今はずいぶん芸風が変わってしまったが、かつて登場した頃には、各国語を華麗に使い分ける

「四カ国語麻雀」、「七カ国語バスガイド」などの激烈な話芸で話題をさらった。ほとんどがデタラメなのだが、ちょっと聞いただけでたちまち何語なのかわかってしまうくらい、特徴や雰囲気をつかまえていた。言葉としては全くデタラメなのに、微妙にストーリー性があり、そこから醸し出されるお国柄が、時には皮肉をまじえてパロディ風に描き出される。「物真似」の域をはるかにこえた、ほとんど文化批評と呼べるような驚くべきものだった。「車夫英語」とはまた違うが、これまた、普通の語学習得のやり方では欠落していた部分を掬い上げた「異文化」へのアプローチと言えるだろう。

《第九》でも、そういうパロディ的なCDをみつけた。二〇〇三年に「上海太郎舞踏公司B」なる大阪の小劇団が出したCD『聴くな。Bravissimo Ⅰ』中の《風呂屋で》という曲である。これも「日本語で歌うとドイツ語になってしまう」歌詞なのだが、元の歌詞を忠実に「日本語化」するのではなく、もう少し自由に作っているため、歌詞の流れは「すみだ」のものよりもはるかに自然でストーリー性が強い。最初の「フロイデ・シェーネル・ゲッテル・フンケン」は、「風呂入ってシェービング　泡出るせっけん」、そして「アーレ・メンシェン・ヴェルデン・ブリューデル」のくだりは「アーレー　顔面はれてる血でる」といった具合で、原詩から離れつつも、いたるところに原詩の響きを想起させる要素が温存されており、聴き手をくすぐる。何とも秀逸だ。

語呂合わせやパロディのようなものは、とかく「正道」からはずれるとして排除されがちだが、「異文化」の理解という営みは、一筋縄ではいかない奥行きを含んでいるものであり、決して「正道」だけで汲み尽くされるようなものではない。それを自分のものにしてゆくためには、自分自身の様々な体験に落とし込んだり、自分の文化の違った局面と結びつけたりといった、様々な回路が必要になる。そして音楽もまた文化である以上、そういう多様な側面を含み込むことで、豊かな広がりや奥行きをもつようになってゆく。

今のわれわれは、多文化状況があまりにも当たり前になっている分だけ、「異文化」や「国際化」への対し方がいささかワンパターンに陥り、それだけが「正道」と思いすぎているところがあるのではないか。小学校から英語を教えるのも結構だが、ちょっと発想を変え、「空耳アワー」を必修科目にしたら「国際化」が一気に進んだ、なんてこともあったりして……。

◉論考

力を失うドイツ

EUにおけるパワーシフト

ヴォルフ・レペニース
(ベルリン自由大学名誉教授)

Wolf Lepenies
1941年東プロシア(現ポーランド)生まれ。歴史社会学者。1986年にベルリン高等学術研究所所長に就任し、ベルリン自由大学社会学教授と兼任。1983年アレクサンダー・フォン・フンボルト賞受賞。主な著書に『メランコリーと社会』『三つの文化――仏・英・独の比較文化学』(ともに法政大学出版局)など。

本稿は、ドイツ連邦共和国が同国の歴史で初めて遭遇する状況のなかで執筆された。そう、本稿執筆段階のドイツには政府がないのである。[1] EUの他の国ではよく見られることだが、ドイツがそのような事態に陥ったのはこれが初めてである。初めての経験とはいえ、その原因を挙げることはできるだろう。それは、アンゲラ・メルケル首相の支配が終わろうとしていることにある。

首相はこれまで、金融危機をはじめとする数多くの困難に直面し、そのたびにみごとな手腕でドイツ国を率いてきた。ところが、いまやこの先どの方向に進んでいけばいいのか、まったくわからなくなってしまったようだ。加えて、メルケル首相が採った政策の一つが、道徳的には高く評価できるものの、内政的にも対外的にも、予想もできなかったほどの緊張を生んでしまった。それは難民危機という緊張である。東欧、特にハンガリーで立ち往生していた数十万人もの移民希望者に対して国境を開放し、ドイツへの入国を認めるというメルケル首相の決断は、人道的な観点に立てば十分に理解でき、そうするほか手段はなかったともいえるかもしれない。しかし問題は、メルケル首相が――マックス・ウェーバーの言葉を借りるなら――「責任倫理」ではなく、「信条倫理」にもとづいて決断したことにある。つまり、首相はそれがどのような結果をもたらすかをよく考えずに、〝正しいこと〟をする決断を下したのである。

また、憲法の観点からは、連邦議会に自分の考えを伝えて承認を得るという道を選ばなかったことにも問題がある。さらに、欧州連合（EU）の加盟諸国に意図を伝えないままに、そのような重大な決断を下したのも早計だった。

メルケル首相の独断によって、ドイツ国内では難民に対する信じがたいほどの歓迎ムードが広がり、ヨーロッパだけでなく世界の人々が感動した。だが、ほどなくして厄介な問題が生じる。メルケル首相のモットーは“Wir schaffen das”（我々ならできる）であり、実際、当初は難民危機もどうにか乗り越えられそうに思われた。ところがその後、難民を受け入れ、収容し、世話をしなければならなくなった自治体のキャパシティが限界にたどり着いたことが明らかになってきた。効率的であることで知られているドイツの行政機構でさえ、対処しきれなくなったのである。

また、ドイツ再統一の根深い影響も忘れてはならない。ドイツはうまく再統一を果たした。しかし、それでも――予想されていたことではあるが――不平等感は残った。それが真実か否かは別として、旧東ドイツの国民の多くが「置き去りにされている」という感覚を抱いている。その結果として、ドイツ社会主義統一党（SED）のなごりである〝左翼党《リンケ》〟に票が集まった。

ところが、大挙して押し寄せてきた難民を受け入れ、問題が大きくなるにつれ、東ドイツ人の多くが抱く不満は「左翼的」なものから「右翼的」なものに変わっていく。難民の支援に投じられた資金は本来はドイツ国民のために確保されていたはずのものではないか、我々は西ドイツ人どころか「よそ者」より冷遇されている、と感じるようになったのである。

ただし、これはあまり正当な主張とはいえないだろう――旧東側が受け入れた「よそ者」の数は、旧西側よりはるかに少ないからだ。また、主にイスラム諸国からの難民に対して向けられる〝外国人による文化的アイデンティティへの脅威〟も、これまでの歴史と照らし合わせて、正当だとは考えられない。それでも、右翼国家主義政党である「ドイツのための選択肢（AｆD）」が結成され、二〇一七年九月の連邦議会選挙で保守的なキリスト教民主同盟（CDU）と社会民主党（SPD）に続く第三の勢力になったのである。

現在ドイツが置かれている状況は、以上のような事情によって少なくとも部分的には説明することができる。戦後初めてドイツの連邦議会において、保守右翼政党が小党派ではなく一勢力として議席を得たことによって、政治家や国民が混乱したばかりでなく、政党間のバランスも崩壊した。未曾有の大敗を喫し、議席数を大きく減らしたSPDは、投開票日の晩に早くも、CDUと連立政権を組む意向はないと表明した。CDUと大連立を組んでいたころ、SPDは独自政策の多くを実現することができたものの、そのことを有権者にうまく伝えることができなかった。個性を失ったSPDは、野に下ることで個性を取り戻したい、それと同時に、保守右翼のAｆDを野党第一党にさせるわけにはいかない、と考える。

一方、SPDと手を組む道が閉ざされたキリスト教民主同盟（CDU）および姉妹政党のキリスト教社会同盟（CSU）は、ドイツ自由民主党（FDP）と緑の党に声をかけ、三党でいわゆるジャマイカ連立を組むことを試みた（訳注：CDUとCSUは姉妹政党であり、国政では一つの政党として扱われる）。保守派とリベラル派と環境派が手を組めれば、ドイツ政治も興味深い再スタートが切れたことだろう。だが、連立は実現しなかった。その結果、CDUとSPDは改めて大連立の可能性を探る交渉をせざるを得なくなった。もしこの交渉が失敗に終われば――本稿を執筆している現在、結末はまったく予想がつかない――、残された選択肢は二つしかない。最大政党のCDUが少数政権を握り、アンゲラ・メルケルが（四度目の！）首相になる。そうでなければ、再選挙である。だが、政治家と国民はそのどちらも歓迎していない。ドイツは少数政権というものを経験したことがなく、ヨーロッパの他の国々の例を見るかぎり、それがうまくいくとも思えないからだ。かといって、再選挙をしたところで、現在と同じ状況になる恐れがある。そうなれば、困難な連立ゲームがまた繰り返されるだけだ。

このような現状は、国内政治ばかりでなく、対外的にもドイツを苦しめている。そして、ドイツの弱体化と時を同じくして世界も安定を失いつつある。その原因の一つが、ドナルド・トランプがアメリカ合衆国の大統領に選出されたことだ。トランプ大統領は「アメリカ・ファースト」というスローガンを本気で掲げているようだ。おかげで、アメリカとヨーロッパ、とりわけNATOとEUの関係は複雑になるとともに、疎遠になってきている。トランプ大統領が二国間協定にこだわるあまり、近い将来にTTIP(大西洋横断貿易パートナーシップ協定)のような協定を結ぶことは不可能である。

最近のアメリカの気まぐれな挙動は、ヨーロッパ全体の悩みの種だが、とりわけドイツにとっては大きな問題だ。なぜなら、アメリカとつねに「特別な関係」にあるイギリスと並んで、ドイツはEUのメンバーのなかでも、特にアメリカとの関係を重要視している国家を自任しているからだ。大西洋を越えた友好関係を維持することは、ドイツ政治のDNAに組み込まれているのである。

ヨーロッパにはもう一つ、とりわけドイツを弱体化させる要素がある。それはイギリスのEU離脱、ブレグジットである。テリーザ・メイ英首相は繰り返し離脱を約束しているものの本当に実現するのかは定かではないが、ブレグジットはEU全体に関わる問題である。なかでも、ドイツにとっては大打撃となる。なぜなら、ドイツは、これまでイギリスとともに比較的厳格な経済・金融政策を実施することで、ヨーロッパをすべてのEU加盟国が互いに富を分け与え合う「財政移転同盟《トランスファー・ユニオン》」に変えようとする動きに抵抗してきたからだ。徹底的な財政緊縮政策を敷くドイツには現在もオランダのような盟友国があるとはいえ、イギリス国民がブレグジットの道を選んだことで、その政策は重みが失われてしまった。

中欧と東欧におけるドイツの存在感も失われつつある。かつては、ポーランド、ハンガリー、チェコおよびスロバキア共和国などのEU加盟、いわゆる東方拡大を契機として、EUにおけるドイツの重要性が増し、フランス、イタリア、スペインをはじめとする南方諸国の影響力が弱まっていた。ところが、この構図に変化が起きた——その原因となったのが、メルケル首相の難民政策である。首相はすべてのEU加盟国に対して、各国の人口に応じて一定比率の難民を受け入れるよう求めた。だが、中欧および東欧諸国が断固として拒否。ハンガリーやスロバキアにとっては、オーストリアの右傾化もドイツに抵抗する後押しとなった。ドイツは、自分たちが尽力したからこそ東方拡大が実現したと自負しているため、そうした国々の反発を恩知らずな所業とみなしている。

その結果、ドイツのみならず、ヨーロッパの政治にとっても最大の鍵となる、ドイツとフランスとのあいだのパワーバランスが崩れる恐れが生じた。ここで留意してほしいのは、ヨーロッパ大陸においてはこれまで何十年間にもわたって、フランスは政治、ドイツは経済という明確な役割が存在していたという点である。この役割分担は、シャルル・ド・ゴールの時代にまでさかのぼる。

ド・ゴールは戦後のドイツとの和解において、政治的な「非対称性」にこだわった。フランスは第二次世界大戦の戦勝国であり、核兵器を保有し、国連安全保障理事会の常任理事国である。一方のドイツは大戦に敗れ、核兵器の保有権を放棄し、国連では参加国にすぎない。フランスは大国であるが、ドイツは大国でない。コンラート・アデナウアーをはじめとするドイツの政治家は賢明にも、この非対称性に疑問を差しはさもうとはしなかった。ヘルムート・シュミット元首相はこの関係をこうたとえている。「私は、フランス大統領がレッドカーペットを先に歩くように、つねに配慮してきた」。

しかし、ここにきて、この非対称性が失われた。ドイツの再統一とEUの東方拡大の結果、ドイツがヨーロッパ大陸において経済的にも政治的にもリーダーシップをとるようになったからだ。政治的野心を持つフランスにとって、これは看過できない問題であった。そこで、ニコラ・サルコジが大統領であった時代に、〝地中海同盟〟計画を掲げることで、EUにおけるフランスとドイツのパワーバランスの修正が試みられた。フランスを、ヨーロッパおよび北アフリカの地中海沿岸諸国を束ねるリーダーにしようとしたのである。

だが、ドイツが蚊帳の外に置かれるこの計画はメルケル首相の手によって中止に追いこまれる。その結果生まれたのが〝地中海連合〟なのだが、地中海連合はEU組織に組み込まれたため、ドイツが関与することになった。つまり、ここでもまた、フランスの影響力は相対的に弱まったことになる。

しかしながら、エマニュエル・マクロンがフランスの新しい大統領に就任したことで、情勢は再び変化した。マクロン大統領の経済政策――最大の論点は失業率の低下――が想定された効果を上げるかどうかはまだ定かではないが、マクロン大統領がフランスだけでなくヨーロッパの政治構造を持続的に変革することに疑いの余地はない。左派と右派が交互に政権を担うというフランスの伝統的な政党間関係は消滅した。その結果何が起きるのかは、今後明らかになるだろう。

またEUでも、マクロン大統領は新自由主義の弱体化を目的として経済政策の改革に熱心に取り組み、政治的主導権を握るようになった。それにより、ドイツの影響力は弱まった――その一方で、自分の考えを押し通すには、マクロン大統領にはとりわけドイツの援助(国内需要の拡大、ドイツの財政によるユーロ圏の強化)が必要だというパラドックスも生じている。そのためには、強力なドイツ政府の形成が不可欠なのである。

EUを、そしてドイツを取り巻く状況は複雑になった。ドイツが組閣までたどり着いたあと、EUとドイツを取り巻く状況において根本的な何かが変わるのかどうか、見届けなくてはならない。

[注]（1）二〇一八年三月一四日に新政権発足。二〇一七年九月の連邦議会選挙後一七一日ぶりの発足であった。

◉論考

若き日の中曽根康弘

憲法改正論の構造(1)

北岡伸一
(国際協力機構理事長)

Shinichi Kitaoka
1948年生まれ。1971年東京大学法学部卒業。1976年同大学大学院法学政治学研究科博士課程修了(法学博士)。専門は日本政治外交史。立教大学教授、東京大学教授、国連大使、政策研究大学院大学教授、国際大学学長などを経て、現職。主な著作に、『清沢洌——外交評論の運命』(中公新書、サントリー学芸賞)、『日米関係のリアリズム』(中公叢書、読売論壇賞)、『自民党』(読売新聞社、吉野作造賞)など。

はじめに

戦後、最大の政治的争点は、憲法改正であった。その実現可能性が高かったわけではない。憲法改正のためには、衆参両院の三分の二の多数による発議と、国民投票による過半数の賛成が必要であるが、衆参両院による発議は行われたことも、試みられたこともない。一党または複数の連立政党が、両院において三分の二を占めたことともない。そもそも、国民投票に関する手続きが定められたのは、二〇〇七年のことである。それまでは、憲法制定から六一年間、憲法改正の基本的な手続きさえ、準備されていなかったのである。

しかしながら、戦後政治の背景にあって、憲法改正論は常に政治を切り裂く最大の争点であった。そして憲法改正論議において、中心的位置を占め続けたのは中曽根康弘であった。一九四七年四月、戦後第二回衆議院総選挙に二八歳で初当選して以来、二〇〇三年一〇月、八五歳で衆議院議員を引退するまで五六年あまり、またそれ以後も世界平和研究所会長などの地位からの言論活動によって、中曽根は憲法改正論の中心人物であった(2)。

ところが、中曽根の憲法改正論の内容については、必ずしも十分知られてはこなかった。なぜ憲法改正が必要なのか、どこを、どのように改正すべきだと言うのか、改正論者の中には多くの議論があったにもかかわらず、その一中心たる中曽根の憲法改正論の特質が論じられてこなかったのは、奇妙なことである。若宮啓文(当時、朝日新聞政治部長)は、自民党内の改憲派と護憲派を代表する存在として、中曽根と宮沢喜一の対談を企画し、司会したが、対談も終わりにさしかかったころ、「話をうかがっていると、中曽根さんはやはり単なる民族主義者でもないし、戦前回帰派とも違うようで……」と述べている(3)。護憲派の若宮が、中曽根について、漠然と復古反動、戦前回帰型のイメージを持っていたところ、現実にはそうでないことを知り、当惑している様子が見て取れる。

以上のような問題関心から、本稿は、中曽根の憲法改正論の特質を、その成立過程に即して解明することを目的とする。またそれによって、日本の憲法論議について、ある程度光を当てることができるのではないかと考えている。

ところで、政治家の主張は、必ずしも一貫したものではない。内外の政治情勢に応じて、また政治家自身の政治的な位置や政治的利害によって、政治家の主張は変化することがむしろ常である。中曽根において、一貫した主張が見出せるかどうか、疑問に感じる読者もあるかもしれない。風見鶏というニックネームがあった中曽根において、そのような首尾一貫性があるのだろうか。

しかし、以下に述べるように、中曽根康弘の場合、長い政治人生において憲法改正を主張し続けたのみならず、改正論の内容においても、驚くほど一貫している。ただ一つ、首相公選論が前面に出たときと、そうでない時があったが、中曽根の経歴の長さと時代背景の変化を考えれば、やはり驚くべき一貫性だと言ってよい。しかも、若宮の予想と異なって、国民主権、象徴天皇、基本的人権、平和主義、国際協調など、いわば進歩的、前向きの思想において、中曽根は完全に一貫しているのである。筆者自身、最近まで、中曽根の膨大な憲法改正論を、時系列にそって真剣に検討したことはなかった。今回そのような作業に従事してもっとも驚いたのは、その一貫性と前向き(ないし非復古的)な性格である。

中曽根が最初に本格的な憲法改正論を著したのは、『自主憲法の基本的性格——憲法擁護論の誤りを衝く』(一九五五年九月一〇日)においてである。

一九四七年の初当選以来(それはまた憲法が発布された年でもあった)、一九五四年一二月、鳩山内閣の成立まで、中曽根は保守の中の野党であり、吉田茂と憲法に対する批判の急先鋒であった。一九五一年秋の国会においては、中曽根は講和条約には賛成したが、安保条約の採決には欠席して、批判の姿勢を明らかにした。党の方針に反して独自の行動をとったのである。

一九五四年一二月、鳩山内閣の成立によって、中曽根は政権党の一員となった。そして一九五五年一一月、保守合同によって自由民主党が成立するが、その際の綱領に自主憲法の制定が盛り込まれた。この保守合同を前に、民主党の中で作られたのが、さきに述べた『自主憲法の基本的性格』であった。このようにして、中曽根は自由民主党の中に、その憲法改正論を持ち込もうとしたのである。

中曽根はその後、一九五六年、鳩山後の自民党総裁選挙において、河野派の同僚と袂をわかって、石橋湛山を推した。中曽根にとって、岸はやはり戦前派の回帰と思われた。その後、石橋の病気で岸が政権をとると、中曽根はやや岸の政治を理解するようになり、また閣内に地位を得て(一九五九年、科学技術庁長官)、政権に影響を及ぼす位置についた。

一九六〇年、日米安保条約改定をめぐる混乱の中で、中曽根は内閣の一員として改定を支持した。しかし五月の段階において、早くもアイゼンハウアー大統領の訪日延期を主張し、また自衛隊出動には反対して岸首相と一線を画した。

その後、岸から池田への政権交代とともに、自民党政権は安定した。そのかわり、結党の理念であった自主憲法制定は、後景に退いていった。自民党は安定を得る代わりに自主憲法制定の主張を封印することになった。憲法制定の主唱者の一人であった中曽根は、自民党内に一定の地歩を確保したものの、その憲法制定論は、しばらく表に出せなくなっていった。そのころから、中曽根は首相公選論を前面に押し出すようになる。五五年から六〇年にかけて、中曽根の憲法論もかなりの変化を示したのである。

筆者はかつて、戦後政治について、一九五五年の左右社会党合同と保守合同を画期とするよりも、一九六〇年の安保改定を画期とする方が適切ではないかとして、五五年体制論にかえて六〇年体制論を提起したことがある。すなわち、一九五〇年代までは、自社両党は憲法改正、安保改正というハイ・ポリティクスを争点として、政権獲得を目指して本気で競争していたのに比べ、一九六〇年からは、両党が憲法安保を棚上げにし、経済的争点に傾斜し、野党も真剣に政権奪取を考えなくなったからである。(4) 中曽根が自民党の中で一定の位置を占め、その憲法改正論の重点を変えていったことも、筆者の論点からしてもまことに興味深い。

以下、本稿では、まず、中曽根が五五年に『自主憲法の基本的性格』を執筆するまで、いかにしてその憲法改正論を形成していったかを検討する。次いで、この『自主憲法の基本的性格』の内容を考察する。最後に、その後の推移について検討する。

政治家になるまで

生い立ちと教育

中曽根は一九一八年（大正七年）五月、群馬県高崎市の材木商の家に生まれ、高崎尋常小学校を卒業し、一九三一年、高崎中学校に入学した。そして同中学校を通常より一年早い四年修了で卒業し、一九三五年、静岡高等学校に入った。もう一年在学して第一高等学校を受験することも可能だったろうが、そうはしなかった。静岡では文科丙類（フランス語）であった。その後、一九三八年、東京帝国大学法学部に入学し、一九四〇年、高等文官試験に八番で合格し、一九四一年に東京帝国大学を卒業して、内務省に入った。

当時の典型的な官僚コースは、第一高等学校で文乙（ドイツ語）に行くことであったから、中曽根のコースはややリベラルであった。生家が材木商であったことにも、官僚色がやや薄かったことが窺われる。四年で高等学校に進んだことも、また進取の気性の現れのように思われる。

ちなみに同じ高崎の福田赳夫の場合、一九〇五年の早生まれで、中曽根より一三歳年長であり、第一高等学校卒、東京帝国大学法学部卒、大蔵省に入った。父は地元の名士であり、小学校時代は神童と言われ、高等文官試験は一番だった。入省後まもなくイギリス大使館に勤務し、津島寿一財務官の補佐官をつとめた。戦争中は陸軍の予算を担当したり、汪精衛の国民政府の財政顧問を務めたりしている。

福田は、一九二〇年代の国際協調と相対的安定の時期を知っていた。また戦争中には、陸軍をコントロールする立場にもいた。要するに財政の専門家としていかなる状況でも必要とされる、典型的なエリート官僚だった。

さて、中曽根が大学で傾倒したのは矢部貞治の政治学だった。矢部はイギリス留学から帰国したのが一九三七年五月であった。おそらくその翌年、中曽根は矢部の講義を聞き、「留学から帰朝された直後で、新進の教授として、颯爽として政治学を講じられた」と回想している。[5]

中曽根と矢部との交際は、戦後に深まったように思われるが、戦前にも、全体主義と共産主義を排し、英米流の自由主義とも異なって、日本型の政治と近代政治学を融合させた矢部の政治学に、中曽根は魅力を感じていた。日本はゲゼルシャフトではなく、ゲマインシャフトの性格が強いと、中曽根は後年に至るまで繰り返し主張しているが、これは矢部が強調したところであった。

なお矢部は、近衛文麿からアプローチを受け、とくに一九四〇年頃から近衛のブレインとして活躍したが、最初から近衛の中国政策に近かったわけではない。

留学から帰った新進の学者として、中国の視察に誘われた矢部は、むしろ政府のやり方に強い違和感を覚えていた。一九三七年一二月、北支の視察に行ったときには、「民族としての支那を否定し、文化道徳を弱めて、如何にして支那人の魂を掴み得ようぞ。魂を掴まずして如何にして東亜永久の平和が可能であろうぞ」と記し、中国のナショナリズムを尊重しない自民族中心主義を厳しく批判している。そして、同じ旅行中に石原莞爾と会い、石原が北支事変、南京攻略を痛罵するのを聞き、「異常な感銘」を受けたと述べている。そこから矢部は、自ら

政治に接近して問題解決に乗り出そうとすることになったのである。(6)

大学では、その他に、神川彦松の外交史や岡義武のヨーロッパ政治史に惹かれた。国家の興亡、民族の興亡に、中曽根は関心を持ったらしい。他方で、安井郁の国際法に反感を持ち、これと近い「東亜共同体論」に対しては、日本が侵略をしているのに共同体とは何だ、という感じを持っていたという。(7)

内務省と海軍

中曽根は一九四〇年、高等文官試験に八番で合格し、四一年三月、大学を卒業し、四月、内務省に入った。試験ははなはだ不出来で、とても一流官庁は無理だろうと思っていたところ、意外な好成績で、内務省に採用となった。しかし中曽根は、一九四〇年一二月、海軍経理学校の試験を受けて合格していた。当時、四カ月の訓練によってただちに海軍中尉に任官する短期現役制度があり、これを希望する官僚が少なくなかった。そして中曽根は、一九四一年四月、内務省に入ってすぐ、同月、海軍経理学校に入り、八月、卒業して海軍中尉に任ぜられた。そして連合艦隊第一艦隊第六戦隊で重巡洋艦の青葉に配属された。

一九四一年一一月二〇日、中曽根は呉の鎮守府に呼び出され、第二設営班主計長に任ぜられた。その任務は飛行場の整備であった。行き先は極秘とされたが、資金調達の必要上、知らなければ準備はできないと、強引に聞き出したところ、フィリピンとジャワとのことであった。いよいよ戦争だと中曽根は覚悟をした。出発までの仕事は言語を絶する激務で、終わったとき、涙が流れて仕方がなかった。これほど泣いたのは、母が死んだときとこの時だけだったと、中曽根は回想している。(8)

一九四一年一一月二九日、中曽根は大量の軍票(現在の五〇億円程度)と二〇〇〇人の労働者を引き連れて、出発した。開戦はパラオで聞いた。そして一二月二〇日、フィリピンのダバオに行き、アメリカが破壊して逃げた飛行場から地雷を除去し、使用可能とする仕事に従事した。その間、米軍のB17の空爆にもさらされた。一九四二年一月七日には、一二〇〇メートルの滑走路が完成し、そこから海軍の中型攻撃機、一式陸攻が出撃し、見送る工員たちから歓声が起こった。

それが終わると、石油を求めて一九四二年一月一〇日、ボルネオ島のタラカン、ついで二四日、バリクバパンに進撃した。バリクバパンではオランダの駆逐艦の砲撃を受け、少なくとも二三名の信頼する部下をなくした。(9) 一月二七日、中曽根は戦友二七名を茶毘にふして、次の句を詠んでいる。

戦友《とも》を焼く　鉄板かつぐ　夏の浜

中曽根は歴代の首相の中でも、実戦を経験した数少ない人物である。以上の経験から、その過酷さ、悲惨さをよく知っていたと言ってよいだろう。中曽根の任務は戦闘ではなく、ロジスティクスであった。日本の戦前の軍人を含めても、兵站業務の経験を持った政治家はめずらしい。また彼の活動はパラオ、ミンダナオ、ボルネオというラインであり、のちには台湾であった。この経験は、その後のシーレーンや集団的自衛権などへの関心に引き継がれたと思われる。

なお中曽根は、出征のときには、シューベルトの冬の旅のSPレコード(当時、ゲルハルト・ヒュッシュが人気だった)と聖書、それに茶の本(『茶味』)を持って行った。こうした和洋折衷の教養主義は、当時のエリートにとって典型的なものであったが、中曽根の場合、母の影響も大きかった。母は信徒ではなかったが、ミッション系の女学校を出て、幼い頃、子供達によく賛美歌を歌ってきかせた。聖書と賛美歌は、大学在学時代に亡くなった母の記憶と結びついていた。(10)

敗戦から政治家へ

一九四二年三月、中曽根は台湾の高雄に行き、敵を迎え撃つための大規模な軍港の建設にあたった。労働力不足のため、台北に行き、台北第一女学校、第二女学校で挺身隊を募集した。応募者は殺到し、中曽根は彼女たちを率いて寮に住まわせ、その文化の香りを維持し、軍規、規律を維持することに努めた。歌の好きな女学生のために、彼女たちの寮(静和寮)の歌まで作詞作曲した。のちに中曽根は「憲法改正の歌」を作詞しているが、作詞や作曲への関心は、この頃には芽生えていた。なお女学生たちには、軍歌などを歌うのは禁じた。彼女たちは、「からたちの花」「われは海の子」「赤い靴」「椰子の実」などを好んで歌ったという。[11]

なお、中曽根が作詞作曲した静和寮の歌詞は次のとおり、[12]ロマンティックなものである。

龍眼《ろんがん》の花　咲き匂ふ
その頃なりし　故郷を
離れて憂ひ　喜びを
共に頒ちて　南の
美しの森に　集ひしは

南の海　火の雲の
落日告げて　耀けば
洋々の水　ひろごりて
多感の春の　夢湛ふ
静和の寮の　夕かな

一九四四年一一月、中曽根は横須賀鎮守府付きとなり、海軍省兵備局第三課勤務の海軍大尉となった。すでに戦局は挽回困難であった。一九四五年二月には友人の妹と結婚したが、同じ頃、弟が戦死している。

一九四五年八月六日、広島に原爆が投下されたとき、中曽根は高松にいた。かすかに広島からのぼる煙を見たという。そして敗戦の報も高松で知った。

のちに中曽根は、原爆は作ってはならない、使ってはならないと断言することになるが、それはこの経験と無関係ではないだろう。[13]

一九四五年一〇月、中曽根は内務省に戻った。官房調査課で軍事物資の処分のことでGHQと接触し、何人ものアメリカの軍人と接触した。そして、アメリカには視野の広い立派な軍人がいると感銘を受けた。

一九四六年二月、中曽根は香川県警務課長となった。同期の早川崇は選挙に出馬し、中曽根も選挙運動に加わり(当時は公務員の選挙運動は禁止されていなかった)、そのうちに自ら政治家となる覚悟を固めていった。

翌一九四七年四月、中曽根は衆議院議員総選挙に出馬し、当選した。そのころ、中曽根は警視庁勤務となっていた。父の強い反対を押し切っての出馬であった。群馬県は戦前の政友民政の地盤がまだ生きており、どちらかから出るのが自然であった。たまたま選挙区には空白があり、左翼の活動だけが目立った。中曽根家は、どちらかといえば民政党系であり、中曽根自身、自由放任的な政友会よりも、修正資本主義的な志向を持つ民政党に親近感を持っていた。若いころ濱口雄幸の書物を読んで感銘を受けたこともあった。それゆえ、民政党系の民主党からの出馬となった。白い自転車を乗り回して青年運動を起こして選挙運動を戦ったことは、よく知られている。[14]

中曽根は、戦争中、徴用工と生活をともにし、女学生とも一緒に仕事をした。庶民の愛国心の強さ、涙もろさを実感した。彼らを動かさなければならない、動かしうるという信念を持つに至った。彼らとともに、祖国の再建の先頭に立ちたいと考えたのである。[15]

内務官僚との比較

中曽根の政治家への道を、同じく内務省官僚であった人々と比較してみよう。

奥野誠亮は一九一三年七月生まれ、第一高等学校卒業、一九三八年三月、東京帝国大学法学部卒業、四月に内務省に入っている。生年で五年先輩、内務省入省で三年先輩となる。のち自治次官となり、衆議院議員となり、数回の閣僚経験を持つ、大物政治家だった。

奥野の場合、先輩の官僚が追放されたこともあり、若くして占領下の自治行政の担い手となり、戦後自治行政の形成者となった。しかし、占領下の米軍との折衝には苦い思い出も多く、かつて国会でそのことを聞かれて当時の悔しさを思い出し、落涙したことがあった。また、戦前にすでに内務行政の担い手であったため、朝鮮人問題については厳しい認識をもち、創氏改名などは朝鮮人が望んだからやったので、日本が押し付けたものではないという立場であった。[16]

後藤田正晴は一九一四年生まれ、第一高等学校卒業、東京帝国大学法学部卒業、一九三九年、内務省に入り、戦後は警察行政の担い手となった。

後藤田の場合、顕著なのは、軍隊に対する警戒感である。中曽根内閣当時におけるイラン・イラク戦争に関するペルシャ湾への掃海艇派遣に反対し、その他、自衛隊の海外派遣に対し、厳しい態度をつらぬいた。[17]

その背景にあったのは、陸軍に対する苦い記憶であったように思われる。後藤田が内務省に入るより数年前、一九三三年には大阪におけるいわゆるゴーストップ事件において、陸軍は統帥権の独立ゆえに演習中は交通法規等に従う義務はなく、それは演習終了後に部隊に戻るまで同様であるという解釈を行なったのに対し、警察側は陸軍といえども演習終了後には一般法規に従う義務があると主張した。最後は警察が譲歩を迫られた。また一九三六年の二・二六事件においては、警視庁が襲撃された。陸軍に対する激しい敵対感情は、当時、内務省に顕著であった。

奥野、後藤田と比べ、中曽根は内務官僚としての経験は戦後のごくわずかの期間であった。それゆえアメリカに対する反感は、奥野ほど強くはなかった。そして、むしろ独立国家としてアメリカに要求すべきは要求するという立場をとり、それゆえに政治家を志望したのである。また朝鮮民族に対する蔑視もなかった。そして後藤田のような陸軍への警戒感はなく、海軍に対する理解を持ち、シビリアン・コントロールの下における軍は当然のこととしたのであった。

蘇峰との出会い

一九四八年秋、中曽根は徳富蘇峰を訪ねている。蘇峰はすでに九〇歳近かったが、明治の半ばには、青年の台頭を訴えて世にでた人物だった。青年の役割という点で、二人は共感するところがあったのだろう。二人の交流は五二年ころまで続いたという。中曽根は、蘇峰の地政学的観察に強い印象を受けた。とくに、中国は決してソ連の言うままにはならず、チトー以上となる可能性があるという点は印象的だった。もう一つは、人物評であって、蘇峰ほどの人物から見れば、多くの政治家は小粒であって、その厳しい評価から、中曽根は当時の大物政治家を相対化し、臆せず立ち向かう視点を、学んだのであろう[18]。

なお、蘇峰は戦争協力の罪を問われ、追放されていたが、中曽根が蘇峰の戦争観に共鳴したとは思われない。中曽根は戦争に対する厳しい批判で一貫している。たとえば一九四九年一一月一九日の予算委員会において中曽根は、「われわれが東亜諸民族に与えた惨害その他の大きな障害というものは、はかり知れざるものであ(る)」と述べ、また、「日本が過去において東亜各地でやった罪業というものは、ぬぐうべからざるものであり、……そういう大きな罪の自覚に立って外交というものは行われなければならない」と述べているのである。

なお、のちに首相時代には、一九八三年二月一八日、衆議院予算委員会で、日中戦争について、「国際的にも侵略行為であると判定がつけられている。我々はそれを受容する」と答弁している。これは歴代首相として国会で侵略戦争を認めた最初のものである。

一九五〇年の世界

さて、中曽根の憲法論を考えるとき、その海外視察経験は無視できない。いかなる国も国際関係の中に存在しており、憲法も国際関係と無関係ではありえない。中曽根自身、世界の情勢に関心を巡らせていた。そして中曽根が、それまであまり重視してこなかった再軍備問題を、憲法改正の中心的課題として取り上げるようになったのは、彼の海外視察経験が大きかったように思われる。

政治家となってからの中曽根は、当時にあって、おそらくもっとも多く外国を観察した人物である。

すでに述べたとおり、アメリカと議論するとき、官僚ではダメだ、政治家になって国民の支持を背景にしなければ対等の議論はできないと痛感していた。

のちの中曽根の多くの外国での経験を見ると、その判断は正しかった。日本の衆議院議員ということで、かなりのハイレベルの人と会って議論することができているし、中曽根もその機会を生かすべく精進していた。

最初の海外視察の機会は、議員になって三年目、一九五〇年にやってきた。六月から八月まで、MRA(道徳再武装)世界大会出席のため渡欧し、各国を視察する機会を得たのである[19]。

MRAとは、スイス系アメリカの牧師、フランク・ブックマンが一九二一年ころから主導したもので、平和、和解、相互理解、反共などのため、道徳の再復興を訴えたもので、広く非政府の個人、団体を網羅して推進した運動であり、戦争直後にとくに大きな影響力を持った。その本部は、スイスのコー市にあった。

日本からは、一年前に片山前首相がMRAに参加していた。一九五〇年の一行は、北村徳太郎を団長に、福田篤泰、中曽根ら、地方首長から赤間文三大阪府知事、岸田幸雄兵庫県知事、広島、神戸、長崎の市長、実業界からは石坂泰三東芝社長、大原総一郎倉敷レーヨン社長など、錚々たる顔ぶれがそろっていた。

一行が出発したのは六月一三日午前零時であったが、その前日、六月一二日、吉田茂が一行のために午餐会を開いてくれた。そこで吉田は、「明治維新の発展は岩倉卿以下の欧米視察に始まった。今度も成功を希望する」と激励した。あらためて言うまでもなく、岩倉使節団の副使の一人は大久保利通であり、大久保はその次男でまだ一〇歳の牧野伸顕をともなっていた。牧野の娘がすなわち吉田の夫人であり、吉田にとって牧野は岳父、大久保はその父であった。そして岩倉使節団の中でも最も強い影響を受けたのが大久保であった。西洋との落差に衝撃を受けた大久保は、強兵よりも富国、内治優先を打ち出し、明治六年から一一年に至る危機的な状況を乗り切り、明治国家の礎を築いたのである。吉田にとって岩倉使節団は決して遠い過去の出来事ではなかった[20]。

これに対して中曽根も、その覚悟であった。中曽根は吉田に対して反対派であり、しかもまだ三二歳の若手代議士だったが、吉田はこのような餞《はなむけ》の言葉を与えたのである。

一行は、その夜、一万田日銀総裁、石川経団連会長らによる送別宴ののち、バスで羽田に向かい、一二時すぎ、フィリピン航空の五〇人乗りの特別機で羽田を発った。中曽根は民間飛行機を羨ましく思い、またリクライニング・シートなどの便利さに感心した。飛行機の高度はさほどではなく、朝七時頃には外が見え、日米が激闘を繰り広げたところを飛び、コレヒドール島を見て、中曽根は深い感慨を覚える。山下兵団と米軍とは、わずか五年前までは死闘を繰り広げていた。マニラ湾にはまだ日本の船が二二隻以上沈んだままとなっていた。

同日、一行はマニラをたって、カルカッタ経由でパキスタンのカラチに向かった。小憩ののち、中東に向かう。途中、パイプラインに強い興味を持ったのは、かつてパレンバンなどで石油確保の作戦に従事したからでもあろうか。

ローマについたのは日本を出てから四六時間後だった。ローマで小憩ののち、ジュネーヴ空港につき、バス三台に分乗して、コーにむかった。コーのホテルには、意外にも日章旗がホテルの玄関に掲げられ、各国の人々が日本語で歓迎の歌を歌ってくれたのには、涙が滲んだ。その頃、日の丸の掲揚は禁止されていたのである。

ＭＲＡ総会は六月一六日に始まった。随所に、日本、ドイツ、有色人種に対する配慮が感じられた。中曽根は一七日にインタヴューを受け、「われわれの理想はスイスだが、現実はドイツだ」と述べ、それが一八日の新聞の見出しとなっていた。

この点について、説明しておきたい。のちにリアリストとして知られた中曽根のような人物においても、当時はやや非現実的な理想主義があり、その点から見れば、スイスは理想的な国であった。中曽根が出発する前、「壮行歌」なるものが作られている。

観よあけそむる東の
我が日本が理想とし
うたふ平和の西の国
世界のほまれ名はスイス

君選ばれて道徳の
復興会議に使ひする
その任重く赴くは
平和の殿堂かのスイス

君さきく行けわれらまた
積む青雲の志
君帰り来て中道の
徳のぶる日を望みつつ。[21]

ここには、スイスを理想とする当時の国民意識が反映されている。中曽根もおそらくそうした認識を多少は持っていたのだろう。さきに引いた、日本の理想はスイスという中曽根の言葉にも、そういう感じがある。しかし、そうした理想主義的な側面は、やがて冷戦の厳しい現実をみて、変化し始めるのである。

六月一九日には、朝八時から一〇時まで皿洗いをしている。労働者から倉敷レーヨンの大原社長まで一緒だった。

あるリーダーは、「ＭＲＡは共産主義に対抗するものではない、資本主義、社会主義、共産主義すべての制度の根源にある人間そのものにメスを入れる」と語っていた。国際協力、絶対奉仕の精神に、日本の代表たちも相当に影響され始めた。ブックマンは、また、「人生で大切なことは、案外些細なことだ、妻や、家族や、隣人から出発するのが第一歩だ」と述べていた。MRAの当時の理想主義的性格が窺われる。

六月二一日、中曽根は四九カ国、九〇〇〇人の世界代表の前で演説した。中曽根は言う。自分は、かなりの懼れを持って来た。戦争中、日本の兵士はみなさんに大きな迷惑をかけた、しかも我々は黄色人種である。ところがそのような非難も差別もまったくなく、心から感激した。また中曽根は個人の友情の意義に触れて、フランスのシューマン外相とドイツのアデナウアー首相の友情が、シューマン宣言の基礎となっていると述べる。

中曽根はみなが一緒に皿洗いをすることに感激したらしく、日本の皇太子をぜひ連れてきて皿洗いをさせたいと言って、爆笑を誘っている。

最後に、とくにシベリアの抑留者の話になり、彼らを待ちわびる人々のことに触れた時には、同じ境遇にあるドイツの婦人たちはハンカチで眼を拭いていたという。この点でも、中曽根の友愛は、ソ連を対象として含んでいなかったようである。ともあれ、この演説は予想以上に強い感動を聴衆に与えたという。

六月二六日、床屋に行っているとき、友人が朝鮮戦争の勃発を知らせてくれた。すでにソウルは陥落して、北朝鮮の南進は進んでいた。中曽根は日本には大きな衝撃が起こっているだろうと想像しつつ、「南鮮がやられたら日本は前大戦のダンケルクの時の英国になるだろう」と記者会見で語っている(三〇日)。イギリスがナチス・ドイツの侵略に対する抵抗の拠点となったように、日本は共産主義の膨張に対する拠点となると考えたのである。

六月二七日からはスイス国内旅行に出かける。二八日、ジュネーヴで国際赤十字を訪ね、「引揚促進」を依頼している。また旧国際連盟に行き、松岡洋右が演説した部屋に入って「感無量」と記している。

七月一日から四日まではコー市に滞在したが、三日には金閣寺が焼けたという報道にショックを受けている。そこに「欧州各国民が伝統を大切にしているのに、傷心の眼を東に向ける。最近の日本は残念だが植民地性を濃化している」と、その感想を記している。

七月六日にはドイツに入り、一行はまずアデナウアー首相と会っている。アデナウアーは「ドイツは必ず統一する。日本国民の運命も苦しいが、共に平和に向かって再建しよう」と述べた。そして中曽根の年齢を聞き、三二歳と知ると、胸の「日の丸バッチ」を凝視して固く握手して、「日本とドイツの再建は青年の力にかかります。お互いにしっかりやりましょう」と言って、去ったという。

アデナウアーとの出会いは短かったが、強烈な印象を残したようだ。吉田とは異なったリーダーを、そこに中曽根は見出していた。

アデナウアーはときに吉田茂と比較される。ともに敗戦国を復興に導いたリーダーだったが、アデナウアーははるかに厳しい状況で、ドイツ分断を受け入れ、そのかわりに西側と結ぶという選択をとった。正式の憲法は統一後に譲るとして、基本法を制定した。一九四九年五月、中曽根が会うわずか一年ほど前のことだった。その際、民主主義を破壊する言論は認めないということで、ナチスと共産党をともに排撃した。また小党分立を防ぐため、得票率五%以下の政党は議席を得られないという五%条項を導入し、次の政権についての合意がある場合のみ、内閣不信任案を提出できるという建設的不信任という制度を導入していた[22]。

分裂の厳しさを実感したのは、そのあとのことだった。翌日、エッセン近郊のギルセンキルヘンの炭鉱を訪ねた中曽根は、採炭現場に行ってみた。そして、年産一億トンの四分の一は事実上の賠償として安値で輸出することを義務付けられていることを知った。その結果、石炭は不足していた。八日からはアウトバーンを通って、ハンブルクとブレーメンを訪れた。九日、リューベックを過ぎて、国境地帯を訪れた中曽根は、厳しい警戒体制を目撃した。

ドイツは東西に分断され、西ベルリンは東ドイツの中に孤立していた。中曽根はヨーロッパにおける厳しい東西対立を目の当たりにした。外国の人々とも、アジア情勢について語りあうことも少なくなかっただろう。自主防衛の必要を痛感するようになったのは、この旅行の見聞が大きいという[23]。

七月一二日、中曽根はボンでアメリカの高等弁務官、ジョン・マックロイに会っている。いわばドイツのマッカーサーだと中曽根は述べている。大きな違いは、日本占領が事実上アメリカの単独占領だったのに対し、ドイツ占領は米英仏ソの四カ国によるものだったこと、そしてマックロイは尊大なマッカーサーと違って、気さくな人柄だったことである。マックロイは、陸軍次官として、反対を押し切って日本人二世部隊を作ったと述べ、この442部隊こそ、アメリカでもっとも功労ある部隊だと賞賛された、同じ血の流れる日本の青年に期待していると述べた[24]。

一三日、中曽根はパリに行った。解放以来一三回も内閣が替わっていて、政局の不安定が中曽根の関心の的だった。一行は外務省を訪れ、シューマン外相に会っている。いうまでもなく、シューマンはルクセンブルクに生まれ、ナチに迫害され、のちフランス政界に入って、すでに首相を務めた人物で、独仏和解を代表する人物であった。ジャン・モネの提唱に答えて、五月七日、西ドイツとフランスの鉄鋼と石炭を共同の管理のもとに置こうというシューマン宣言を打ち出し、これが発展してヨーロッパ石炭鉄鋼共同体となった。中曽根の見聞にはシューマンについての言及が多く、シューマンに対するMRAの影響についても書かれている。後年の中曽根の外交は、首脳との信頼関係を深め、それを外交の基軸にすることが、しばしばみられた。レーガンもサッチャーもそうであるが、とくに胡耀邦、全斗煥など、近隣のリーダーとの提携があって、世界政策があると考えていた節がある。その起源は、あるいはこのアデナウアー、シューマンへの関心であったかもしれない。

一六日、一行はロンドンに渡っている。クレーギー元駐日大使に会っている。中曽根は労働党政権が五年におよぶ安定政権で着実な政策を行っていることに感銘を受け、日本の社会党と対比している。

七月二二日、一行はアメリカにわたった。アイドルワイルド空港(現在のジョン・F・ケネディ空港)は羽田の二〇倍の広さであった。その頃の一人当たりGDPは、アメリカが一四五三ドル、イギリスが七七三ドル、日本は一〇〇ドルという有様だった。当時、MRAの勢力は大きく、一行は一六台の車を連ねてマンハッタンに入った。一行は二五日、国連を訪問している。中曽根も「今日は歴史的な日である」と記している。この日は、朝鮮戦争勃発から、ほぼ一カ月であった。この間、安全保障理事会は、北の行動を侵略と断定し、国連軍の組織を決定した。空前絶後の決定であった。そしてアメリカにその指揮を委ね、トルーマン大統領はマッカーサーをその指揮官に任命した。この二五日に、東京に司令部が完成していた。この日、一行は安保理の傍聴を許されたが、そこではマッカーサーからの報告が、アメリカのオースチン大使によって朗読された。なお、言うまでもなく、この頃、ソ連は安保理の欠席を続けており、それが国連軍の結成を可能としたのだった。

またニューヨークでは湯川秀樹夫妻と会っている。湯川のノーベル賞受賞は、敗戦後の日本の大きな希望だったが、湯川はまだプリンストン高等研究所に所属していて、日本には帰国していなかった。ともあれ、中曽根は大いに誇りをかき立てられた。

二七日、一行はワシントンに向かった。ワシントンには、その少し前、尾崎行雄が九一歳の高齢をおして訪問していた。長年、民主主義のために戦って来た功績をたたえて、元駐日大使のジョゼフ・グルーらが招いたものだった。また娘の相馬雪香《ゆきか》は、MRAの日本における有力な一員だった。

ワシントンでは、中曽根はロバート・タフト、トム・コナリーなどの大物に会い、またロバート・フィアリーの家に泊めてもらった。フィアリーは、かつてグルー駐日大使の秘書であり、戦後には軍司令部に勤務し、ジョージ・アチソン特使の補佐官を務めたこともあって、そのころ中曽根は知り合っていた。フィアリーなどを通じて中曽根は、日本に対してマッカーサーとは異なる視点があることを知ることができたのであろう(25)。

なお、中曽根はフィアリーの家に泊めてもらったとき、夫妻が交互に朝食を作るという話を聞き、心から驚いている。コーにおける皿洗いとともに、中曽根が民主主義を実感した瞬間の一つだった。

その後、一行は西海岸に行き、ハワイ、ウェーキ島を経て、日本に戻った。ごく要点だけを述べれば、中曽根は世界の中の善意と、同時に国際政治の厳しさを間近に見ることができた。仏英の疲弊にくらべ、アメリカの圧倒的な力は印象的だった。世界は善意で結びついているが、しかし厳しい国際政治の現実もあることを痛感させられた。そして、マッカーサーと違う外国人、アメリカ人と会うことによって、マッカーサーを相対化する視点を得たことが大きかった。いろいろな意味で、五〇年の世界旅行は中曽根の思想に決定的な影響を及ぼした。

講和から吉田退陣まで

講和問題とマッカーサー

中曽根は帰国後の一九五〇年一〇月、芦田均のために演説に行っている。そのときが、防衛問題を主張し始めた最初だという(26)。

その頃、朝鮮戦争のさなか、日本の独立の気運は高まっていた。一九五一年一月、マッカーサーは年頭の演説で、集団安全保障と講和について述べ、再軍備の必要性を示唆した。一月二五日には、ダレス国務長官が来日し、吉田茂と独立に向けての協議を開始した。

中曽根はその機会をとらえて、一月、マッカーサーに対して建白書を提出している(27)。これは、中曽根自身、もっとも記憶に残る文章と述べているように、生硬であるが情熱のこもった文章であった。その目的は、マッカーサーに対して早期独立を訴えたものであるため、憲法改正論を全面的に展開してはいないが、のちの主張につながる多くの点が見られて興味深い。

まず中曽根は、中曽根はマッカーサーのリーダーシップに感謝し、占領は「世界史に記録さるべき」成功であるという。しかし、いかなる「聖将」の統治といえども五年は長すぎるとして、それが日本人の自立心を損なっていると述べる。朝鮮戦争のさなか、米ソの対立の中でどっちつかずの態度を取り、あるいは無関心に陥っているのはそのためであり、占領下の日本の政治に、「日本人の責任と創意が、つまり自由がないからだ」としている。

日本の外交の方針として注目すべきは、親米、反ソは当然ながら、それ以上にアジアとの関係を強調していることである。「贖罪の反省を以て、先づアジア諸国との善隣友好を結び、アジア諸国に対する奉仕によって、アジア国際社会への参加を許され、ひいてはアジアの復興と世界の平和に寄与したいというのが日本の青年の感情であります。」それゆえ、日本の青年が最も期待しているのは、「印度のヒューマニスト」ネルー首相であるという。

将来の再軍備については、アメリカと日本との対等な関係、アメリカからの「多少の財政援助」、そして「兵力は国会の統制下に運用すること、そして原則として国外に於て兵力は使用せぬこと」をあげている。

また、将来は国連に参加し、誠実にその義務を履行すると述べ、不幸にして他国の拒否権で国連参加が拒まれるときは、国連憲章五一条の集団的安全保障態勢を東南アジアにわたって確立し、日本の安全を確保することを強く希望すると述べていた(28)。

さて、朝鮮戦争勃発以来、講和条約の協議は進み、独立後の安全保障態勢も緊急の課題となった。旧日米安全保障条約における最大のポイントは、アメリカに基地を提供することであった。

吉田は後年強弁しているが、この安保条約については必ずしも万全のものとは考えていなかったと思われる。それゆえ、講和条約は全員が調印したにもかかわらず、安保条約については吉田一人が署名した。

安保条約への反対

中曽根は、一九五一年九月に調印された日米安全保障条約に賛成できなかった。中曽根の反対は、とくにその不平等性に向けられていた。とくに、日本国内で外国勢力の使嗾《しそう》による内乱があった場合、日本政府から要請があった場合、米軍はその鎮圧に当たることができると言う内乱条項は、日本を植民地扱いしたものであった。もう一つ、条約に期限がないことを中曽根はとくに不満とした。期限があれば、そこで不平等な関係は是正することができる。あるいは、その時点で、徹底して再検討をすることができる。しかし、期限がないことは、不平等な関係を無期限に続けることに等しいと、厳しく批判したのであった(29)。現在、日米安全保障条約は自動延長となって、ほとんど期限なく続いている。ＮＡＴＯもまた、長く続いている。戦前の条約の締結、破棄、修正の歴史に比べると、戦後の同盟は長い安定を示している。しかし、それは当時においては常識ではなく、それゆえに中曽根は条約に期限を付することが決定的なポイントであると論じている。

これに比べ、中曽根は基地の使用方法について、日本側に発言権がないことについては、それほど批判していない。それは、推測であるが、アメリカが基地を持っている限り、その使用方法を制限しようとしても十分な統制は困難であると思っていたからではないだろうか。

サンフランシスコ講和会議を前に、中曽根は国民民主党の党首、苫米地義三の参加に反対した。ただ吉田は苫米地を説得して、同行させ、中曽根はこれ以上反対できなかった。しかし、国会においては、サンフランシスコ講和条約については賛成、日米同盟には棄権をしている。本来は反対したかったのが、与党として反対するのは問題があるとして、欠席したのである。[30] それでも、これは重大な決断であった。

防衛問題と天皇退位問題

中曽根は一九五二年一月三一日の衆議院予算委員会において、吉田首相に対し、きわめて興味深い質疑を行っている。

その一つは防衛問題であって、警察予備隊が保安隊に改組され、さらに自衛隊が成立しようとしていた。その時にあたり、憲法改正なしにそのようなことは可能かをただしたのである。たとえば、警察予備隊は高射砲中隊を持っており、高射砲は侵入した飛行機を撃墜するものである、それは警察の仕事ではなく軍隊の仕事ではないか、そんなことは憲法改正なしに可能なのかという批判であった。

より興味ふかいのは、天皇退位の可能性について尋ねたことである。これに対して吉田はかなり感情的に反発し、そういうことを希望するのは「非国民だ」と述べている。

天皇退位については、天皇自身、敗戦前後に退位を考えたこともあったし、木戸内大臣も敗戦および講和のときに、退位を考えたことがあった。南原繁も退位を主張したことがあった。中曽根は、天皇退位を望んでいたわけではないが、人間天皇になられたのだから、もし退位を希望されればこれを認めるべきだという趣旨の質問をしたのである。「もしお辞めになるというお気持ちがあれば、戦没者の遺族はその意図を深く受け止めて感激し、天皇制の道徳的基礎はさらに固まるであろう」と述べたのである。講和条約発効を前に、この問題を曖昧にしておくべきではないという考えから取り上げたという。

明示的ではないが、中曽根は天皇退位論であったように思われる。ただ、天皇に実質的な責任があるとはまったく思っていなかったと述べている。

すなわち、中曽根は日本が共同体であることを常々主張しており、その中心は天皇であると述べている。それゆえに、天皇は道徳的存在でなければならず、悲惨な戦争を開始した責任を取って退位することが、天皇制の道徳的基礎をより強固とすると考えたのである。[31]

南原繁の天皇退位論

ちなみに、道義的な観点から天皇退位を主張したことで知られるのは南原繁である。南原は一九四五年三月頃から、法学部七教授の一員として終戦工作に関係していた。そのとき、天皇制の維持が唯一の条件だと考えていた。そして、そのためにも、適当な時期に天皇は退位すべきだと考えていた。南原は、東大総長として、一九四六年二月一一日の紀元節に日の丸を掲げ、式典を行った。アメリカにもソ連にも媚びない民族の気概を忘れてはならないという主張からであった。

そして、四月二九日、天皇誕生日に、天皇の退位を主張した。天皇の行動は立憲的であり、政治的、法的に何の責任もない、しかし南原にとって、天皇は日本民族の道義的象徴であるがゆえに、いったん退位することが、天皇制の維持のために望ましいと考えたのである。これはまもなく始まる東京裁判に備えて法的に天皇に責任がないことを明らかにするための主張であったが、同時に、道徳は権力に従属しないことを、明らかにする目的であった。

なお、注目すべきは、南原が、天皇退位を具体的に考えていたことである。すなわち、天皇退位の場合、摂政を置く必要があるが、その候補は病気の伏見宮ではなく、高松宮であると考えていた。そして、高松宮別当の石田馨(元警視総監)を通じて、高松宮のために講義をしていた。講義はギリシャ哲学から始まって、南原の専門である政治哲学で、正義の何であるかを、摂政のために講じたのである。[32]

米ソ中を見る

一九五三年の夏には、中曽根はハーヴァード大学の夏季セミナーに参加している。二カ月間のことであった。参加者は政治家では中曽根一人だった。選抜試験のため、相当の準備が必要だった。中曽根は会話には自信がなかったというがなんとか試験を通過することができた。

このセミナーを取り仕切っていたのが、当時まだ若手助教授だったキッシンジャーであった。

なお、そこで中曽根は自身の考えをまとめて、「日本の民主主義における諸問題」(七月三〇日)[33]として発表している。

そこで中曽根は二つのことを論じている。一つは首相公選制、もう一つは外交・安全保障関係の諸提案である。

首相公選制は、日本の政治が政党の離合集散で安定せず、また官僚の力が大きいことを理由としている。その後の首相公選論の嚆矢である。中曽根は国民の支持を受けた政治家こそ、外交と渡り合えるという点では一貫していた。ただ、のちの首相公選論ほど具体的ではなく、強い主張でもなかった。

外交・安全保障では、自主独立がポイントだった。最近世界一周した自分は、アジアへの愛着を深めた、アジアに見られる中立主義は、実はそれぞれのナショナリズムの表現であると述べた。これはもちろん中曽根自身にもあてはまる言葉であった。その立場から、日本については、基地の廃止や沖縄小笠原の返還を含む対等関係の構築を訴えた。

一九五三年にアメリカで一夏を過ごした中曽根は、翌一九五四年、ソ連を訪問した。

このとき、同じ民主党であった重光葵は、中曽根のソ連訪問を厳しく止めようとして、中曽根の将来に傷がつくといった。重光の日記にも、中曽根を目立ちたがり屋であると批判している[34]。

これに対し中曽根は、重光が旧時代の人間であると述べている。社会党系の政治家や学者がソ連、中国を訪問し、あたかも楽園であるかのように賛美しているが、これに反論するため、現場を見ておくことが必要だと考えたのである。

ソ連の日常生活の貧しさには驚かされた。自由がないのはいうまでもない。社会全体が監獄のようで、なんて嫌な国なんだろうと思った。日ソ関係について、相手は頑なであったが、中曽根は臆せず、抑留者の返還を求め、北方領土の返還を求めた。ソ連側の返答は、犯罪者はいるが、抑留者はいない、領土問題は存在しない、というものであった。

特筆すべきは、中曽根がモスクワの東北東三〇〇キロのイワノヴァに抑留されていた元関東軍司令官、山田乙三らと会っていることである。山田司令官と会った日本人は、最初が赤十字、二番目が中曽根らであった。

中国に行くと、より穏やかな感じを受けた。それは東洋人どうしということもあった。新中国建設の意欲が感じられた。中国とソ連は一体ではないという蘇峰の教えが思い出された[35]。

なお、中曽根よりあと、山田元司令官らを訪ねた人物に南原繁がいる。一九五五年五月から六月にかけて、南原はソ連中国訪問団に参加し、強く望んで他の一行と別れて同地を訪れた。悪路を八時間かけて行ったものである。南原もまた民族主義者であった。南原は書いている。「彼等はすべて元軍人であり、いかなる罪に問われているか知らぬが、それはこれらの人ばかりの負うべきものでなく、われわれも同胞として、国民として、ともに責任を担わなければならない。たまたま、その職と、その位置にあったがために、このような運命になった人々に対して、心からの同情を禁じ得ないのだった[36]。」

南原は、一九五一年の講和条約をめぐって、全面講和論を唱えて吉田と対立し、吉田は曲学阿世と呼んで批判した。しかし、南原は一九四六年東大総長として紀元節に日の丸を掲揚した人物でもある。敗戦の結果、国家があることを忘れるものがあってはならないというのが、その意図であった。日本を民族共同体と見る点で、南原は中曽根と似たところがあったのである。天皇退位を考えたことについては、すでに述べたとおりである。道徳的共同体の中心たる天皇は道義の象徴でもなければならず、戦争の責任を負って退位することは不自然ではなかった。これらの点で、二人はよく似ていた。大きな違いは、一九五一年の日本にとって全面講和は不可能だと中曽根が考えたことだけであった。

鳩山内閣の外交

一九五四年一二月、鳩山内閣が成立した。反吉田勢力にとって待望の政権だった。この内閣において、吉田の「向米一辺倒」は修正されようとした。五四年度末にかけて、防衛分担金の削減が図られた。これはアメリカとの関係で、極度の緊張をもたらした。中曽根は、自主防衛の観点から、分担金の削減を肯定している。アメリカに対する防衛協力を強化することにより、資金や基地提供の面では削減を求める、つまり、日本の自発性のもとに対米協力を進めるというのが、中曽根の方針であって、それは今日まで一貫しているように思われる。

五五年八月、重光外務大臣は訪米してダレス国務長官と会談し、六年以内のアメリカ陸軍の日本本土からの撤退と、一二年以内の全米軍の撤退を提唱した。安保条約の対等化の提唱であった。これに対してダレスは、アメリカのグアムの基地が攻撃されたら日本は助けに来てくれるかとたずね、重光がこれを肯定すると、ダレスはあなたの憲法解釈は理解できないとして、会談を厳しく打ち切ったと言われている。

しかし、重光は、短期の会談としては大成功だったと述べている。重光は日本が西太平洋における相互防衛義務を引き受ければアメリカが安保条約を改定してもよいということが明らかになったという意味で、この会談は成功だと考えた[37]。

中曽根はこれについて、重光が本心を率直に打ち明けたことを評価している。のみならず、グアム防衛についても、中曽根は次のように考える。グアムは日本防衛のかなめでもあって、特別の位置にある。したがって、日本防衛のためにグアムの防衛に協力することは必要であり、可能である[38]。

中曽根は、のちにしばしば述べて、集団的自衛権の部分的行使は可能と言っている。かつて中曽根は台湾に勤務し、ボルネオでの作戦に従事した。この海域の重要性は熟知していた。のちに中曽根がシーレーン防衛にコミットしたことも、こうした認識と無関係ではない。中曽根のモデルは日英同盟であったと述べている。日英同盟は、甚だしく実力の違った国同士の同盟であった。しかし、東アジアに領域をしぼって、対等の義務を負ったものであった。このような形の対等性を中曽根は念頭に置いていたのであろう。

ここで、憲法九条二項の解釈の変遷について、振り返っておきたい。憲法制定当時、吉田茂首相は、一切の自衛力も戦力も持てないという解釈であった。しかし、その後警察予備隊の設立(一九五〇年八月)、保安隊の設立(一九五二年一〇月)、自衛隊の設立(一九五四年七月)によって、こうした解釈は変更されることとなった。

保安隊設立後、吉田首相は、戦力とは近代戦遂行能力を持つ部隊をいい、保安隊はそのような能力は持たないので、九条二項が禁止する戦力ではないとした。

そして自衛隊設立後、一九五四年一二月、大村防衛庁長官は、自国に対して武力攻撃が加えられた場合に国土を防衛する手段として武力を行使することは、憲法に違反しないと述べ、自衛のための必要最少限度の実力は、憲法が禁止する戦力ではないとした。

この当時、集団的自衛権と個別的自衛権の差異は論じられていなかった。集団的自衛権は憲法上行使できないと述べたのは一九七二年、田中内閣であって、それまでは集団的自衛権は行使できないというのは、確立された解釈ではなかった。一九五四年一二月の大村防衛庁長官答弁から一年も経たない五五年夏、重光が必要最少限度の中に集団的自衛権の行使も含まれる、集団的自衛権の行使は可能だと考えたとしても、不思議ではなかった。

中曽根憲法改正論の展開

さて、このような背景のもとに、『自主憲法の基本的性格——憲法擁護論の誤りを衝く』が刊行された。全体は四章からなり、第一章「憲法擁護論の誤りを衝く」、第二章「社会党政策の欺瞞」、第三章「自主憲法の基本的性格」、第四章「憲法研究会を作ろう」となっている。

押し付け論をめぐって

最初の論点は、憲法の成立過程である。中曽根は、「この憲法は日本人が作った。第九条は幣原首相の意思だ」という説を厳しく批判する。この主張は、現代にも見られるが、当時にあっても根強いものであった。中曽根は、憲法制定の経緯を簡潔に述べて、この「非押し付け論」を明快に否定している。

すなわち、幣原喜重郎内閣は、一九四五年一〇月以来、松本蒸治国務大臣を中心に、憲法改正草案を作成し、これを一九四六年二月八日、ＧＨＱに提示した。しかし、それより前に松本案の概略を察知していたマッカーサーは、二月三日、①天皇は国家の元首と地位にある、天皇の地位は世襲とする、など、②国家の主権的権利としての戦争を廃止する、いかなる日本陸海軍も決して許されない、③日本の封建制度は廃止される、などの三点をメモとして部下に手交し、これを基としてＧＨＱ独自の憲法草案を極秘のうちに作成することを命じた。草案は二月一〇日にほぼ出来上がり、一三日にマッカーサーの承認を経て、二月一六日、日本側に提示された。そして、これをそのまま日本政府案として発表するよう要求し、さもなければ天皇の安全は保障し難いとして、受け入れを迫った。幣原内閣は抵抗したが、結局、二月二六日、この受け入れを決め、翻訳に着手し、三月四日、これをＧＨＱに持参し、五日、合意に達した。六日、政府はこれを日本政府案として発表し、マッカーサーは「この新しい進歩的憲法を全面的に承認し、支持する」という声明を出した。以上のような憲法制定経緯に関する中曽根の説明は、今日の水準からしてもきわめて的確である。

ところで、「憲法非押し付け論」は、その後もしばしば登場する。

最近の例をあげよう。東大名誉教授の堀尾輝久は、『世界』二〇一六年五月号に「憲法九条と幣原喜重郎」という論文を掲載している。そこで堀尾は憲法調査会会長の高柳賢三とマッカーサーとの往復書簡を紹介し、九条発案者が幣原であったと論じている。一九五八年一二月一〇月付けのマッカーサーあて書簡で、高柳は「幣原首相は、新憲法起草の際に戦争と武力の保持を禁止する条文をいれるよう提案しましたか。」と尋ね、これに対してマッカーサーは、一二月一五日付の書簡で、「戦争を禁止する条項を憲法に入れるようにという提案は、幣原首相が行ったものです」と答えている。堀尾氏は、この書簡によって、九条提唱者は幣原であると断言するのだが、これは完全な資料の読み違いである。なぜなら、高柳の質問は二つあり、戦争の禁止と武力の禁止に関する質問であるのに、マッカーサーは戦争の禁止についてだけ答えているのである。戦争の禁止を幣原が提案したこと自体も疑問であるが、それはありえないことではない。なぜなら、九条一項は一九二八年のケロッグ・ブリアン条約（いわゆる不戦条約）と同じ内容であって、当時世界の外交・国際法関係者は誰でもよく知っていたものであった。また一九四五年に成立した国連憲章も、戦争を禁止しているから、戦争禁止を憲法に入れようということは、そんなに突飛な考えではないのである。ところが、九条二項こそ、その後の混乱の原因となったもので、世界に類のないものである。そしてこの点について、マッカーサーは尋ねられているのに、答えていないのである。それは、提唱者がマッカーサーであったことを雄弁に物語るものなのである。実際、幣原は、のちに、少しでも軍隊を持つことができないかと、何度かＧＨＱに接触し、その度に拒絶されている。

なお、今日の「非押し付け論」について、もう少し触れておく。一つは、高野岩三郎が主催した憲法研究会の影響に注目する議論である。この研究会は、鈴木安蔵らが中心となり、一九四五年一二月、憲法改正草稿を公表した。その中に、国民主権や、天皇は儀礼を司る、などの点があり、GHQの一部がこれを評価していたことから、憲法への影響が指摘されている。しかし、天皇を象徴とするのは、天皇条項を担当したジョージ・ネルソンが、バジョットからヒントを得たものだと言われているし、それほど影響があったとは考えられない。

全体としても、GHQの憲法チームは秘密裏に寝食を忘れて作業に取り組んでおり、マッカーサー・ノート以外の案を参考にする時間的余裕はなかったと思われる[39]。

また、日本国憲法の思想的源流という観点から、山室信一氏が研究を進めているが[40]、これがどのような経路で取り入れられたかについては、ほとんど何も言われていない。似たような研究があったから(実はそれほど似ていないが)、日本人の案であって、押し付けではないとは、全く言えない。

さらに、国民は歓迎したから、押し付けではないという人がいる。歓迎した人がいても、多数がそうであっても、押し付けでないということには全くならない。政治を行うのは「正当に選挙された国会における代表者」(憲法前文)を通じてであって、当時の帝国議員や幣原内閣が押し付けだと思えば押しつけなのである。

次に中曽根は、このような考え方と表裏一体である、「誰が作っても内容さえ良ければよい」という主張を批判する。これは、民主主義のイロハを知らないものの驚くべき言葉であるとして、「人民の人民による人民のための政府」というリンカーンの言葉を引き、この第二点、「人民による」こそが民主主義の要諦だと述べる。もし内容さえよければ、水戸黄門でも、よいことになる。ナポレオンもヒトラーもスターリンも部分的にはよい政治をしている。しかし、国民の代表を認めず、独裁をしたから、彼らは民主主義ではなく、否定しなければならないと述べる。「内容さえよければ誰が作ってもよいという連中は、結局、……マックアーサー元帥に永久に占領統治を続けてもらおうという奴隷根性の持ち主で、自分たちの手で、自分たちの政治をやろうという独立精神のない「マックアーサー帝国の忠良なる臣民」でしかない」と述べている。中曽根はこの「マックアーサー帝国の忠良なる臣民」という言葉が気に入ったようで、その後も何度も使っている。

ただ、後述するように、中曽根は日本国憲法の内容を全否定しているのではない。「過去の硬化と硬直を切断し、解消すべき歴史的功績を果たした」と述べている。むしろ、憲法が果たした役割については、一貫して、相当の評価を与えていることは、忘れてはならない。

安全保障の問題

中曽根の第二の論点は安全保障である。

この点について中曽根は、以下のような再軍備に対する多くの批判をあげて、これらを全て論破する。すなわち、再軍備は徴兵制導入のためだとか、アメリカ主導で原水爆保有につながるとか、平和共存の時代に軍備はいらないとか、再軍備は生活を圧迫するとか、原爆の時代に「チャチな軍備」を持っても無駄だとか、海外出兵や東南アジア軍事同盟参加の伏線だとか、米国と組むと戦争に巻き込まれるとか、ソ連中国東南アジアとの関係が悪化するとか、賠償をもっと取られるとか、再び軍人が威張るようになるとか、右翼・ファッショの台頭で昔の弾圧政治が再現されるとか、実にいろいろな批判をあげ、すべて論破している。これらのいくつかは、今もまだ残っている。

中曽根はまず、紛争解決のために戦争を禁止するという九条一項は厳守すると述べる(「国際紛争を戦争で解決することや侵略戦争は新憲法に於ても絶対禁止し、我々は、唯、日本の国土を守るためにのみ武装を認めるという様に書きたいと思う」)。しかし国土防衛のためには軍備が必要であり、また国連参加のためにも軍備を持つ義務があるということを主張する。

原爆時代に小さな軍備では意味がないという批判に対しては、現在、原爆が持てるのは米ソ英くらいであり、その他の国もみな軍備を持っている、飛行機があれば自動車やバイクはいらないというようなものだと反論する。五〇年以来ヨーロッパで見た現実は、どの国も軍備を備えていたし、朝鮮半島で戦争が勃発して、韓国が追い詰められたのは、つい最近のことであった。

また中曽根は、鳩山内閣の実績にふれ、むしろ自主防衛によって、軍事費を減らすことができ、どうしても軍事費がかかるなら、それは外国の軍隊ではなく、日本のために使うべきだと述べる。

徴兵制度については、民主主義と不可分の関係にあるもので、英米仏など、みな認めており、ソ連や中国ももちろんである。日本の場合は、将来、国土防衛のために限って、国民が支持したら、徴兵制度を採用しうるようにしておきたいと述べている。

さらに中曽根は、憲法改正が対米従属で危険であるという批判に反論する。

中曽根は、米国から改正の要求は一度もないと述べ、むしろ不平等条約改正のために防衛力漸増が必要だと述べる。また、原水爆については、日本は作れないし、将来とも作るべきではないと断言している。鳩山首相も、アメリカに対し、日本政府の承認なしに原水爆を日本に置かないように申し入れていると述べている。

また、所詮外国の軍隊は、最後まで日本を守ってくれる保障はない。国共内戦のとき、アメリカは徹底して国民政府を支持しなかったと指摘する。

以上の保障として、中曽根は厳格なシビリアン・コントロールを当然のこととしている。これも、この頃突然思いついたものではない。

中曽根は一九五〇年三月ころ、旧海軍軍人との再軍備に関する会合に参加していた。そのトップは野村吉三郎であり、保科善四郎(中曽根が軍務局にいたころの局長、のち政治家)が中心であった。おそらく朝鮮戦争勃発前のことであった。

海軍出身の中曽根は、旧軍のありかたに批判的であり、ましてや陸軍に対してはもっと批判的であった。とくに大井篤と親しかった。大井は、今日、仏印進駐に関する著作と、海上輸送に関する著作でなお知られている軍人である。[41] 前者は、陸軍の独断先行が国益を危殆に瀕しせしめたこと、後者は、補給に対する日本海軍の無関心が日本の命取りとなったことを鋭く論じた著作である。中曽根自身、一九四一年から四二年にかけての数カ月兵站関係の仕事に携わったことで、大井らの経験とは符合するところがあったのであろう。

その後、中曽根は国会議員の間に独立自衛研究会を組織した。一九五一年二月七日に準備を開始し、三月一日に第一回会合を開いている。その頃、辻政信が軍令を内局の下におくことに強く抗議してきたことがあったという。辻の経歴、思想からして、ありそうなことである。しかし中曽根は厳格なシビリアン・コントロールは不可欠だと考え、辻の批判に取り合わなかったという。中曽根が自覚的にシビリアン・コントロールを重視していたことがわかる。

三度、南原繁と中曽根康弘

ところで、以上の憲法制定における非自主性と、軍備の放棄という二つの点で憲法を鋭く批判していたのは、南原繁であった。南原は、貴族院議員として、帝国議会において憲法に反対したごく少数の一人であった。

南原はまず憲法の制定に関与し、「日本政府が憲法改正に最後まで自主自律的に自らの責任をもって決行できなかったことを極めて遺憾に感じ、国民の不幸、国民の恥辱とさえ感じている」と述べている。

そして南原は非武装の空想性を厳しく批判した。「およそ戦力なき国家は国家ではない」「平和は血と汗で守るものだ」と考えていた。

南原は九条一項については賛成である。戦争抛棄については、「新たに更生しました民主日本が、今次の不法なる戦争に対する贖罪としてでばかりでなく、進んで世界の恒久平和への日本民族の新たな理想的努力を捧げるその決意を表明するものとして、我々の賛同惜しまざる点でございます」と述べている。

しかし、「遺憾ながら人類種族が絶えない限り戦争があると云ふのは歴史の現実であります、従つて私共は此の歴史の現実を直視して、少くとも国家としての自衛権と、それに必要なる最小限度の兵備を考へると云ふことは、是は当然のことでございます」と述べる。吉田首相が、これまで自衛権という名の下に多くの侵略戦争が行はれて来たので、これを放棄するほうがよいと述べたが、もし、客観的にその正当性が認められた場合でも、放棄するというのか、国際連合はその憲章の中に、国家の自衛権を認めているではないか、と批判する。さらに、国際連合における兵力の組織については、加盟国がそれぞれの兵力を提供する義務を帯びているのであって、その意味でも将来日本が国際連合に加入を許される場合に、兵力保持の義務と矛盾することになると批判した。

「日本は、永久に唯他国の好意と信義に委ねて生き延びむとする」のか、「寧ろ進んで人類の自由と正義を擁護するが為に、互に血と汗の犠牲を払ふことに依つて、相共に携へて世界恒久平和を確立すると云ふ積極的理想」に進むべきではないかと批判した。これは、中曽根の言葉としても、実は構わないくらい、両者の認識は似ているのである。

国民主権と天皇の地位

もう一つの主要論点として、天皇について述べておきたい。

中曽根は天皇について、主権は絶対に国民にあり、天皇にはないと断言する。明治憲法のように実権を持った天皇は、むしろ日本では例外であって、伝統から逸脱していたと考えていた[42]。天皇は政治上の実権を保有せず、現行憲法以上に、形式的、儀礼的な地位にあり、精神的な国民統合の象徴として存在する。ただ、外国との関係で元首がないのは不都合であるので、元首とするというのが、中曽根の案である。

中曽根はのちの多くの憲法改正草案において、日本らしさを強くうち出そうとする。日本は海に囲まれた国であって、同質性が強く、利益共同体よりも民族共同体の性格が強い。その中心は天皇であって、天皇は権威を体現し、権力を持たない。この点から、中曽根は「象徴という立場は、天皇の位置づけとして割合にうまい考え方だな」と当初から思ったという[43]。

すでに述べたとおり、中曽根は民族の道義的象徴としての天皇という観点から、天皇退位の可能性を示唆していた。これも南原繁と同様であった。さらに中曽根は、この『自主憲法の基本的性格』の中で、「皇室法の改正により女子の天皇を認めるものとしその場合、その配偶者は一代限り皇族待遇とする。但し、摂政になりえない」と述べている。現代の一部の日本人よりも、中曽根は意外に進歩的だった。

権利と義務、家族

中曽根は、憲法には権利の記述ばかり多く、義務が書かれていないと述べている。それは一つには、今や自由放任主義ではなく、国家が社会的役割を果たす時代であって、権利だけでは不十分だということから来ている。また、自由を享受するにあたって、他人の権利を妨げないという点を明確にしたいということにすぎない。それ以上の義務を強調しているわけではない。福沢諭吉が、かつて、自由と放縦の違いは他の妨げをなすと為さざるとにあり、と述べたのと同様であって、それ以上に共同体への強い義務を強制したわけではなかった。

家族制度については、「家庭は人倫の基盤であって、信愛貞節を以て結び、各人の幸福について相互に責任を負う」というのが中曽根の草案である。

これについて中曽根は、「昔の家族制度を復活しようとは毛頭思わない」とし、基本的人権の尊重や男女の平等は現憲法の「非常なる長所」であるので、そのまま確保する、「父母に対する孝養の義務等を憲法に書くことも適当でない。親子、夫婦の愛情は自然の発露で、法律などで規定すべきことではない」と述べる。婚姻の自由や、男女平等の原則も明確に規定すべきであるという。

中曽根の草案は、むしろ家庭における妻や子供の立場を強めるためのものであって、夫の横暴や不貞を防ぎ、妻の地位を守り、また姑に対する嫁の地位を守る条項だとしている。(44)

憲法改正の歌

『自主憲法の基本的性格』において、改正論の骨格を提示した中曽根は、その数ヶ月後、「憲法改正の歌」を作ってレコードにしている。歌は安西愛子で、相当に売れたという。歌詞は次のとおりである。

一、嗚呼戦いに討ち破れ　敵の軍隊進駐す
平和民主の名の下に　民主憲法強制し
祖国の解体計りたり　時は終戦６ヶ月

二、占領軍は命令す　若しこの憲法用いずば
天皇の地位うけあわず　涙を呑んで国民は
国の前途を憂いつつ　マック憲法迎えたり

三、十年の時は永くして　自由は今や還りたり
我が憲法を打ち立てて　国の礎築くべく
歴史の責めを果たさんと　決意は胸に満ち満てり

四、国を愛する真心と　自ら立てて守るべき

自由と民主平和をば　我が憲法に刻むべし
原子時代におくれざる　国の理想も刻まばや

五、この憲法のある限り　無条件降伏続くなり
マック憲法守れとは　マ元帥の下僕なり
祖国の運命拓く者　興国の意気に挙らばや

これは中曽根の初期の憲法改正運動のピークだったかもしれない。彼の多くの主張がここに盛り込まれている。ただ、一聴すると、これは戦前の天皇制に復帰し、軍国主義に戻ろうとする、右翼反動の運動と誤解されやすいものである。中曽根の大衆政治家としての志向と、かなり練り上げた憲法改正論とが、ここに矛盾を引き起こしているように思われる。

岸内閣から池田内閣へ

岸内閣の成立

鳩山一郎が首相を退いたあと、一九五六年一一月、石橋湛山が石井光次郎との二、三位連合によって、自民党総裁となった有名な総裁選挙があった。

このとき、中曽根は河野派の大部分の同志と袂をわかって石橋湛山に投票した。岸は東条内閣閣僚であって、戦争に対する責任があるというのが、中曽根の考えであった。これに対して、戦時中、軍国主義批判を曲げなかった石橋は立派だと考えていた。

しかし、岸内閣が始まってみると、中曽根の岸に対する見方は変化したように思われる。

一九五七年五月、岸信介首相がインド、パキスタンを訪問したとき、中曽根は同行している。インドではネルー首相が日本をたたえ、日本がアジアの独立の方向に刺激を与えたことに感謝したことに感銘を受けている。

岸首相の訪問を、日本ではアジアの盟主論の再来と批判する声があったが、中曽根はそのようなことはまったくなかったと断言する。むしろ、アジアの結束は重要であり、それぞれのナショナリズムを尊重し、かつアジア諸国への贖罪の念が中曽根にはあった[45]。

中曽根は岸と別れ、エジプトに行っている。そこでナセル大統領をナショナリストとして理解し、そのリーダ

ーシップに敬意を評した。アスワン・ハイ・ダムへの協力の姿勢を打ち出した。エジプトと英仏が対立していた当時、英仏とアメリカは同盟国であったので、やや微妙な問題であった。中曽根はその微妙さを理解して、事前に駐日大使のダグラス・マッカーサー・ジュニアと会談して、理解を得ていたという。

その後、中曽根はヨーロッパに行き、ハンガリーに行った。その前年、一九五六年には、ハンガリー事件が起こっていた。当時、日本ではまだ社会主義の影響力が強く、親ソ知識人が多かった。論壇の大御所とでもいうべき大内兵衛は、ハンガリーは「百姓国家」で民度は低い、日本より低いと述べている。社会主義の連帯を名目とするソ連の対応を肯定しているのである。

中曽根は、ぜひハンガリーに行きたいと考え、オーストリアからユーゴに行き、ユーゴから陸路ハンガリーに入った。農村はのどかだったが、首都に入ると景色は一変した。街路のここかしこに残る大小無数の弾痕、破壊された建物、押し倒されたスターリン像の台座など、中曽根はスターリン時代の暴政とこれに対する民衆のエネルギーに目をみはった。

中曽根はチトーに対しては評価しており、ハンガリー外相に対し、「チトー元帥が米ソの圧力を排して独立の道を進んでいることは立派だと思う」と述べている。外相は答えをはぐらかしたが、中曽根は悪い印象は持たなかった。

離日前、中曽根は中央公論に文章を寄せ[46]、「第二次大戦の後始末のついていない火山帯は、ついに東欧に噴き出した。朝鮮や仏印は休火山となったが、いつ鳴動するかわからない。日本も火山帯の一環として、クナシリ、エトロフや沖縄、小笠原を抱え、安保条約のギブスが体に食い込んでいる。」と述べた[47]。

安保改定と中曽根

一九六〇年、日米安全保障条約の審議が行われたとき、中曽根は科学技術庁長官として閣内にあった。中曽根は安保改定には賛成であった。ただ、十分だとは思わなかった。対米従属はまだ続くように思われた。しかし、当面、これを支持した。

しかし、反対運動が少しも衰えないことに危惧を感じた中曽根は、六月に予定されていたアイゼンハウアー大統領の訪日延期を提唱した。五月二五日の閣議で、「重大な発言を行うにつき、発言はなかったものとして聞かれたい」と前置きし、大統領の訪日を延期するよう提案した。岸も佐藤も緊張して聞いていたが、翌日、訪日は予定通りと発表された。(48) 招請を予定どおり進めることを強く主張したのは佐藤栄作であって、その背景に中曽根は吉田の影を見ていた。

その後、勢いを増すデモ隊の鎮圧に自衛隊を使うことが一時提案され、赤城防衛庁長官は強く反対した。この提案は、民族主義者中曽根にとっても認められないところであった。アメリカ大統領の来日のために自衛隊を使うのは、中曽根が従来反対していた内乱鎮圧のための米軍出動を思い出させるものであり、自衛隊がアメリカの傭兵となることであった。それは認められなかった。なかなか総理の意向に閣議で真っ向から反対できるものではないと、赤城を賞賛している。中曽根が大統領訪日延期や自衛隊使用不可を主張したのは、一つにはそれが元首の安全に触れる恐れがあるからだった。天皇を巻き込むようなことは、絶対に反対だった。それは中曽根の国家論の根源に触れる事態だった。

安保改定ののち

安保改定後、岸は辞任し、池田が後継の総裁、首相となった。そして経済中心の柔軟路線を打ち出し、国民の支持を取り戻したことは、よく知られている。

一九六〇年一一月、中曽根は首相公選論を打ち出すようになる。それは六一年一月の「高度民主主義民定憲法草案」に盛り込まれる。首相公選については、一九五三年にハーヴァードで主張したことがあったが、一九五五年の『自主憲法の基本的性格』には含まれていなかった。安保条約の改定とその後の安定の中で、中曽根も転換を迫られており、首相公選に比重を置くようになった。(49)

一九六四年、中曽根は自民党運動方針草案を起草することとなった。彼が起草した案には、「適当な時期に国会に憲法調査機関を設置すべきだ」「ことしこそ憲法改正の積極的な国民運動を展開すべきである」と記されていた。一月七日の党の役員会で、これに対して性急すぎるという批判が出され、憲法調査機関の設置という言葉の前には、「各党各派の協力のもとに」という文言が挿入され、「憲法改正の積極的な国民運動」は、「憲法問題の啓蒙普及のための運動」に修正された。中曽根はこれを受け入れざるを得なかった。ただ、このような中曽根の譲歩は、すでに安保改定直後には起こっていたと推定してよいだろう。

ところで、時間があると世界を見て歩くのが中曽根の性癖であった。

中曽根は一九六一年一月、ケネディ大統領の就任式出席のため訪米している。その前に、中南米各地を訪問し、カストロに会った。革命から二年、カストロは三四歳であった。アメリカに対する備えについて聞いたところ、十分な準備があるということであった。

アメリカではロバート・ケネディに会っている。ロバート・ケネディは机の上に足を投げ出した姿で中曽根を迎えた。中曽根は驚いたが、これに対抗するため、自身も机の上に足を投げ出す姿で話を進めた。このような無作法は感心しなかったが、しかしそれなりの対応をしなければ、アメリカに屈服することになる、そのような感想を持ったのではないだろうか[50]。

その場で中曽根はキューバでカストロに会ったことを話して、キューバの準備を過小評価しないように戒めた。ロバート・ケネディは、傾聴している様子であった。トップ・リーダーに会い、その新鮮な情報を提供して相手の興味を引くのは、中曽根の特技であった。ケネディ政権が、キューバ亡命者のカストロ政権打倒運動を装って、上陸作戦を決行した(ビッグス・ベイ事件)のは、その翌年であった。果たしてアメリカは撃退され、政権の大きな痛手となった。

中曽根はこのとき、ロバート・ケネディを日本に招待している。ロバートは快諾し、中曽根は財界人を中心にすえて準備を進めた。ロバートは六二年来日し、そのスタイルで大きな影響を及ぼした。すなわち、彼は国民と直接接触することを好み、飲み屋に入りこみ、労働者から組合指導者まで接触し、また早稲田大学で学生運動指導者を含む学生と対話して大いに話題となった。そのとき、彼は誰とも握手した。日本で政治家が握手をするようになったのは、それがきっかけであるという[51]。大衆政治家としてのあり方に、中曽根はさらに確信を持ったに違いない。

おわりに——湾岸戦争から世界平和研憲法草案へ

池田、佐藤の両内閣は、自民党の黄金時代であった。佐藤内閣において、中曽根は一九七〇年、防衛庁長官となり、日本の安全保障政策に相当の影響を及ぼすことができた。待望のポストの一つではあったが、憲法改正には程遠かった。

その後、一九八三年には首相となったが、憲法改正論は封印せざるを得なかった。まことに遺憾であったと、中曽根は述べている。(52)

しかし、総理をやめたあと、中曽根はもう一度憲法改正に力を入れることになる。そのきっかけは、一九九〇－九一年の湾岸戦争であった。当時、日本は一三〇億ドルという巨額の財政負担をしたが、評価されなかった。やはり自ら危険を負うような貢献でなければならないと、中曽根は確信を深めた。

その頃から、中曽根は、集団的自衛権は行使可能という議論を盛んにするようになる。集団的自衛権の行使は憲法上許されないとする内閣法制局の議論は誤りであり、日本の近くで、日本の防衛のために行動している米軍を支援するのは当然だという考えであった。ただ、よりきちんと位置付けるために、九条改正はやはり望ましいと考えた。(53)

他方で、首相公選論は、二〇〇〇年ころにはあまり主張しなくなった。あるところでは、日本の実情にあわないと述べたこともあり、のちにその発言は言い過ぎだったと言ったこともある。(54) 首相公選については、中曽根の発言は揺れ動いた。しかし強いリーダーシップを持ち、安定的な任期を持つリーダーが必要だという確信を持ち続けたことはいうまでもない。

中曽根がやがて到達したのは二〇〇四年の世界平和研究所憲法草案である。そこには、現行憲法の大部分の原則とともに、九条二項改正、憲法裁判所の設置、非常事態に関する規定など、おなじみのものが含まれている。衆議院の優位の確立も主張されている。また、自然との共生とか、環境の保護、など、新しい原理も見られる。伝統の尊重などは、中曽根らしいものである。

しかし、全体の性格はむしろ前文に現れている。

前文は全部で八つの文章からなっている。冒頭は、「我ら日本国民はアジアの東、太平洋の波洗う美しい北東アジアの島々に歴代相承け、天皇を国民の統合の象徴として戴き、独自の文化と固有の民族生活を形成し発展してきた。」とある。これには驚く人も多いだろう。

そして第二文は、「我らは今や、長い歴史の経験の上に、新しい国家の体制を整え、自主独立を維持し、人類共生の理想を実現する。」と続く。自主独立と共生がキーワードである。

第三文以後は、むしろ現行憲法と近い。第三文は、「我が日本国は、国民が主権を有する民主主義国家であり、国政は国民の信頼に基づき国民の代表者が担当し、その成果は国民が享受する」である。内容的に現行憲法と変わらない。第四文、「我らは自由・民主・人権・平和の尊重を基本に、国の体制を堅持する」、第五文「我らは国際社会において、正義と秩序を基調とする国際平和を誠実に希求し、その実現に貢献する」。第六文は、「我らは自由かつ公正で活力ある日本社会の発展と国民福祉の増進に努め、教育を重視するとともに、自然との共生を図り、地球環境の保全に力を尽くす。」自由かつ公正で活力ある日本社会の発展とか、自然との共生とか、地球環境の保全などは、新しいが、とくに違和感のないものである。

第七文、「また世界に調和と連帯をもたらす文化の重要性を認識し、自国の文化とともに世界文化の創成に積極的に寄与する。」とあるのは、中曽根らしい文化への注目である。

そして締めくくりには、「我ら日本国民は、大日本帝国憲法及び日本国憲法の果たした歴史的意義を想起しつつ、ここに新時代の日本国の根本規範として、我ら国民の名において、この憲法を制定する」。大日本帝国憲法と日本国憲法の果たした役割を肯定的に評価して、その上に新憲法を作るという宣言が、国民の名においてなされている。

若宮啓文は、前にあげた中曽根・宮沢対談のあとがきで、「ナショナリストの中曽根氏が、一方で敏感な国際感覚も兼ね備えていたことをうかがわせる」と書いているが、むしろすぐれたナショナリストこそ、相手のナショナリズムを理解し、敬意を払うのであって、当然に他国の反応に敏感なのである。(55)

中曽根が憲法改正によって実現しようとしたのは、自由、民主主義、基本的人権、平和、国際協調などの普遍的な原則を堅持し、それらだけには還元されない日本民族の伝統の維持発展とを両立させることだった。言い換えれば、国際協調の中のアイデンティティの模索であったように思われる。そのためには一定の軍事的自立が必要であり、首相の強いリーダーシップが必要であり、かつまたアメリカとの密接な関係が必要であった。

中曽根は近代的諸価値に対する保守反動ではなかったし、排他的ナショナリストであったこともない。日本のアイデンティティを掘り下げようとする志向が、そのように見えたことがあったかもしれない。また、中曽根が憲法改正のために運動を展開し、様々な他の論者とも連携するとき、中曽根の憲法論について、ある種の誤解が生まれたのかもしれない。

以上のようにみてくると、中曽根の憲法改正論は、戦争への反省に立脚しながら、アジアとの友好を基軸とし、国際協調の中でいかに日本の自立を達成するかという観点から、憲法というものの本質的あり方を論じたものであった。それゆえ、中曽根の憲法改正論はすべての憲法論議に影響したが、同時に、あまりに根元的であったがゆえに、実現困難なものとなっていった。しかし、憲法をプラグマティックに部分的に修正するにせよ、大局的な方向感は必要であり、そのためにも重要な指針となるものであった。その点で、中曽根の憲法改正論は今後のあらゆる改正論の指針としての意味を失うことはないであろう。

[注]
(1) この論文は、「中曽根康弘憲法改正論の確立」(世界平和研究所編『国民憲法制定への道——中曽根康弘憲法論の軌跡』文藝春秋、二〇一七年、所収)を、その後入手した資料を追加するなどして、改定したものである。
(2) 中曽根に関する主な伝記関係文献は、中曽根康弘『政治と人生——中曽根康弘回顧録』(講談社、一九九二年)、中曽根康弘『天地有情——五十年の戦後政治を語る』(伊藤隆および佐藤誠三郎によるインタビュー、文藝春秋、一九九六年)、中曽根康弘『中曽根康弘が語る戦後日本外交』(中島琢磨、服部龍二、昇亜美子、若月秀和、道下徳成、楠綾子、瀬川高央によるインタビュー、新潮社、二〇一二年)、服部龍二『中曽根康弘——「大統領的首相」の軌跡』(中央公論新社、二〇一五年)。
(3) 中曽根康弘・宮沢喜一『対論　改憲・護憲』(朝日新聞社、一九九七年)、一六四頁。

(4)北岡「自由民主党——包括政党の合理化」(神島二郎編『現代日本の政治構造』〈法律文化社、一九八五年〉所収、のち北岡『国際化時代の政治指導』〈中央公論社、一九九〇年〉所収)。また、北岡『自民党——政権党の38年』(読売新聞社、一九九五年、のち、中公文庫、二〇〇八年)および「岸信介——野心と挫折」(渡辺昭夫編『戦後日本の宰相たち』、中央公論社、一九九五年、のち、中公文庫、二〇〇一年)を参照。

(5)中曽根康弘「はじめに」、矢部貞治『矢部貞治日記』銀杏の巻(読売新聞社、一九七四年)。なお、矢部が教授となったのは一九三九年八月のことなので、中曽根が講義を聞いたときは助教授だったと思われる。

(6)井上寿一『増補 アジア主義を問いなおす』(筑摩書房、二〇一六年)、一六六頁、矢部、前掲、六六、七一頁。

(7)『政治と人生』三五―三六頁。

(8)『中曽根康弘が語る戦後日本外交』四九―五〇頁。

(9)『政治と人生』五七―五九頁。

(10)『中曽根康弘が語る戦後日本外交』三〇頁。

(11)『政治と人生』六八―七〇頁。なお中曽根は旧制高校時代にも寮歌を作詞している。同上、三四頁。

(12)『政治と人生』六九頁。

(13)『中曽根康弘が語る戦後日本外交』五六頁。

(14)『天地有情』九五―九六頁。

(15)『政治と人生』八五―八六頁、『天地有情』七五頁。

(16)『評伝奥野誠亮』刊行会編刊『評伝奥野誠亮』(二〇〇一年)、奥野誠亮『派に頼らず、義を忘れず——奥野誠亮回顧録』(PHP研究所、二〇〇二年)。

(17)後藤田は多くのところでこのことについて述べている。たとえば、後藤田正晴『政と官』(講談社、一九九四年)、一八四―一八八頁。

(18)『政治と人生』一一二―一一五頁。

(19)中曽根の一九五〇年の外遊に関する主な資料は、中曽根康弘「欧米たより」第一信~第三信(『上毛新聞』一九五〇年六月二五―二七日、七月一四―一六日、一八―二〇日、二三日、八月二―三日、六―七日、九日、一一日、一三日、一五日)、中曽根康弘事務所編『中曽根代議士資料22 卓越した外交手腕の源泉——第一回~第五回にわたる外遊の軌跡——』(一九八七年五月二七日、国立国会図書館所蔵)、および志野靖史『1950年の世界一周』(ネコ・パブリッシング、二〇〇四年)である。

(20)また吉田は、一九四二年、日米戦争のさなか、清沢洌から『外政家としての大久保利通』を贈られたとき、ただちに返事をしたため、「公(大久保)に常に推服致し候は、困難に処して挺身国家の重きを以而自ら任せらるる事に有之」と述べたことがあった。戦後の困難な時代に、吉田はときに大久保と自らを重ね合わせることがあったのかもしれない(北岡伸一『清沢洌——外交評論の運命』増補版、中公新書、二〇〇四年)、一八六頁。

(21)前掲『中曽根代議士資料22』。

(22)吉田とアデナウアーを対比したものとして、大嶽秀夫『吉田茂とアデナウアー』（中央公論社、一九八六年）があり、日独の戦後の対比として、大嶽秀夫『二つの戦後――ドイツと日本』（日本放送出版協会、一九九二年）がある。また、アデナウアーの思想や役割については、板橋拓己『アデナウアー』（中央公論新社、二〇一四年）。
(23)前掲『対論　改憲・護憲』三六頁。また『中曽根康弘が語る戦後日本外交』七〇頁では、一九四八年六月のソ連によるベルリン封鎖が大きかったと述べているので、外遊前にすでにそういう意識は強かったと思われる。
(24)ただ、日系人を強制収容所に入れる決断をしたのも、マックロイである。
(25)『中曽根康弘が語る戦後日本外交』五八頁、『政治と人生』一三三頁。
(26)『天地有情』一三九頁。
(27)「マッカーサー元帥に建白す」、『政治と人生』所収。
(28)この国連憲章五一条というところは、もしかして安全保障の地域的取極を定めた五二条との混同ないし誤植の可能性がある。
(29)『中曽根康弘が語る戦後日本外交』一一九頁。
(30)『政治と人生』一三五－一三七頁。
(31)『政治と人生』一四六－一五三頁。
(32)南原の天皇退位論については、丸山真男・福田歓一編『聞き書　南原繁回顧録』（東京大学出版会、一九八九年）、三一三－三一八頁。高松宮との接触については、石田雄『安保と原発』（唯学書房、二〇一二年）が、石田の父である石田馨の日記を引用して、高松宮邸における南原の講義について触れている。それによれば、南原は一九四五年一〇月から一九四六年六月まで、少なくとも二三回高松宮邸を訪問し、少なくともそのうち、二〇回はご進講であった。天皇退位、高松宮摂政にかけた南原の意欲は並々ならぬものであった。
(33)『中曽根康弘が語る戦後外交史』所収。
(34)伊藤隆他編『続 重光葵手記』中央公論社、一九八七年、六四四、六七〇－六七一頁。
(35)『政治と人生』一五七－一六〇頁。
(36)南原繁『ソ連と中国』（中央公論社、一九五五年）、九八－一一一頁。
(37)坂元一哉『日米同盟の絆――安保条約と相互性の模索』（有斐閣、二〇〇〇年）。
(38)『中曽根康弘が語る戦後日本外交』一二七頁。
(39)西修インタビュー「制定過程から見えてくる日本国憲法の課題」（『読売クオータリー』二〇一六年秋号所収）。
(40)山室信一『憲法9条の思想水脈』（二〇〇七年、朝日新聞社）。
(41)大井篤『統帥乱れて――北部仏印進駐事件の回想』（毎日新聞社、一九八四年）、『海上護衛戦』（角川書店、二〇一四年）。
(42)中曽根が高崎中学校時代、天皇陛下誤導事件があった。天皇陛下の行幸の先導をしていたオートバイの警官が道を誤り、責任を感じて自殺未遂をした事件であった。中曽根はこの事件に「異常なショックを受けた」（『政治と人生』三三九頁)と書いている。そこまでする必要があるのかという疑問があったに違いない。天皇を絶対視することへの疑問が生じたと行ってもいいだろう。もっとも昭和天皇個人に対しては、中曽根は深い尊敬の念を抱き、それは近く接するたびに深まったという(同書、三四〇－三四二頁)。
(43)『中曽根康弘が語る戦後日本外交』六八頁。
(44)『自主憲法の基本的性格』憲法調査会、一九五五年、三六頁。
(45)『中曽根康弘が語る戦後日本外交』一三一－一三二頁。
(46)『中央公論』臨時増刊　第四号「スターリン批判以後一年」一九五七年三月刊。
(47)小島亮『ハンガリー事件と日本——一九五六年・思想史的考察』(一九八七年原刊、現代思潮新社、二〇〇三年)、一〇九－一一三頁。
(48)『政治と人生』二二四－二二五頁。
(49)『天地有情』二二三－二二四頁。
(50)『中曽根康弘の語る戦後日本外交』一四四－一四五頁。
(51)同上、一四六頁。
(52)中曽根は、池田首相が「憲法改正の議論はいたしません」と言ってしまった。それ以来、総理大臣はそう言わざるをえなくなった、私まで「憲法改正は政治日程にのせません」といったんですから、と述べている(『天地有情』一六〇頁)。
(53)『対論　改憲・護憲』一一一－一一三頁。
(54)『中曽根康弘が語る戦後日本外交』一〇九頁。
(55)中曽根は後年のインタビューで、一九八三年一月の日韓関係の打開について「私は民族主義者だから、韓国の民族主義も理解していた。日本があれだけのことをやった以上、一度は謝らなければならない。総理大臣が『過ち』と述べて謝る。それが礼儀だという意識をもち、自分で考えたのです」と述べている(『朝日新聞』二〇一〇年一月二七日)。

時評

高校新科目「歴史総合」をめぐって

苅部 直
（東京大学法学部教授）

今年の二月十四日、学習指導要領の改訂にむけた「高等学校学習指導要領案」を、文部科学省が公表した。これによって新たな必履修科目として「公共」「歴史総合」「地理総合」が新設されることが確定する。二〇二二年度に入学する高校新入生からあとの世代は、この三つを学んだ上で、従来からあった地理、日本史、世界史、倫理、政治・経済といった科目を選んで履修することになる。

「歴史総合」に関しては、二〇一五年から中央教育審議会の教育課程部会で議論されてきた。指導要領案の表現によれば、世界史・日本史を学ぶ前に「世界とその中における日本を広く相互的な視野から捉え」るような、近現代史の科目である。歴史認識にかかわる議論が、東アジアにおける諸国間の外交問題にたやすく直結してしまう昨今であるから、国内外のさまざまな視線にさらされながら新科目案を作るのは、大変な作業だっただろう。その状況のなかで、歴史教科書でしばしば見られるような、大日本帝国の罪悪を数えたてる傾向に陥らず、反対に過度の自国礼賛にも向かわない、バランスのとれた歴史教育の素案になっている。そのことは評価したい。

しかし、その提供しようとする近現代史の姿を見てみると、大きな疑問がわくこともたしかなのである。もちろん指導要領であるから、ここで示された構成がそのまま歴史教科書の目次になるわけではない。だが教科書の作成と、文科省による検定の基準になるこ

Tadashi Karube
1965年生まれ。東京大学大学院法学政治学研究科博士課程修了。専門は日本政治思想史。著書に『光の領国　和辻哲郎』(岩波現代文庫)、『丸山眞男』(岩波新書、サントリー学芸賞)、『鏡のなかの薄明』(幻戯書房、毎日書評賞)、『「維新革命」への道』(新潮選書)、『日本思想史への道案内』(NTT出版)など。

とを考えれば、高校の歴史教育に与える影響は、決して小さくない。

指導要領で示している内容は、AからDまでの単元で構成されているが、総論や生徒自身の考察を指導する単元と節を省いて、通史風の内容を述べた節だけを並べると、以下のようになる。それぞれの節で対象とされている時代を括弧内で補足した。

B　近代化と私たち
(2)結び付く世界と日本の開国　〔十八世紀〜十九世紀前半〕
(3)国民国家と明治維新　〔十九世紀後半〜二十世紀初頭〕

C　国際秩序の変化や大衆化と私たち
(2)第一次世界大戦と大衆社会　〔第一次世界大戦〜一九二〇年代〕
(3)経済危機と第二次世界大戦　〔世界恐慌〜サンフランシスコ講和会議〕

D　グローバル化と私たち
(2)冷戦と世界経済　〔一九五〇年代〜一九六〇年代〕
(3)世界秩序の変容と日本　〔石油危機以降〕

全体の時代区分として目をひくのは、「明治維新」の存在感が大きいのと、一九四五年を歴史の転換点とすることに対する拒絶である。後者に関してはこれまで、日本史はもちろん世界史の教科書も、第二次世界大戦の終了・国際連合の発足・冷戦の始まりに注目して、一九四五年で章を分けるのが普通だった。単元Dで冷戦体制の時代と、冷戦終了後のグローバル化の時代とをまとめて「グローバル化」と概念化するのも、きわめて特異な理解だろう。ただこの点はあまりにも奇妙なので、CとDとの時代区分が教科書で踏襲されることはないと予測される。

しかし、問題なのは前者、「明治維新」が登場する単元Bの(3)節である。「明治維新」を王政復古による新政府の発足のことと捉えるか、より広く、徳川末期の政治運動から近代国家としての制度的確立までの過程と考えるかについては、さまざまに議論がある。だがいずれにせよ、せいぜい二十年ほどに過ぎない一国内の事件が、ここだけ節の題目に挙がっているのは、あまりにも「明治維新」偏重ではないだろうか。Bの(3)が扱う時期に、西洋諸国においてデモクラシーの発展が見られ、日本でも憲法制定と国会開設が実現したことを考えるならば、(3)の題目は「立憲体制と国民国家」――指導要領案の説明文にはこの表現が見える――とすべきではなかったか。

Bの(3)節の「内容の取扱い」にさ

いして配慮すべき事項を述べた箇所には、「人々の政治的な発言権が拡大し近代民主主義社会の基礎が成立したこと」とある。この指導要領案の歴史観では、世界史的に「近代民主主義」は、十九世紀後半になって「国民国家」の確立の上に成立したことになっており、「18世紀後半以降の欧米の市民革命」も、Bの(3)との関連でとりあげるように指定されている。明治時代に西洋の立憲主義を受容した日本についてはともかく、世界史に関する理解としては、大きな欠陥を含んではいないだろうか。

こうした「国民国家」と「民主主義」との関係づけにもほの見えているのだが、この指導要領案を貫いている歴史の見かたは、徹底した経済中心史観である。たとえば単元Bの(2)の内容で最初に挙げられているのは「18世紀のアジアや日本における生産と流通」であって、欧米における市民社会の確立やアメリカ・フランスの革命ではない。第二次世界大戦の原因として「経済危機」を重視することや、冷戦とグローバル化とを一緒にしてしまうところにも、経済にしか関心がないような気配がある。

この指導要領案の作成にあたって影響力をもったと思われる、中央教育審議会の教育課程部会「高等学校の地歴・公民科科目の在り方に関する特別チーム」の第三回会合(二〇一六年二月十六日)の配布資料には「基軸となる問いに着目した「歴史総合(仮称)」の構成イメージ(たたき台案)」というカラーの図があり、文部科学省のウェブサイトで公開されている。(1)

この図は、「歴史の転換」を理解するための「基軸となる問い」を、分野別に並べて示したものである。そして同時に「歴史への転換の関わりの深さ」を着色の濃淡で示しているのだが、「経済に関する諸問題」がもっとも関わりが深いとされ、政治、国際社会、社会・文化と進むに従って、浅いものと位置づけられている。近代政治原理や市民社会の確立に関する事項が軽視もしくは無視されてしまうのも、この図からすれば当然であった。

もちろん、資本主義の発展や経済のグローバル化が、歴史の動きに大きな影響を与えるのはたしかであろう。だが指導要領案の書きぶりは、もし「国民国家」や「大衆化」も経済的要因を重視して理解するならば、人間生活のほかの諸要素をすべて経済に従属したものと考える、完璧な経済決定史観になってしまう。なぜか明治維新が大好きな唯物史観の持ち主。そんなキャラクターが、文書の背後から浮かびあがってくるような気もする。

「内容の取扱い」について配慮すべき

事項のうちには、「客観的かつ公正な資料に基づいて」という一節がある。だがこれは、言葉がぎこちないだけで、実際には「より信頼できる資料に基づいて」というニュアンスを示しているのだと思いたい。歴史のまっとうな学習においては、ある資料の内容が「客観的」か否かについての見解が、常にさまざまな批判にさらされるはずである。複数の情報源のなかから、より信頼できるものを吟味し選びだす作業が、歴史を通じてのメディア・リテラシーの教育という性格ももつだろう。

この「歴史総合」指導要領案の全体においては、過去の歴史についての知識を身につけるだけではなく、「多面的・多角的な考察」や「よりよい社会の実現を視野に課題を主体的に追究、解決しようとする態度を養う」ことが、目標として強調されている。そうであるならば、一つの事件について異なる内容を示す複数の資料を生徒に見せ、どちらがより信頼性が高いと判断できるか、その根拠は何か、といった議論を教室で展開することも重要になるはずである。選択課目の「日本史」「世界史」よりも内容が絞られているから、そうした余裕もできるだろう。

歴史を動かすものはひたすら経済であって、政治の活動や思想・文化が及ぼす影響力はそれよりもずっと低いと宣言するかのような、この指導要領案の構成には大きな疑問を抱かざるをえない。しかし、これを極論に近い「一つの歴史観」として紹介し、その妥当性をめぐって高校生に議論させるための素材にすることも可能だろう。そう考えるなら、大胆な授業運営のためのプランとして、それなりの意味をもっているのかもしれない。

[注]（1）http://www.mext.go.jp/b_menu/shingi/chukyo/chukyo3/062/siryo/__icsFiles/afieldfile/2016/03/09/1367885_6.pdf

時評

学術言語としての日本語

待鳥聡史
（京都大学大学院法学研究科教授）

出版事情厳しき折にお引き受けいただきありがたい、というのは、学術書における担当編集者や出版社への謝辞の定番的な表現である。この表現はかなり古くからあり、厳しくない時代が直近だといつにあったのか、そもそもそんな時代はなかったのではないかという疑問は禁じ得ない。しかし、学術書を出しても売れず、出版助成を得ない限りは製作費用も回収できない状況が、改善されるどころか悪化傾向にあることは確かなのであろう。

背景にはさまざまな要因が存在するようだが、大きく分けると二つの問題に帰着するように思われる。

第一には、本を読む人や支払う金額が減っていることである。少子高齢化を伴った人口減少と、電子媒体の急激な発展や普及の挟み撃ちに遭って、印刷された本が流通する日本語の出版市場は縮小している。出版科学研究所のデータによれば、ピーク時の一九九六年に一兆一〇〇〇億円ほどあった書籍の推定販売額は、二〇一七年には七一五二億円になったという（同研究所の二〇一八年一月二五日発表。時事通信電子版記事による）。電子書籍の市場拡大は紙書籍の市場縮小に及ばず、雑誌の凋落が出版社をさらに苦しめている。

学術書の場合、このような金額に表れる一般書とは定価設定や売れ方が全く異なっており、書籍の市場縮小から直接的に打撃を受けているとはいえないかもしれない。しかし、岩波書店、講談社、中央公論新社など、一般書を

Satoshi Machidori
1971年生まれ。京都大学大学院法学研究科博士課程退学。博士（法学）。大阪大学大学院法学研究科助教授、京都大学大学院法学研究科助教授を経て、現職。専門は比較政治・アメリカ政治。著書に『財政再建と民主主義』（有斐閣）、『首相政治の制度分析』（千倉書房、サントリー学芸賞）など。

扱う出版社から学術書が刊行されることも少なくない日本の出版事情を考えると、間接的な影響はやはり無視できない。

第二の、そして本稿でとくに考えてみたい要因としては、日本語での学術書が占める地位が変わってきていることである。もともと、書籍という形態で研究業績を公表する傾向は、人文社会系において強く、自然科学系において乏しかった。本になるような大きな研究成果が、いきなり書き下ろされることは珍しい。論文としていくつかの部分や原型が公表され、それに対する評価などを踏まえて書籍へとまとめていくのが通例である。原型となる論文を、自然科学系では英語で書くのに対して、人文社会系では日本語で書くことが多かったために、そのまま日本語の学術書にするという流れがあったのだと考えられる。

ところが現在、人文社会系におけるこのような流れは急激に変化している。大きな理由は、日本の学術の国際化という掛け声の下、研究業績を英語で公表すべきであるという主張が強まっていることである。関連して、英語で先鋭的な研究成果をどれだけ公表できるかが研究者の評価を決めるのであって、総説的な要素をそれに付け加えた日本語書籍を出版する意義は乏しいという意見も力を得ている。もちろん、日本語の学術書が無駄だという強い議論は稀だが、時間や労力に限界を抱える個々の研究者が、それを割いて取り組むべきこととしての優先順位は残念ながら低く抑えざるを得ない、という雰囲気は確実に強まっているように思われる（この問題を扱った注目すべき見解として、曽我謙悟「『現代日本の官僚制』のあとがきのあとがき」『ＵＰ』第五三五号、二〇一七年）。

このような変化の程度は、人文社会系内部においても「まだら」であって、分野ごとに相当の違いがある。たとえば、経済学は自然科学系に近く、論文を英語で書くことが研究者（とくに若手）の圧倒的な関心事である。政治学はテーマや研究者の世代によってバラつきが大きいが、現代政治分析に取り組む若手は経済学と似た発想が強い。社会学も内部にバラつきが見られるようだ。法学や歴史学は、とくに日本を対象にしている場合には、まずもって日本語で論文を書き、決定版的な日本語の著書をまとめることを目標にする研究者が多いのではないだろうか。

だが、近年の科学技術政策の展開は、このような分野ごとの違いを認めてくれるほど丁寧なものではなく、自然科学系と似た評価基準への収斂傾向は今後とも強まる一方であろう。遠くない将来に、人文社会系でも日本語での研究論文が少なくなり、それを出発点とする学術書の減少も生じる可能性が高い。

出版事情が厳しく、学術書に対する研究者の位置づけも変わってきているならば、日本語の学術書はもはやあまり必要ではない、少なくとも徐々に衰退させても構わない、という結論が最も合理的であるように思われる。

しかし、一見したところ妥当なこの答えは、日本社会にとって深刻な打撃を与えるかもしれない。

ここまで述べてきたような理由で日本語での学術書が出版されなくなると、人文社会系における学術言語としての日本語の地位を低下させる恐れが強い。大学の学部学生に向けたテキストなどは、高校段階との接続教育や初学者への入門クラス用には日本語が残るかもしれない。だが、全体的には現在よりも大幅に出版点数が減り、とくに中程度の難しさのテキストは打撃を受けるだろう。そこに盛り込まれた先端的な内容に、当該分野の魅力を感じる熱心な学生は意外に多いが、その道筋は狭まる。

それと並行して、新書などの形式で専門外の読者に体系的な学識を伝える試みも、次第に弱まっていくと考えられる。新書は現在では多様なタイプの著作を含んでおり、雑誌に近い内容をパッケージのみ新書にしているような例もないわけではない。だが、もともとは比較的大きなテーマ、専門外の人が関心を抱くテーマについて、専門的学識に立脚した体系的知見を与えるための媒体である。

そのような著作を成り立たせるには、書き手は自分の狭義の専門分野だけではなく、その両隣、あるいはさらに遠い分野まで十分に目配りせねばならない。その際に、日本語で書かれた学術書の知見は、書き手にとって信頼できる導きの糸となる。仮に日本語の学術書がないとすれば、十分なサポートを得ないままに不案内な分野について書くか、あるいは広がりのあるテーマについて書くことを諦めるかの選択を迫られる。これが質の低下につながることは明らかであろう。

もちろん、問題は新書というパッケージだけに起きるのではない。オンラインの解説記事や、あるいは本誌のような雑誌に掲載される一般読者を視野に入れた論文などでも、似たようなことが起きる。専門家が専門家以外の人に伝わるように書くために必要な作業は、いずれも共通しているからである。

そして、このような「専門家向け」と「一般向け」の両方の要素を持つ成果、あるいは両者をつなぐ成果こそが、日本の知的空間を維持してきたことは間違いない。日本社会においても、古典的著作の読書を基盤とする教養は既に死に絶え、一億総中流意識も過去の存在になりつつある。だが、現在起こっている事柄に対する認識や理解の基底部分を作りだしてきた共有知識が辛うじて残っているとすれば、それはこのような著作に支えられているのではないだろうか。

現在の先進諸国で目につくのは、存在しない根拠、あるいは極めて薄弱な根拠に基づいて繰り広げられる政治的対立である。そこには様々な背景的事情があるのは確かだが、少なくとも一因として、専門家向けの学術的成果が一般の人々に共有されづらくなっている知的状況があることは否定できない。トランプ大統領の虚言や暴言を非難し、それを信じてしまう支持者を嘲笑することは簡単である。だがそれは、専門家向けにひたすら純化することで最も先鋭的な発展を遂げてきたアメリカ社会科学の敗北であり、自らの学術的成果を専門外の人々に届ける努力を怠ってきた専門家に浴びせられた冷や水であることを無視すべきではない。

人文社会系の諸学、とりわけ政治学や経済学などの社会科学は、単に社会現象を対象とする科学であるというだけではない。科学の一分野であると同時に、社会との接点を持つがゆえに「社会科学」なのだ、という意識は、やはり必要だと思われる。学術言語としての日本語、より単純には日本語での研究成果公表をどう処遇するかは、科学の世界における自然淘汰に委ねておけば良い、という問題ではないのである。

修正主義は修正できるか？

冷戦期の文化外交研究における近年の動向

池上裕子（神戸大学国際文化学研究科准教授）

Hiroko Ikegami
1973年生まれ。イェール大学大学院美術史学科博士課程修了。Ph.D.（美術史学）。専門は第二次世界大戦後の美術とグローバル・モダニズム。著書に『越境と覇権 ——ロバート・ラウシェンバーグと戦後アメリカ美術の世界的台頭』（三元社、サントリー学芸賞）、“*International Pop*”（共著、Walker Art Center）、“*Jasper Johns: Something Resembling Truth*”（共著、Royal Academy of Arts）など。

二〇一七年一一月、私はデンマークのルイジアナ美術館で開催された「マルチプル・モダニズムズ——戦後美術におけるグローバリズム」という国際シンポジウムに参加した。二日間にわたって質の高い調査研究が多く発表され、充実したシンポジウムだったが、その中で特に印象的な場面が二つあった[1]。

一つはアムステルダムのステーデリク美術館のキュレーター、マーシャ・チュレノヴァによる基調報告だ。ロシア・アヴァンギャルドを専門とする彼女は、ニューヨーク近代美術館（以下MoMA）の初代館長アルフレッド・バーJr.とモスクワ美術界の交流について発表した。バーが冷戦期

Asteion Review

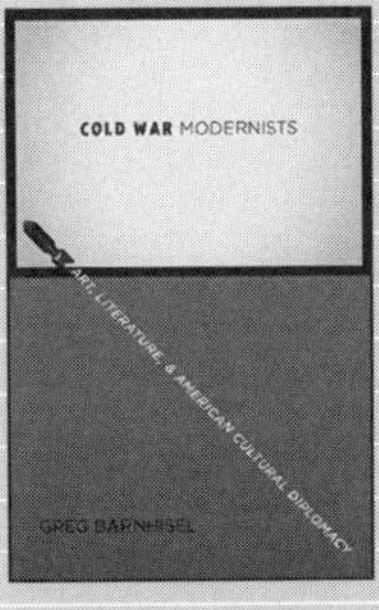

グレッグ・バーンハイゼル
『冷戦モダニスト——美術、文学とアメリカの文化外交』
Cold War Modernists: Art, Literature, and American Cultural Diplomacy by Greg Barnhisel
(Columbia University Press, 2015)

のモスクワにもたらした西洋のモダンアートの情報や、当時アンダーグラウンドで抽象を描いていた画家などについて論じた刺激的な発表だった。だが質疑応答の際、聴衆から「結局はバーも文化冷戦のイデオロギーに加担していたのではないか」という趣旨の発言が出たのをきっかけに、質問者も報告者も少し感情的になる場面があり、私は冷戦期の文化外交というテーマがいまだに人を熱くさせることに、妙に感心してしまった。

もう一つは、翌日の私自身の基調報告である。私はロバート・ラウシェンバーグが一九八〇年代に共産国家や独裁国家などで行った美術交流プロジェクトについて発表したのだが、やはり質疑応答で中央情報局(以下ＣＩＡ)の関与について聞かれた。私の知る限りそうした事実はなく、一九五〇年代とは違って、冷戦末期には政府が直接介入する文化外交の必要性も薄れていたのでは、と答えた。だがその後、別の質問者が「日本から派遣されて国際シンポジウムで発表しているあなたもまた、文化外交のエージェントと言えるのではないか」という趣旨の発言をしたのだ。これには唖然としたが(私はルイジアナ美術館から招待されたのであり、日本から派遣されたわけではない)、「国立大学に勤めているからといって、日本政府を代弁するわけではありません」と答えた。他の聴衆にたしなめられて彼女は質問自体を撤回したが、このやり取りで会場がざわつき、一時収拾がつかなくなった。結局、私自身も熱くなってしまったのだ。

さて、本書は頭を冷やすにはもってこいの一冊かもしれない。著者グレッグ・バーンハイゼルは、「文化外交＝プロパガンダ」という事実を否定はしないものの、その単純な図式を退け、より複眼的な理解を提唱するからである。彼は一九五〇年代にアメリカで展開したモダニズム芸術と文化外交の関わりを「冷戦モダニズム(Cold War modernism)」と名付ける。それは冷戦期にアメリカで生み出されたモダニズム芸術そのものを指すのではない。冷戦期にモダニズム芸術をアメリカ的な「表現の自由」の例証として海外へ発信するべく、様々な手法で繰り広げられた戦略やレトリックを指す。したがって、本書のタイトルとなっている「冷戦モダニストたち(Cold War modernists)」とは、アーティストや文学者ではなく、彼らの作品をアメリカ国外に向けて送り出した政府や民間機関の関係者を指すのである。

用語の目新しさを除けば、これ自体は取り立てて新鮮な議論ではない。ＣＩＡやアメリカ文化情報局(以下ＵＳＩ

A）による文化外交とモダンアートの関わりについては、一九七〇年代から多くの論者が社会政治的な観点から批判的に論じてきたからだ(2)。従来のフォーマリズム的なモダニズム史観を「修正する」という意味で「修正主義」と呼ばれるこれらの研究によって、冷戦期にMoMAやUSIAがアメリカ美術の展覧会を海外巡回させていたことや、アメリカを代表するモダニズム批評家、クレメント・グリーンバーグも寄稿していた雑誌『パルティザン・レビュー』が間接的にCIAから資金提供を受けていたことが分かっている。また、CIAが「文化自由会議」（Congress for Cultural Freedom、以下CCF）に秘密裏に資金提供していたことが一九六六年に暴露されて以来、CIAの文化冷戦に関する関与は広く知られている。CCFはパリを拠点とした反共文化団体で、ヨーロッパだけでなくアジアやアフリカなど、世界各国で芸術関係の催しを企画するとともに、雑誌の出版などを通じてアメリカ文学や芸術を国外に紹介していた。運営資金は民間財団から得ているとされていたが、実はCIAがそうした財団を通して資金提供していたことを『ニューヨーク・タイムズ』が一九六六年に報道し、翌年に元CIAの担当者がその事実を認めたことで、大きなスキャンダルとなった。この事件は、冷戦期のアメリカ文化外交に関する否定的なイメージを形成するのに大きく影響したと思われる。

だがバーンハイゼルが多くの修正主義者たちと違うのは、彼の目的が政府や民間の機関による芸術の政治利用を批判することにはない点だ。彼は「政府」といっても、そこには極めて多種多様な、時には利害が対立する組織が存在すること、そして官民を問わず、アメリカのモダニズム芸術を海外に向けて発信する試みは常にその組織の内外において難しい交渉を伴うプロセスだったと述べる。彼はともすれば全ての文化外交を「国家主義的な文化プロパガンダ」と一括りにしてしまう修正主義の偏りを批判し、非常に多くのアーカイヴで一次資料を渉猟することによって、「冷戦モダニズム」のプロジェクトには妥協や挫折がつきもので、概してしばしば首尾一貫性にも欠けていたことを明らかにする。

以上が本書の第一のテーゼだとすると、本書には刺激的な論点がもう一つある。それは、困難な交渉を伴いつつもアメリカにおける「表現の自由」や「個人主義」の例証として海外に発信される過程で、モダニズム芸術につきものの難解さや近寄りがたさ、そしてそれ以上に政府関係者に懸念されていた社会主義思想との繋がりが骨抜きにされ、限られた文化エリート層以外にも受容されやすくなったという主張だ。その結果、モダニズムは「大義」から「スタイル」へと変容し、一九五〇年代にアメリカの中産階級が安心して消費できるものへと社会的位置づけが変わっていった、というのがバーンハイゼルの説である。[3] この第二のテーゼに対する私の評価は後述する。

もともとバーンハイゼルは英米文学の研究者で、本書が扱う五つの事例研究の対象も、一つが美術、三つが文学、残る一つがUSIAのラジオ番組「アメリカの声(Voice of America)」となっている。従来は美術や舞台芸術に関する論考が多かった文化外交研究により多くの事例を導入し、バランス良く比較考察した点は評価されるべきだろう。内容をかいつまんで紹介すると、著者は第一章でアメリカ文化外交において標榜された「自由」や「個人主義」の概念について論じた後、第二章では政府機関が企画したアメリカ美術の海外展について検証する。一九四七年に「Advancing American Art」という国際巡回展が保守的な市民や政治家たちの抗議によってキャンセルになった後(トルーマン大統領が国吉康雄の《休憩するサーカスの女》(一九二四年)について、「これがアートなら俺はホッテントットだ」と言ったのは有名な話である)、文化外交に積極的だったアイゼンハワー大統領のもとで設置されたUSIAが一九五〇年代に企画した海外展にはモダンアートも組み込まれるようになっていった経緯を追う。[4]

次の三章は文学に割かれており、文学研究者であるバーンハイゼルの力量が発揮された、最も読み応えのある箇所である。第三章ではアメリカ文学を翻訳して海外に送るUSIAの「情報メディア保証(Informational Media Guaranty)」プログラムについて論じ、そこではアメリカを分かりやすく描いている小説が優先的に選ばれたため、モダニズムの詩や実験的な作品は対象になりにくかったことを明らかにする。第四章では逆に、CCFがイギリスで出版し、モダニズム文学を多く紹介していた『Encounters』という雑誌を主題とする。バーンハイゼルはここでも、この雑誌の編集者たちは基本的に文学におけるモダニズムはすでに終わっており、それ以上の革新は現代文学には望めないと考えていたこと、また一九六六年にCIAによるCCFへの秘密裏の資金提供が暴露された後(ごく一部の関係者を除いて、編集者や寄稿者もこの事実を知らなかったとされる)、雑誌としての権威が失墜したことを紹介する。第五章では、フォード財団の助成を受けてアメリカ現代文学をより積極的に紹介しようとした雑誌『Perspectives USA』(一九五二年から五六年にかけて英語版、仏語版、独語版、伊語版が出版された）が、政治的なトピックを扱おうとしなかったために財団からの支援を打ち切られ、わずか四年で廃刊になったことを論じる。終章の第六章では、美術や文学とは桁違いのオーディエンスを持っていたラジオ番組「アメリカの声」が、モダニズム美術や文学を紹介した際のレトリックを分析する。

こうした一連のケーススタディを通して、それぞれのジャンルでアメリカのモダニズムを国外に向けて喧伝するのは容易ではなかったこと、文化外交プロジェクトの中でも政治利用を重んじる立場と文化の独立性を重んじる立場の間で常に摩擦があったことなどが浮き彫りになっていく。一九五〇年代においては、アメリカ文化外交の主な「戦場」はソヴィエト共産主義の影響力拡大が懸念された西ヨーロッパだったが[5]、バーンハイゼルは一九五九年にモスクワで開かれたアメリカ展なども論じることで、ソ連におけるアメリカ文化受容も紹介している。また、それに関連してソ連による文化外交や東側諸国へ向けた出版プログラムなどを比較例として論じているのも、冷戦期の文化外交研究者には興味深いところであろう。本書の第一の目的は、こうした検証を通して非常にバランス良く達成されていると感じる。

ただ、こうした「修正主義を修正する」とも呼ぶべきアプローチを採ったのは、実はバーンハイゼルが初めてではないことは指摘しておかなければならない。美術史の分野では、一九九〇年代の後半から、モダニズム美術を文化冷戦の武器として捉える見方の限界を指摘する論考が複数発表されているからだ[6]。アルフレッド・バーJr.やクレメント・グリーンバーグにしても、政府や民間の文化外交機関と直接・間接の関わりがあったにしても、しばしばそうした機関の政策とは異なる見解を表明しており、単純に「文化冷戦の闘士」とは呼べないことは、すでに明らかにされている。だが、本書ではそうした研究は参照されておらず、これだけ一次資料を丁寧に検証しているバーンハイゼルが、修正主義以降のモダンアート研究をフォローしていなかったのは不思議である。

また、第二のテーゼに関しては、指摘としては非常に刺激的であるものの、本書では十分に検証されているとは言えない。そもそも、基本的には「海外」に向けて発信された文化冷戦のレトリックが、どのようにアメリカ「国内」のモダニズム受容に影響したのか？　この当然とも言える疑問については、本書では語られていないからだ。たしかに、一九五〇年代から六〇年代にかけて、モダニズム芸術の難解さに対する一般の忌避感が緩和され、ポップやミニマリズムの台頭なども手伝って中産階級にも消費可能なものへと変容していったという議論は、大枠ではその通りだろう。だがトマス・クロウが『庶民文化におけるモダンアート』(一九九五年)で論じたように、そもそも先鋭的な芸術表現と大衆文化はお互いを利用し合う相互補完的な関係にある。[7] 文化冷戦がなくても、ポロックのドリッピング絵画は『ヴォーグ』でファッションモデルの背景に使用されただろうし、当時流行したドレスのパターンとしても採用されたに違いない。

視覚芸術に限って論じたとしても、モダニズムの大衆化という現象は、MoMAがモダンアートの認知を広めるために採用した広報の手法や、モダンアートの市場拡大とそれに伴う商業化など、それだけで本が何冊も書けるような大きいテーマである。また、美術に関しては大衆化の結果は視覚的に見えやすいが、モダニズム文学においてはどうだったのか。「冷戦モダニズム」のレトリックによって実験的なモダニズム文学はどのように変容し、中産階級に受け入れられるようになったのだろうか。文学研究者である著者には、この点についても是非論じてほしかった。「大義からスタイルへ」という野心的なテーゼを掲げるのであれば(このキーワードも建築に関する先行研究から借用されているのではあるが)[8]、バーンハイゼルがより丁寧に検証すべきだったのは、「モダニズム芸術の大衆化」と「冷戦モダニズム」という現象が手を取り合うように同時期に進行した(あるいはしなかった)、その実情だったのではないだろうか。

こうした問題点はあるものの、本書が綿密な一次調査に基づいた、一読する価値のある著作であることには疑いない。もし次に「あなたも文化外交のエージェントなのでは」という質問を受けるようなことがあれば、本書を読むことを薦めたいと思う。だが侮れないのは、修正主義が持つ一般への訴求力の強さである。「冷戦期にアメリカのモダニズム芸術が世界で覇権的な地位を得た背景には、アメリカが官民一体となってしかけた文化帝国主義のプロパガンダがあった」という筋書きは、専門家ではないが芸術に興味がある人に非常に分かりやすい。大筋ではその筋書きは間違ってはいないのだから、なおさらである。そして、一度植え付けられたイメージは容易には払拭されない。上記の質問者も研究者ではなくジャーナリストだったが、そうした立場の人がメディアでこの筋書きを繰り返すとすれば、修正主義が作り出したイメージは今後も流通し続けることになるだろう。[9]「修正主義を修正する」のは、ことほどさように困難なのである。

[注]（1）シンポジウムの記録映像は、ルイジアナ美術館のウェブサイトで視聴できる。だが、この小論で紹介する質疑応答の様子は公開されていない。http://research.louisiana.dk/conferences/multiple-modernisms#.Wnu0cJPOXq3

（2）著書として刊行されているものでは、セルジュ・ギルボーの*How New York Stole the Idea of Modern Art*（一九八三年）や、フランシス＝ストーナー・サンダースの*The Cultural Cold War: The CIA and the World of Arts and Letters*（二〇〇〇年）が代表的な例として挙げられる。

（3）Greg Barnhisel, *Cold War Modernists: Art, Literature, and American Cultural Diplomacy* (Columbia University Press, 2015), pp. 2-4.

（4）だが、USIAが独自に企画した展覧会では、抽象表現主義などのモダニズム絵画だけを見せるということはなかった。例えばバーンハイゼルが具体例として論じる一九五八年の「Twentieth Century Highlights of American Painting」展にはジャクソン・ポロックやアーシル・ゴーキーの他、トマス・イーキンズやエドワード・ホッパーなども入るなど、包括的なセレクションが意識されている（このハイライト展は、世界各国にあるUSIAの支部で展示するべく、オリジナルの絵画ではなく、カラー図版で構成されていた）。USIAが国際巡回させた一九五九年の「Modern American Painting, 1930-1958」展や一九六一年の「American Vanguard Painting」展など、モダンアートに重点を置いた展覧会では、外部の美術館キュレーターにセレクションを任せている。

（5）同時期に共産主義勢力の拡大が懸念された東アジアについては、本書では考察対象とされていない。

（6）ラウシェンバーグと戦後アメリカ美術の台頭に関する二〇一〇年の拙著でも、「ポスト修正主義」という言葉でそうした論考の概括をしている。Hiroko Ikegami, *The Great Migrator: Robert Rauschenberg and the Global Rise of American Art* (MIT Press, 2010). 日本語版は『越境と覇権——ロバート・ラウシェンバーグと戦後アメリカ美術の世界的台頭』（三元社、二〇一五年）。

（7）Thomas Crow, *Modern Art in the Common Culture* (Yale University Press, 1995).

（8）Nathan Glazer, *From a Cause to a Style: Modernist Architecture's Encounter with the American City* (Princeton University Press, 2007).

（9）実際、*The Cultural Cold War: The CIA and the World of Arts and Letters*（二〇〇〇年）の著者フランシス＝ストーナー・サンダースや、最近では二〇一七年に*The Finks: How the CIA Tricked the World's Best Writers*を出版したジョエル・ホイットニーにはジャーナリストとしての活動歴がある。これまで知られていなかった事実を明るみに出す彼らの手腕や、権力を監視するジャーナリストとしての矜持は評価できるが、こうした「暴露本」には市場で確実に部数を売り上げるためにセンセーショナルなタイトルがつけられることが多く、一面的な論調を帯びやすいことも、修正主義のイメージが一般に広まり続ける原因となっているのではないだろうか。

世界の思潮

Correspondence on current thought

思想家フィヒテ

熊谷英人
（明治学院大学法学部准教授）

ドイツの哲学者フィヒテは、日本でも有数の「有名な」思想家である。嘘をつくな、と言われてしまうかもしれない。だが、これは研究者の身贔屓ではない。実際に高校世界史・倫理のほとんどの教科書において、フィヒテの名は紹介されているようである（『世界史用語集』『倫理用語集』山川出版社）。ちなみにフィヒテの教科書登場頻度は、プラトン、アリストテレス、マキアヴェッリ、ルソー、カント、ヘーゲルといった思想史の「スーパースター」たちには一歩およばないが、キケロ、ボダン、モンテーニュ、シエイエス、バーク、ミル、トクヴィルなどと比べて同等以上の頻度を誇る。また、代表作『ドイツ国民に告ぐ』は明

Asteion Review

デヴィッド・ジェームズ／ギュンター・ツェラー編
『フィヒテ（ケンブリッジ入門叢書）』
The Cambridge Companion to Fichte
Edited by David James, Günter Zöller (Cambridge University Press, 2016)

Hideto Kumagai
1984年東京都生まれ。2013年、東京大学大学院法学政治学研究科博士課程修了（総合法政専攻）。博士（法学）。日本学術振興会特別研究員、明治学院大学法学部政治学科専任講師を経て、現職。専門は政治学史。主な著書に『フランス革命という鏡――十九世紀ドイツ歴史主義の時代』（サントリー学芸賞、白水社）

治以来、十回以上も翻訳されてきた。すくなくとも、近代の日本人は、フィヒテのうちになにがしかの魅力を感じとってきたと云って差し支えなかろう。

フィヒテとはそもそも、何者なのか。J・G・フィヒテ(一七六二〜一八一四)は、十八・十九世紀転換期のドイツで活躍した哲学者である。同時代のカントやヘーゲルとおなじく、いわゆる「ドイツ観念論」学派の高峰のひとつに数えられる。ザクセン地方の貧しい職人の家に生まれた。青年期にフランス革命の報に接し、その理念に共感したフィヒテは、イェナ大学教授への着任後、「絶対的自我」から出発して人間のあらゆる知的領域を包括する独自の哲学体系「知識学」Wissenschaftslehreの彫琢に邁進することとなる。カント批判哲学の後継者として、フィヒテはまたたくまに論壇の寵児となった。その後、フィヒテは無神論論争によってイェナを追われ、プロイセンに身を寄せることとなる。そして、ナポレオン軍がドイツ全土を席巻するや、かれは憂国の志士となった。しぶとく抵抗をつづけるプロイセン軍とともに転戦し、降伏後は『ドイツ国民に告ぐ』(一八〇八年)によって、ドイツ国民の国民的再生を熱烈に訴えた。のちに新設のベルリン大学教授にむかえられ、ほどなくして勃発した反ナポレオン戦争が最終局面にさしかかったとき、戦争終結をみることなく没した。

一九六〇年代に開始した批判版全集の完結にともない、近年、フィヒテ研究が盛りあがりつつある。研究の本場ドイツは無論のこと、近年ではフランス、イタリア、さらには批判版全集が邦訳された日本でも堅実な研究書の刊行が相次いでいる。二〇一六年には英語による最新の入門書(D. James, G. Zöller ed., *The Cambridge Companion to Fichte*)も刊行され、今後はヨーロッパ大陸から英米圏へと研究が拡大してゆくことが予想される。こうした現況を踏まえたうえで、以下ではフィヒテ研究の動向にすこし目をむけてみたい。

フィヒテは生前も死後も、毀誉褒貶が絶えない思想家である。フィヒテ思想の受容史は、そのまま近代ドイツ精神史に重なるといっても過言ではない。紙幅の関係上、十九世紀から二十一世紀までの長大な解釈史をふりかえることはできないため、ここでは無数にあるフィヒテ解釈を類型化してみよう。フィヒテ解釈は大きく、①哲学的解釈、②政治的解釈、③ナショナリズム解釈の三つに分類することができる。

まず最初の哲学的解釈は、伝統的な哲学史研究におけるフィヒテ像といってよい。そこでフィヒテは、カント哲学の継承者兼発展者、すなわち知識学の思想家として位置づけられる。主観と客観の分離から出発したカントと異なり、フィヒテはあらゆる「知」Wissenの根源に「自我」Ichを置く。この「自我」は個々人それぞれの自我（個我）ではなく、主客未分離の「絶対的自我」absolutes Ich――「純粋自我」ともいう――である。フィヒテによれば、この絶対自我に経験的規定（「非我」Nicht-Ich）が混入することで、それぞれの個我に分裂してゆくとされる。このように一旦分裂して形成された個我は、理性的存在者に共通の道徳律にもとづいた道徳的行動によって、絶対的自我に還帰することとなる。フィヒテの知識学の精髄は、この絶対的自我から個我への分裂、さらには道徳的行動を介した個我から絶対的自我への還帰の過程を論理的に解明することにある。後期になると、絶対的自我のかわりに「絶対者」das Absoluteが体系の中心を占めるようになるが、基本的な構造は変わっていない。

　ところが、体系書を完成させたカントやヘーゲルと異なり、フィヒテには基礎となる体系書が存在しない。初期から晩年にいたるまで、フィヒテは幾度も知識学の体系を練り直し、そのつど論文や講義をつうじて表現しようとした。だが、フィヒテは知識学の完成形態を提示することなく没した。ここから哲学史家による知識学の形成過程をめぐる精緻な解釈学的研究が登場することとなった。そこではフィヒテはなによりも知識学の思想家であり、かれの政治的思惟は一顧だにされることがない。哲学史家による研究の多くは、フィヒテの秩序構想については関心をもたないのである。

　第二の政治的解釈は、フィヒテの秩序構想を特定の政治体制との関連で評価する類の研究である。その典型が、社会主義解釈と民主主義解釈といってよい。前者に関していうと、十九世紀ドイツの社会主義思想家や旧東ドイツの研究者たちは、フィヒテを社会主義の祖として解釈してきた。典拠とされた作品は、『閉鎖商業国家論』（一八〇〇年）であった。そこでは独特の計画経済論が展開されていたからである。具体的には、生産者・製造者・商人層から成る「労働身分」、生産・加工・流通の徹底的な国家統制、国家による農地分配、生業選択の届出制、外国貿易の原則禁止、計画外の物価変動を排除するための「世界貨幣」の遮断、および国内貨幣の導入、自国に滞在する外国人の監視、経済的自足圏（「自然国境」）の設定など、当時としては急進的なヴィジョンというほかない。社会主義解釈はこうした側面を強調し、フィヒテを十九世紀フランスの「空想的社会主義」、さらにはマルクスの「科学的社会主義」を準備した思想家と評価するのである。

これに対して、民主主義解釈は主に第二次世界大戦後に登場することとなった。冷戦終結にともない社会主義解釈が退潮した現在、英米圏やフランスでとくに普及しつつある解釈である。この解釈にしたがえば、フィヒテの政治思想は本質的に「民主主義」あるいは「共和主義」に属しており、現代の自由民主体制の護教的理論家ということになる。とくに着目されるのが、初期作品『フランス革命論』(一七九三年)である。そこでフィヒテは国家に最小限度の秩序維持機能のみを認め、国家への加入・脱退は完全に個人の自由意志の問題であるとした。初期フィヒテの自然法論によると、国家権力に抑圧を感じた場合は即座に国家から脱退することが可能なのであり、フランス革命はその具体例とされる。民主主義解釈によると、フィヒテの政治思想の核心はこうした自然法論にこそ読み込むべきであり、『ドイツ国民に告ぐ』に代表されるナショナリズム的議論はすべて「逸脱」として切り捨てられる。

第三の、そして最大の影響力をもつのが、ナショナリズム的解釈である。この解釈は、主に『ドイツ国民に告ぐ』を典拠として、フィヒテのうちにナショナリズムの哲学をみようとする。実際に『ドイツ国民に告ぐ』のフィヒテは、ナポレオン支配のもとで分裂し弱体化したドイツ諸邦を痛烈に批判し、「ドイツ国民」という「全体性」への覚醒と国民的再生を熱烈に訴えた。

こうした点を強調し、フィヒテを「救国の哲学者」とみる議論は枚挙にいとまがない。十九世紀前半のブルシェンシャフト運動、トライチュケに代表される十九世紀後半のドイツ帝国建国期の統一派知識人、第一次世界大戦期の愛国派、そして、ナチズムの御用知識人たち。政治的立場は異なれども、フィヒテのうちに「ドイツ的なるもの」の象徴をみる点は共通している。「ドイツ的なるもの」が危機に晒されるたびに、憂国の士としてのフィヒテは召喚されたのである。

だが、こうした傾向に対しては鋭い反論も提起されてきた。たしかにフィヒテは「国民」Nation/Volkの重要性を訴えた。しかし、その内実は、俗悪な人種主義や「血と大地」にもとづくショーヴィニズムとはまったく異なるのではないか。むしろ、フィヒテの「国民」概念の中核をなすのは言語である。フィヒテによれば、活力ある言語によってのみ、通常の感性的認識が道徳的秩序をめぐる超感性的認識へと媒介されうるのだという。つまり、人類規模の道徳的共同体建設という究極目標の手段としてのみ、「国民」は価値を有する。いいかえるならば、「国民」は自己目的たりえないのである。実際に対話篇『愛国主義とその反対』（一八〇七年）は、「世界市民主義」Kosmopolitismusへとひらかれた「愛国主義」Patriotismusの重要性を力説していた。逆に、自国に閉じこもり、他国民や他文化を顧みない偏狭な「愛国主義」は徹底的に批判される。こうした「国民」論の独自性は、南原繁『フィヒテの政治哲学』（一九五九年）以来、くりかえし指摘されてきた。現在では洋の東西を問わず、研究者の共通見解となっている。

以上の三つの解釈はそれぞれ、フィヒテ思想の特徴を鋭く切りとってきた。また、こうした動向は今後もしばらく変わりそうにない。だが、これら諸解釈は、いまだフィヒテの全体像の解明には到達していないとみるべきである。理由のひとつとして挙げられるのが、歴史的文脈の軽視という事情である。

当然のことながら過去の思想家たちは、現代とは異なる社会を生きていた。歴史的文脈を踏まえるとは、単に当時の事件史のみならず、思想家が前提とした社会構造を理解することでなければならない。フィヒテの眼前にあったのは、近現代の「市民社会」ではなく、「身分制社会」であった。そこには貴族・聖職者・都市市民・農民といった出生原理にもとづく身分序列が厳然と存在しており、社会は個人ではなく、諸々の身分団体（社団）によって編成された。しかも、当時のドイツは現在のような統一国家ではなく、神聖ローマ帝国というゆるやかな枠組みのもとに無数の領邦国家に群立していた。同時代人にとってさえ、その頃のドイツ政治社会は複雑怪奇の様相を呈したのである。しかも、政治体制はわずかな帝国都市をのぞいて、君主政が支配的であった。

フィヒテがこうした世界を前提として自身の議論を組み立てていたことは、往々にして見失われる。たしかにフィヒテの政治理論は同時代の基準に照らしても斬新であり、しばしば空想的でさえあった。にもかかわらず、フィヒテがつねに当時の社会構造を鋭く意識し、それを打破しようとしたことを忘れてはならない。知識学の体系的整合性の解釈に専心し、同時代的文脈に関心をもたない哲学的解釈や、当時の社会に産業革命後の資本主義経済を読み込む社会主義解釈の一面性はあきらかである。さらに、君主政の文脈を踏まえず、短絡的にフィヒテの「共和主義」を語る民主主義解釈も同様といってよい。とくに民主主義解釈は、十八・十九世紀転換期ドイツにおいて「国民」を論ずることの革新性にも気づかない。ナショナリズム解釈の多くも『ドイツ国民に告ぐ』の解釈に特化するあまり、フィヒテの秩序構想全体への見通しを欠いてしまっている。

フィヒテは不思議な思想家である。かれの秩序構想のなかには、強烈なユートピア志向と怜悧な現実認識が緊張関係を保ちながら共存している。この点、フィヒテ自身がもっとも尊敬した先哲プラトンとよく似ていた。ユートピア的思考の本質は時代批判にある。逆にいえば、同時代的状況を丁寧に踏まえないかぎり、ユートピアの知的破壊力を存分に堪能することはできない。フィヒテの描く秩序構想の背後にも、同時代に対する鋭い観察眼と批判精神が潜んでいた。そうした内的緊張関係を踏まえたうえでフィヒテの全体像を描く研究は、いまのところまだ現れていない。

とはいえ、ある種の非歴史的解釈を量産させてしまう点にこそ、フィヒテの思想の特異性はあるのかもしれない。言い方を変えれば、読者に歴史的文脈——フィヒテが、二百年以上前の、現代とはまったく異なる社会を生きた思想家であること——をついつい忘れさせてしまうほどに、フィヒテの議論は人間社会の根本問題を的確に突いているのである。また、フィヒテが特殊個別的問題ではなく、人間社会の根幹にかかわる普遍的な価値や構造を問い直そうとしていたことの証でもあろう。かれの思想はまったく古びていない。認識主体としての「自我」、経済的格差、デモクラシー、ナショナリズム、現実社会とユートピアの緊張関係。そう、これらの問題が人類を悩ませつづけるかぎり、フィヒテは生きつづけるのである。

時評

マルクス主義建築学者が救った温泉街

藤森照信
(東京大学名誉教授)

長野県北部に位置する渋温泉は、冬に野猿が湯治を楽しむことで世界的に知られ、加えて昔風の狭い温泉街もあるが、こっちのほうは日本人の間ではそう名高くない。その渋温泉にミュンヘンの建築家を案内した時、意外な反応があった。

建築家のせいか猿の湯治には全く興味を示さず、歴史的温泉街建築が残り少なくなった町並みにもかかわらず、いたく心惹かれたらしく、何度も行き来し、写真を写すばかりか、9カ所にある小さな外湯に次々と入り、温まったり湯冷めしたりを繰り返して、とうとう風邪をひいてしまった。

彼によると、欧米人の間で渋温泉以上に名高く、かつ人気のあるのは城崎温泉だという。もちろん日本でも目の肥えた温泉ファンの間での城崎の評価は安定的に高く、戦後長年にわたり不動の評価を得ているという点では、城崎こそ日本一の温泉街といってかまわないだろう。

その城崎の繁栄の裏には、意外な建築学者の先見の明があった。

戦後、京都大学建築学科教授を長きにわたり勤めた西山夘三(一九一一~一九九四)である。

「意外な」と書いたのは、西山さんはほかでもないマルクス主義者であり、建築界の左派をリードし続けたから。

城崎の一番の特徴は、温泉街の昔ながらの情緒が保たれている点にある。浴衣を着た老若男女の湯治客が下駄の音をカラコロ鳴らしながら通りをそぞろ歩き、食べたり飲んだり遊んだり土

Terunobu Fujimori
1946年生まれ。東京大学建築学専攻博士課程修了。東京大学生産技術研究所教授、工学院大学建築学部教授等を歴任。専門は建築史学。著書に『建築探偵の冒険・東京篇』(筑摩書房、サントリー学芸賞)、『タンポポ・ハウスのできるまで』(朝日新聞社)、『天下無双の建築学入門』(筑摩書房)、『歴史遺産　日本の洋館』(講談社)など多数。

産品を選んだり。

戦後の高度成長期以後、バス旅行の発展と軌を一にして、日本の温泉街は大きく変質した。旅行会社と組んでの客の囲いこみが行われ、力のある旅館はどんどん大型化してホテルと名乗るようになり、しかしホテルとは名ばかりで、食事付きのままなばかりか、それまで当たり前だった外湯にでかけての入浴を止めさせるため内湯の充実を図り、土産品を売り場で売り、バーを付設する。客のすべてを自分の旅館、ホテル内に囲い込んだ。当然、客は外出しなくなり、温泉街としてはシャッター街化し、情緒は消える。すると、リピーターはいなくなり、やがて危機を迎える。熱海を筆頭に多くの有名温泉地はこの危機からの脱出に四苦八苦している。

城崎が危機を回避できたのは、西山さんの指導のお陰だった。

第二次世界大戦の末期、大学も戦火を逃れ疎開しているが、京大の西山研究室は、一人の学生の実家が有力旅館を営む城崎温泉に移った。その縁で、戦後の城崎の復興を西山さんが指導することになる。

指導の原則は〝客を街へ〟。

具体的には、まず共同浴場の充実。新婚客のための内湯は残すとして、ほとんどの客が外湯に出かけるべく、規模を大きくし、建物と設備を立派にする。一軒一軒が内湯にかける建設費をまとめて外湯に集中投入すればよほど立派になる。外湯は7カ所にあり、湯の質は違うから、それぞれ個性ある建築とし、湯のハシゴの楽しみを生む。

各旅館、ホテルでの売店とバーは止める。それぞれが止めれば、そのぶん温泉街の土産品店とバーの品揃えとサービスは向上し、そのぶん客の消費量も高まる。

温泉街の旅館、ホテルには付きものの食事の軽減化と、その分の外食の充実化。知り合いの他の温泉地の老舗旅館の経営者によると、宿泊費に占める食事代の割合は意外に小さいからやめて外食化したほうが経営的には楽だが、難しいという。理由は、食事抜きにしても料金はさして下がらず、客は「食事抜きでこの料金か」と不満を覚える。

ヨーロッパの二大温泉として知られる、チェコのカルロビバリとドイツのバーデン・バーデンを訪ずれると、浴場は完全に外湯方式だし、ホテルは宿泊料のみ、食事はレストランで。

実際に城崎の旅館に泊まってみると、旅館・ホテルでの食事の軽減化の成果のほどは分からなかったが、外湯の充実は決定的な影響を温泉街に与えている。湯治客たちは旅館・ホテルで浴衣に着替え、受け取った入浴券とバスタオルなど入浴用品を手に外に出て、川沿いの通りをそぞろ歩き、街の7カ所に設けられた外湯を目指す。〝七湯巡り〟は一日では難しいが、二、三湯ならハシゴ可能。

各々の旅館・ホテルの内湯の分の湯量と浴室を7カ所の外湯に集中したかいはあって、浴場は広く大きく、造りも充実し、もちろん湯量も多い。当然、客の数も多く、欧米人も目立ち、賑わっている。

入浴後や夕食後に温泉情緒に浸りながら通りをそぞろ歩き、アルコールの好きな人は安心してバーやスナックに入る。私はアルコールがダメなので知らないが、一般の温泉地でバーに入るには注意を要するという。近代以前から日本の温泉地にはその筋が入り込んでいる場合があり、城崎もその筋に出ていってもらうには大変な苦労があったという。

以上のような西山の指導と行政と町の人たちの見えざる努力により、城崎は昔ながらの温泉街の魅力を保ち続けることに成功する。

その時期の西山について、当時京大建築学科の学生だった黒川紀章から次のような思い出を聞いた。

「西山研究室の末席にいて、先輩の議論を聞きながら、燃えていた時代です。建築を創作するということはどういうことなのか、建築界において本質的に議論すべき事柄は何だろうということを考えた時に、大衆論、リアリズム、伝統論という切り口は新鮮でしたね。しかし、あるとき、西山先生のお宅に遊びに行ったのです。それでその時に変なものを見てしまったのです。製図板がありましてね。そこに画きかけの銭湯の図面が貼ってあるんです。和風八角堂のスタイルで亀甲の紋様などありましてね。それを見て、社会主義リアリズムって何なんだろう、とえらくショックを受けました。見てしまったその時から、自分の気持ちは西山先生から離れていってしまいました。作家として生きるということを正面切ってやっていなければ、作品なんてできないということがそこでやっと分かったんです。以前は批判しながらも惹かれるものがあった丹下さんが、これを機に憧れの対象となりました」

城崎温泉の外湯のいくつかを、デザイン好きの西山は自分で設計しているが、その図を黒川さんがたまたま目にし、大衆を意識して描かれた亀甲紋様入り八角堂のデザインにショックを受け、丹下の許で作家になろうと思ったというのである。確かに、亀甲紋様入り八角堂では戦前ならともかく戦後モダニズムの時勢には通用しない。

デザイナーとしては通用しなかったが、建築計画学者としての西山の長い見通しは見事に当たり、今日の城崎の手堅い隆盛をもたらすことが出来た。

西山の中のマルクス主義が、亀甲紋様入り八角堂を大衆の好みに合うと判断したわけだが、この判断にはスターリンの影響があったに違いない。ソヴィエトロシアの建築表現論はレーニンの時代とスターリンの時代では大きく変わり、前者はヨーロッパのモダンな前衛的表現を引き継いで時代の先端を走ろうと志したが、後者では一転して、大衆好みの民族的で土着的な表現をよしとした。それが、西山においては亀甲紋様入り八角堂として表われた。

西山は、建築計画学者としては、戦後の住宅改良の理論的基礎を戦時中に決めるという大きな功績を持ち、その結果、現在の日本の住宅平面のほとんどすべては西山理論（食寝分離論）に従って作られているが、しかし、マルクス主義者としては曲折を経ていた。

学生時代に京大と東大などの仲間と結成したマルクス主義的建築グループが当局に摘発され、その後、陸軍に入隊するや否や、かつての仲間が軍法会議にかけられ、その証人として喚問され、その夜、兵営で転向する。

陸軍少尉として除隊後、京大に教官として戻ると、京大周辺の在郷軍人会のトップにつき、大学内では退役少尉の軍装でサーベルを鳴らして教壇に立ち、学外では町内の防火演習を指揮している。リーダーシップに長けた西山には充実した日々であったというが、しかし、なぜ右へともんどり打って投じたかについて聞くと、

「ついクラクラッとして」

と語った。前川國男は、真珠湾攻撃の一報を聞き、「勝てる」と思ってリベラルから右へと転じている。

そして戦後、前川はリベラルに戻り、西山はマルクス主義へと再転向して、戦後の建築界の左派のリーダーとして生涯を終えている。

建築界には、〝赤色銀行ギャング事件〟の主犯として捕まり、転向せず、治安維持法違反で一三年の刑期を務めた今泉善一のような建築家もいるし、当局が目を付けながらついに尻尾を掴むことができず、戦前、戦後と共産党員のまま過ごした山口文象のような有名建築家もいる。

今泉について聞くと、西山は言下に「左翼小児病」と切り捨てたが、この乾いた言葉に建築史家はそれ以上問うことが出来なかった。

時評

ファーブル昆虫館の一日

奥本大三郎
（ファーブル昆虫館館長）

その日、私としては例外的に早起きをして、千駄木にある「ファーブル昆虫館」に駆けつけた。水道工事の職人さん達が来て、地下の便器を付け替えてくれることになっている。

昆虫館に着くと、大きな工事用のワンボックスカーが館のガレージからはみ出すようにして停まっていた。

取り替えるべき古い便器は、フランスの**Jacob Delafon**（ジャコブ・ドラフォン）社製である。社名の後に**Paris**とつく。この会社はフランスでいちばん普及している製陶会社のようで、いやしくも男子たるもの、あちらに行って、小用を足す時は必ず、この名を神妙に見つめることになる。神経を集中していると、いやでも目に入るところにその名が書いてあるのだ。すくなくとも昔はそうであった。

新品の便器は日本製である。ところが、しばらくして、工事の人が、「この便器と、ここのパイプとの口径が合いません。フランスの基準じゃね」と三階にいる私に言いに来た。工具さえも合わないと言う。「カタログを見て、口径の合う便器を探します。今日はこれで」とのこと。

われわれの昆虫館にあるこの便所がよく故障するので、今日の工事を頼んだのである。

普通のと、車いす用のと、こういう博物館に類する施設では、規定で、便所は二つ造らなければならないのだが、そのどちらもが、水が洩ったり、ざーと流れっぱなしになったりする。

朝来てみると、地下室の床が水びた

Daisaburo Okumoto
1944年生まれ。東京大学仏文科卒業・同大学院修了、横浜国立大学助教授、埼玉大学教授を経て現職。著書に『博物学の巨人アンリ・ファーブル』（集英社新書）、『虫の宇宙誌』（青土社、読売文学賞）、『楽しき熱帯』（集英社、サントリー学芸賞）。翻訳に『完訳　ファーブル昆虫記』（集英社）など。

しということがこの十一年間に三回あった。幸い、透明な、奇麗な水なので、雑巾に吸いこませてからバケツに搾る、というようなことを延々と繰り返してなんとか急場を凌いだ。

最近の漏水事故の場合はちょうど、三階の集会室で東京農工大学の昆虫研究会の集まりがあって、大勢の人が手伝ってくれた。てきぱきと、妙に手際がいいと思ったら、学生時代に、この中の数人がチームを組んで、ビルメンテナンスのアルバイトをしていたのだという。私はついている。

「こういうときは、ちりとりをつかうと有効なんですがね」

と、床の水を掬い取るときのコツを今後のために教えてくれたりもした。

その日は近所の水道屋に電話しても、あいにく休日だったのだ。だから、翌日になるのを待ちかねるようにして、来てもらった。ところが、水道屋さんの社長は、手をこまねいて見ているだけで、ちゃんとした処置はしてくれない。(それでも修繕費というのは取った。)彼は二代目である。先代社長は職人気質の人で、もっといろいろ工夫をしてくれたように思うけれど、二代目になると、どうもやる気が無い。大学でも出ているのであろう。

「ポンプを替えて下さい」

とか言い捨てて帰ってしまったが、後日ビルメンテナンスの会社を通じて来てもらったポンプメーカーの人がメモリーを調節したら、ちゃんと治った。

「だいたいねえ、こういう小規模な建物で、地下に便所なんか造るもんじゃありませんよ、地下からポンプアップするのが大変なんですから」

と、最初に故障した時来た職人さんに諭されたけれど、もう遅い。

この「ファーブル昆虫館」の建物は、軽金属製で、上部が膨らんだバルーンのような形をしている。蚕の繭をイメージしているのだという。道沿いにはレモンイエローの低い塀があり、植え込みに樹齢五十年のクヌギの木が三本並んでいる。外見はなかなか洒落ている。

しかし、これを建てる時、このクヌギが問題になった。これがあると、重機が働き難いから、いっぺん全部伐って更地にしたほうが工事費も安上がりだ、と建設会社の人は言うのである。

要するに鉄筋コンクリートの箱を作ればいいのであって、木なんかまた植えてあげますよ、とも言った。こういう人はどんな木を植えてくれるのだろう。

私がこの木を惜しむのには理由があって、実はこれ、私の母親が植えてくれたものである。昭和四十年に、大阪の私の実家の近く、両親がいつも散歩に行く小川の岸辺に生えているクヌギの老樹のドングリを、新幹線に乗ってもって来て、指でちょい、ちょいと掘って植えてくれたのである。それがこんなに大きくなった。樹齢五十年にしてはずいぶん太い。夏には樹液が出て、そこにカナブンや、サトキマダラヒカゲ、たまにゴマダラチョウが集まってくる。ごくごくたまにルリタテハ。

そしてその横に植えたエノキに、最近はアカボシゴマダラが産卵に来る。中国から来たとおぼしき蝶である。狭いながらもちょっとした里山風環境が住宅地に出来ている。それをいっぺん更地にしたのでは、そりゃあ工事はしやすかろうが、土壌微生物も含めて、完全に一掃されてしまう。

ファーブル昆虫館の建物は、地下一階、地上四階建てで、いま言ったとおり、上部が膨らんだ形である。

建物の外見は、なかなかたいしたものなのである。茂ったクヌギの奥に、繭の形を模した軽金属の建物が鈍い光を放って輝いている。

しかし、この外見を形成するために、内部では、床の形は平行四辺形になっている。それに壁の、床からの立ち上がりが垂直でないので、市販の家具を置くと、背の部分に逆三角形の無意味な、あるいは哲学的な隙間が空く。

設計図を描いたのは建築のデザイン賞をいくつか取っているフランス人だが、我々のように小規模な、予算も限られているところが、こういう人に頼んだのはやっぱり間違っていたのかもしれない。

日本の気候の、季節ごとの日当り、風の向き、雨の降りかたとも合わないようである。颱風のときなどには、非常扉から風雨が吹き上げ、雨水が滲みてくる。

私は、ファーブルの『昆虫記』の翻訳などをして、二つの言葉と文化の間で板挟みになって三十年も苦労してきた。自分の好きな虫についての観察記録の翻訳という、仕事か道楽か分からないようなことなのだが、その翻訳なら、注釈をつけて言い訳をするところだけれど、建築物はまたちがう。天候とか気象が相手となると、それが利かないのだ。建てられてから十一年も経過すると、難しいことが次々に出来する。話は飛躍するけれど、国際結婚というのはたいへんなんだろうなあ、と他人ごとながら思ったりする。

このファーブル昆虫館の地下には南フランス、ルーエルグ地方にあるファーブルの生家の内部だけを忠実に再現してある。一階は昆虫標本とファーブル紹介の展示、二階は窓の無い標本収蔵庫で、日本にしかないのに何故か「ドイツ型」と呼ばれる大きな標本箱が三〇〇〇個ほど収まるようになっている。四階は書庫。集会と、子供のための標本製作教室などは三階の会議室で行なっている。

土、日の午後だけの開館だが、それでもスタッフが足りなくて苦労する。人件費の予算が無いのである。年間の予算は、固定資産税と水道光熱費でほぼ全部無くなる、だから、まめに電灯を消し、なるべくクーラーではなく扇風機でがまんする。

それなのに、ああ、それなのに、それなのに、若いボランティアなどに来てもらうと、真夏には、「暑い、暑い」と言って、室温設定をなんと十三度に下げ、しかも窓を開けっ放しのまま帰ってしまったりした。地球を冷やしてどうする、と言いたいが、文句を言ったら来なくなってしまう。

ボランティアの方々は、我々の趣旨に賛同して、あるいは、面白いから来てくれるわけで、義理も何もない。面白くなければ、来るわけがない。何が悲しゅうて、大切な休日をつぶしてまで、こんな物好きを手伝わなければならないのか、ということになってしまう。

支出の中で一番大きいのは、だから、固定資産税である。それは何故かというと、NPOに認定してもらったからなのだ。

NPOの場合、建物に人が住んでいないと、住んでいる場合の倍額になる。だからといって、住んだらNPOとはみとめてくれない。そんな殺生な。しかも活動が停止すると、東京都がその資産を没収するというのだから、ますます殺生である。

土地は、私がもともと住んでいたところであるが、建物を没収されたら、本と標本の行くところがない。

「こんな大きな建物を建てて、金持ちなんでしょう!」と決めつける人が時々いるけれど、いいえ、とんでもハップン。これは寄付してもらったのだ。小生は、筆一本、いやパソコン1台の痩せ腕の境涯に苦しんでいる。昔の中国人なら、「破硯《はけん》にて食す」というところ。

「没収を免れるにはどうしたらいいでしょう」

とNPOの本拠のようなところに訊きに行ったら、

「NPOの法律も、会社法に準拠して整備してありますから、どうしても性悪説になります」

とのこと。これでは小生も、当分死ねないなあ、と思わされた。早いうちに何か名案はないものか。

往復書簡 第4回
Correspondence

ビル・エモット & 田所昌幸

自由民主主義の危機は続く

トランプ政権発足から1年。世界的に経済は好調であるが、
政治的にはナショナリズム、ポピュリズムが幅をきかせている。この状況について、
本誌編集委員長の田所昌幸がジャーナリストのビル・エモットと語り合う。

ビルへ

ビル。昨夏には東京で直接会えて話が出来て楽しかった。今、これをトランプ大統領の一般教書演説を聴きながら書いている。トランプが就任してちょうどまる一年、随分いろいろなことがあった心配続きの一年だったね。トランプが実際に就任してもトランプが「正常化」した様子はなくて、アメリカ政治は混乱が続いている。ヨーロッパも良い状態とは言えないね。イギリスは、依然としてEU離脱にどう対処するかをめぐって国論がバラバラだ。ヨーロッパ大陸でも、従来の主要政党がおしなべてポピュリスト勢力からの攻勢を受けている。長らくEUの安定を支えてきたドイツですら、昨年九月の総選挙以来、四カ月以上も政府が成立していなかったという有様だ。

でも今のところ、多くの人々が心配

したほど世界で破滅的なことが起こっているわけではないのも事実だ。もちろんこれからのことは判らない。今後起こりうる恐怖シナリオは、いろいろと簡単に思いつく。しかしトランプが一般教書演説で誇らしげに語ったように、トランプ政権下では異例とも言えるほど好調な経済状態が続いているよね。成長と言ってもその分配が不平等で、一般庶民の実質所得は増えていないとか、雇用はあってもその職の質は低下しているとかといったことは言えるかもしれないが、二〇一八年初頭の世界で、マクロ経済の指標が非常に良好だということは、軽視しがたい事実だと思うけどどうだろう。

　というわけで、最初にどうしてもビルの意見が聞きたいのは、政治はひどい状態だけれど経済は好調という、奇妙な状態をどう解釈するのかということだ。経済が好調なのは、政治が悪いにも関わらずそうなのか、それとも政治とは無関係にそうなのか、ことによると政治が悪いからこそそうなっているのだろうか。トランプの経済政策を見ていると、少しレーガン時代を思い出さないでもない。トランプ政権が、通商面で二国間主義へのこだわりが強いのとは非常に違うけれど、あの時も、減税、規制緩和、それに政府支出の拡大(つまりは大幅な財政赤字)で、マクロ経済的には好調だった。

　それよりも大事なことは、良好な経済情勢が、欧米諸国の政治情勢にどう関係するかだ。トランプは好況を自分の手柄にして、自身の「アメリカ第一主義」が一層勢いを強めるのだろうか。イギリスのEU離脱派は、好景気を残留派がEU離脱後の悪影響を誇張した証拠だとして、利用するのだろうか。逆に、経済情勢が好転したことによってグローバリゼーションに取り残された人々の怒りを緩和し、社会の緊張を緩めることにつながるのだろうか。もしそうなら、政治的妥協をして必要な改革を実行することも、容易になるかもしれない。どうだろう?

From 田所昌幸

Bill Emmott

1956年ロンドン生まれ。オックスフォード大学卒業後、英エコノミスト入社。1983年から3年間東京支局長として日本と韓国を担当、1993年に同誌編集長。2006年にフリーとなり、現在、国際ジャーナリストとして活動している。主な著書に『日はまた沈む——ジャパン・パワーの限界』(草思社)、"*Good Italy, Bad Italy*"(Yale University Press)、『「西洋」の終わり——世界の繁栄を取り戻すために』(日本経済新聞出版社)などがある。

マサユキへ

マサユキ。確かに世界の経済指標が改善しているのは、政治的な危機感というか、少なくともナショナリズム的なポピュリズムの高揚への強い不安定感がある状態とは、ちぐはぐな感じだよ。でも、この経済情勢が少なくともあと数年続いて、我々の同胞の大部分の生活水準に相当の影響が及ばない限り、大した安心材料にはならないと思っている。

どうしてそう言うのかというと、理由は二つある。一つはマサユキも承知しているだろうが、ドナルド・トランプが当選した年には、アメリカ経済は経済回復の軌道に乗ってすでに六年目にあたっていて、失業率も順調に低下していたことだ。純雇用増、つまり通常の景気サイクルのせいで失われる雇用を差し引いた雇用の純増のペースは、オバマ政権の最後の一年と比べると、トランプ政権の最初の一年は、むしろ遅いのが実情だ。自分が大統領だから今の好況があるとトランプが言いたいのは判るけれど、これは全く間違いだよ。ともあれ、基本的なことは、単純にGDP成長で計測した経済成長は、アメリカでもヨーロッパでも政治を変えるほどには力強くないということだ。

大陸ヨーロッパではGDPの拡大は、アメリカよりも長くて深い景気の後退の後で、実際加速しているけど、ナショナリスト的なポピュリスト政党は至る処で依然として強い支持を受けている。君の言うとおり、ヨーロッパで一番長く政権の座にあり、いろいろな意味で尊敬されてきたメルケル首相は、ドイツの失業率は低くてドイツ経済はとても良い状態なのに、政府をなかなか成立させられないで苦労していた。ここで重要なのは、現在進行中のポピュリズムは、とりわけ二〇〇八年以降に所得の不平等感やその他各種の不安感が強まったことによって強まったものの、それ以前から進行していた現象だった。今の好況で多少ムードが改善するかもしれないけれど、それも主として豊かで安定した生活を送っている人々に当てはまることに過ぎない。この程度の好況では、民主党支持から転じてトランプに投票したようなアメリカの労働者階級の人々や、自分たちや自分たちの子供が、いい職に就ける見込みがほとんどなく、住宅ローンを借りるのはもちろん、結婚すらできるかどうか怪しいと感じているイタリアの労働者や中産階級の人々にとっては、ライフチャンスや不安感にはほとんど影響はない。

二つ目の理由は、経済的な動機だけでナショナリスト的大衆迎合主義が盛り上がったわけではないということだよ。背景にあったのは移民問題で、移民が雇用や福祉給付などで元からの住民と競合するという認識があるから、移民問題もある程度は経済問題だけど、これは文化やアイデンティティやテロに対する恐怖の問題でもある。このために、スウェーデンやオーストリアやイタリアといった諸国でもナショナリスト政党の勢力が強まるとともに、メルケル首相の立場が弱まることになった。そしてイギリス人が二〇一六年の国民投票でEU離脱を決めたのも、これが最大の理由だった。

Masayuki Tadokoro

1956年生まれ。京都大学大学院法学研究科中退。姫路獨協大学法学部教授、防衛大学校教授を経て慶應義塾大学法学部教授。専門は国際政治学。著書に『「アメリカ」を超えたドル』(中央公論新社、サントリー学芸賞)、『ロイヤル・ネイヴィーとパクス・ブリタニカ』(編著、有斐閣)など。

　政治的に最悪の混乱状態にあるのは、おそらく我がイギリスだと思うよ。我々は国民投票で、僅差(五二%対四八%)ながら四三年間にわたってメンバーだったEUから離脱すると決めはしたけれど、離脱派の政治指導者の間ですら、どんな形で離脱するのか、つまりヨーロッパの近隣諸国、とりわけアイルランドとどんな関係を将来的に築くのかについて、様々考え方が対立していて、それを解決するのは極度に難しいと感じている。イギリスは一九九八年のアイルランドとの条約で北アイルランド(もちろんこれは英国領だ)とアイルランド共和国との間で緊密な経済協力関係を維持することを約束している。ダブリン、ロンドン、ベルファストのいづれでも、北アイルランドとその南のアイルランド共和国との間の陸上国境で国境管理を再導入したいなどとは誰も思っていない。なぜなら、そんなことをすれば国境を狙ったテロ攻撃が再燃するかもしれず、そうなると北アイルランドでは一九七〇年代〜八〇年代には三〇〇〇人以上が犠牲になった内戦状態が再燃しかねないからだ。でもイギリスとしては、EUから離脱することによって得られる自由を活かして、EUとは相当違う通商政策を採り、規制緩和を進めて経済活動を刺激したいので、そのためには国境管理はどうしても必要になる。

　もし通商政策や規制のあり方でEUと差別化しないのなら、わざわざEUから離脱する意味がないだろう。イギリスの政治家たちは、国民投票の前にこういった問題について深く考えていたはずだと日本人が思うのはもっともなのだが、単にそんなことは考えていなかったというのが実情だ。そしてその結果生じたイギリスの将来に対する不確実性によって、イギリス経済に悪影響が出ている。ヨーロッパの大陸諸国では成長が加速しているのに対して、イギリス経済は低調だ。たしかにイギリス経済は崩壊してはいないが、君が指摘している通り世界経済は上向いているのに、それを活かすことが出来ていない。というのは、こういった不確実な状況下では、経済界が大きな投資をしようとしないからだ。だから混乱や政治的停滞を背景に世論は離脱派政治家に批判的なのだけれど、だからといってEU残留支持が顕著に増えているわけでもない。なぜかって？　それはEUにとどまれば、他のEU諸国からの移民を制限することが許されないと、皆判っているからだよ。

さて、ヨーロッパからの移民は教育水準が高くて、イギリスの利益になってきたと僕は思っている。これは大半の移民の出身国であるイタリア、スペイン、ポーランドのような国にとっては「頭脳流出」だが、イギリスにとっては「頭脳流入」のはずだ。ただこれが政治的に微妙な問題で、だからこそ野党労働党も与党の混乱をついてEU離脱反対を唱えない。労働党も、自分たちを支持している労働者階級の人たちもEU諸国からの移民に反対しているので、もし国民投票を再度行ってEUに残留しようという方針を打ち出したら、彼らの支持を失うと思っている。労働党も、EU離脱に票を投じたイギリスの「忘れられた人々」を忘れまいとしているというわけだよ。

From ビル・エモット

ビルへ

その「忘れられた人々」だけど、この一年ばかり我々は、トランプの一挙手一投足を追いかけるのに夢中だったよね。実際トランプはどぎつい発言をツイッターで次から次へとやって、我々はハラハラしたりあっけにとられたりしていた。ホワイトハウスの内情を暴露したとされるマイケル・ウォルフの書いた『炎と怒り（*Fire and Fury*）』で書かれていることは、全部が本当かどうかは判らないけれど、これによるとどうやら今のホワイトハウスは、中世の宮廷のような有様で、気まぐれでわがままな王様を、廷臣たちが子供のようになだめたりすかしたりしているような感じだ。マスメディアがこんな大統領の虜になっても、非難しようとは思わない。でも、我々としてはトランプ本人よりも、トランプや

EU離脱に投票した人たちのことにもっと関心をはらうべきではないだろうか。「忘れられた人々」は依然として忘れられたままなのではないかと心配だよ。トランプを批判するのは結構だけど、「リベラルなエリート層」が、厳しいグローバルな競争にさらされて疎外され、政治に裏切られたと感じている人々の焦燥や不満を真面目に受け止めないと、トランプなきトランプ主義が出現するかもしれない。

　昨年会って話し合ったときには、ビルは自由民主主義にはおかしなことが起こってもそれを修正するメカニズムが組み込まれていると言っていたね。我々の自由民主主義国家で、「忘れられた人々」の不満に対処する何かしらの真剣な努力は、すでに始まっているかしら。多分ビルも、我々の共通の友人のジョナサン・ラウシュがアトランティック誌に書いた「保守主義者の労働組合擁護論[1]」を読んでいるだろうけど、その中でジョナサンは労働組合にもイノベーションを起こして、労働者階級の人々にセーフティネットを提供するのにとどまらず、仕事への誇りや仲間との帰属意識を提供する役割を回復できないかと論じているね。

　確かに国家と個人の間にある労働組合のような伝統的な中間団体は、既得権益にしがみつき、しばしば社会の動的発展やイノベーションの妨げになってきた。しかし他方で、あまりにも多くの人々が、グローバル市場に翻弄されて、極度の孤立や不安を感じているのも事実だ。安定と進歩のバランスを上手く取るのは常に難しいけれど、我々は中間団体を弱体化させすぎて、それが伝統的に果たしてきた機能を国家や市場に委ねすぎたのかもしれないと思うことが多い。

　だからといって、旧式の労働組合や地域共同体に回帰しようとしても、まったくうまくいかないだろう。企業が生き残るのにイノベーションが欠かせないのと同様、中間団体にもイノベーションが必要だ。ジェレミー・コービンの率いるイギリスの労働党が労働組合のイノベーションを推進するとは思えないけど、労働組合なりその他の社会集団が、個人と市場や国家の間のクッションを提供する建設的な役割を果たす可能性について、ビルはどう考えるだろうか？

From 田所昌幸

マサユキへ

政治の振り子は「忘れられた人々」の不満に対応する政策や制度化に好意的な方向に振れていると思うけれど、まだその動きは決定的ではないし、はっきりしたものでもないと思っている。確かに法定最低賃金を引き上げたり(イギリスは相当大幅な引き上げを実施したし、アメリカの一部の州、たとえばカリフォルニア、オレゴン、ニューヨーク州も実施したが、連邦政府はそうしてはいない。日本もインフレ率よりも少しばかり大きく引き上げたが、それほど大きな引き上げではない)、一九九〇年代や二〇〇〇年代よりも課税の累進性を高めて所得の再分配を強化する(といってもアメリカはそうしてはいないけど)といった動きもある。ヨーロッパではマクロン・フランス大統領が新制度を設けてそれに資金を提供し、人々が職を探したり技術を新たに学ぶことを支援すると約束している。こういったメカニズムが一番効率的に動いているのは、デンマークやスウェーデンのようなスカンジナヴィア諸国だ。

ジョナサンの意見には共感するところもあるけれど、労働組合はあまりにも硬直的で、技術的にも経済的にも変化は続いているのに、それに適応するすべを学んで対応できるか疑問だと思っている。労働組合はどうしても組合員の所得を増やそうとする既得権益層になるだけではなく、経済的・技術的なイノベーションを妨害しようとする。確かにスウェーデンの労組は上手く適応して、依然として過半数の労働者の利益を代表しているけれど、イギリス、フランス、そしてアメリカのような国では、労働者のごく一部しか組合に組織されていない。

僕の目から見ると、「忘れられた人々」のもっともな不満に対処する際に最大の障害になっているのは、対策のためのカネをどうするのかということだと思える。今や西側諸国の公的債務は、主として二〇〇八年の経済危機のせいでGDPの一〇〇%を超えているだけではなく、人口が高齢化するのに伴って医療費や年金予算がますます必要になるので、諸国の政府は財政運営の余地があまりないと感じている。ポピュリズムの背後にある不満に対処する方策には、マクロンの言っているようなすべての階層が教育を受けやすくなるよう支援する福祉政策であれ、不利益を被っている地域を振興するインフラ投資であれ、どうしても公的資金が必要だ。経済成長が相当期間続いて税収が増えない限り、こういった公的資金はどこかを削って捻出せざるを得ないが、その最大の候補は年金だろう。

そういうわけで、ポピュリスト政党の多くは、年金を維持するか場合によっては増額するという公約を掲げている。既存の主要政党が若い世代や恵まれない階層のために年金を犠牲にする気だと批判されると、それが弱みになるとわかっているからだ。イギリスのテリーザ・メイ首相が前回の総選挙であれほどの大敗北を喫したのも、その理由の一端は、選挙戦の最中に、老人が死後次世代に残すことになる彼らの貯蓄から支出する社会保障費の本人負担を増やす計画を発表したことにある。これは原則的には筋の通ったものだったが、「認知症税（dementia tax）」とあだ名をつけられてしまい、政治的には大失敗だった。

From ビル・エモット

ビルへ

公的債務が膨らむ一方で、どのように高齢化社会を運営するのかという問題は、日本のほうが先行しているよ。高齢化も公的債務も日本のほうが欧米諸国よりも一層深刻だからね。でも今のところだけれど、日本では欧米に相当するようなポピュリスト的政治勢力が成功していないのは興味深い疑問だと思う。でもそれはさておき、話題を少し国際問題に移そうか。

トランプが議会の一般教書演説で、経済分野で成果を誇っているちょうどそのころ、テリーザ・メイ首相は、イギリスの経済界のリーダーを引き連れて中国を訪問していて、中国との経済取り決めを結ぼうとしていたね。我々の自由民主主義諸国の政治指導は弱体化していて問題なのに、中国だけは強力な（そして非自由主義的な）政治指導が健在で、しかも一貫した世界戦略を持っているように見える。中国の非常に競争的な経済と非民主的な政治体制を組み合わせた国家資本主義モデルの実績は、今のところ我々の自由民主主義体制よりもよいようにさえ思える。これについても夏に会ったときにも少し話し合ったね。ビルの考えは、中国のシステムは、大改革をしない限り持たないだろうということだったと思うけど、僕も以前はずっとそう思っていた。法の支配や責任政府がなくて、市場経済を運営するのに必要な統治の正統性や透明性を確保することができるのだろうかと。でも現在までのところ、中国人は好調な経済で十分に満足しているようだ。いずれにせよ、中国は日本にとっては現実的で重大な地政学的脅威だ。おまけにアメリカ政治の混乱のせいで生まれた空白によって、中国にとっては世界中で影響力を着実に拡大する非常にありがたい好機が到来している。

ほとんどのヨーロッパ人には、中国は単純に経済的機会でしかなくて、地政学的懸念はあまりないだろう。とりわけEU離脱を控えているイギリスには、世界で貿易や金融ビジネスの市場を積極的に開拓しないといけないから、中国は一層重要だと思えるだろう。

というわけで、ＥＵ離脱との関連で、英中関係についてのビルの見方を教えてくれないかな。
米欧関係が非常に弱体化していて、今や世界の政治経済で「西側」はかつてよりずっとまとまりを欠いた存在になり、その政治的重みも低下している。しかし中国の影響力が世界規模で増大し続けると、もしかするとヨーロッパですら、中国との経済関係の持つ政治的意味について敏感になるかもしれない。最近のエコノミスト誌の巻頭記事で、中国の「シャープ・パワー」を論じたものを目にしたけれど、冷戦終結直後に我々が期待したのとは非常に違って、中国の経済的成功（これを日本は多額のＯＤＡを供与して支援した）によって、経済関係を通じて西側が中国に影響を及ぼすのではなく、むしろ中国が西側に強い影響を及ぼす立場にたっている。中国は急拡大する自分たちの市場へのアクセスを制御して、我々の選択の幅を制限し、我々の国益のあり方を左右している。中国による経済の戦略的利用の例としては、二〇一〇年の日本に対するレアアースの禁輸措置やより最近では韓国がＴＨＡＡＤ（高高度防衛ミサイル）の導入を決めたのに対して、韓国企業への嫌がらせを始めた例がある。そう考えると、一帯一路構想のような巨大プロジェクトを通じた中国の影響力の拡大は、ヨーロッパの人たちからは、どう見えるのか教えてくれないかな。

From 田所昌幸

マサユキへ

一言で言えば、イギリスも大陸のヨーロッパ諸国も、中国の要求や影響力については、相当用心深くなっていると思うよ。我々の首相のデービッド・キャメロンが英中関係を「黄金時代」と呼んで、中国主導のＡＩＩＢ（アジアインフラ投資銀行）にさっさと参加することにして、日米を驚かせたのは、たった数年前のことだ。現在のテリーザ・メイ首相は、対中関係にここまで大袈裟な言葉を使わないようにしている。ＡＩＩＢに続いて、イギリス政府は一帯一路構想に公式の支持を表明するよう、中国とイギリス国内の実業界から圧力をかけられているけれど、これまでのところメイ首相はそれを拒んでいる。イギリスの経済界からこれを求める議論はおおむねＡＩＩＢの場合と同じで、一帯一路に正式に参加すれば、このプロジェクトの投資でも中国が世界標準を採用するように促すことができる、というものだ。しかし、ＡＩＩＢとは違い、どこかの国が中国の数多くの投資プロジェクトに持続的な影響力を行使することは期待できないだろうと思っている。だから、イギリスがこれに関わらない方が賢明だというのが、僕の意見だよ。

一般的に言って、中国の影響力や干渉には、懸念が広がっていると言ってよいと思う。このことは、オーストラリアでは、ハッキリと見て取れるし、ヨーロッパ諸国の首都でもそういった声が聞こえる。対外投資については世界中から受け入れる非常に開放的な態度を伝統的にとってきたイギリスですら、中国からの大規模投資に対しては正式な審査手続きを設立する動きがあるくらいだ。

それに、イギリスも他のヨーロッパ諸国でも経済界は中国市場が魅力的だと現在でも考えているが、ヨーロッパでも現実的で用心深い議論が強まっている。一〇年前に比べると、技術はよく盗まれるし、中国の監督当局と信頼できる関係を築くのが難しいといったことがあって、中国市場で企業が本当に上手くやっていけるかどうか懐疑的になっているようにも思える。二〇一四年の世界的な製薬会社のグラクソ・スミスクラインの事例は、類似の多国籍企業にとって相当ショックだった。グラクソは医者たちに賄賂を支払ったという理由で、三〇億元（五億ドル）の罰金を払うように命じられた。賄賂はもちろん違法だけれど、同社はこれが当局も大目に見ている中国流の商慣行だと思っていたようだ。習近平の反腐敗キャンペーンで、多国籍企業もいろいろと摘発された。そのため中国経済がちょうど減速し始めた時に、中国で商売をする外国企業にとって不確実性が高まったことになる。なにせ中国の公式統計は、とりわけ経済が動揺し成長が鈍化したときには信用できないので、中国経済の減速がどの程度かはわからない。しかし年率六－七％というかつてよりだいぶ低い成長ですら、企業や個人の負債の増加に依存しているのは確かだ。これからも中国が高い成長を続けることも考えられるが、負債のレベルが高いのは、中国の国家財政にとってリスクになる。銀行は国家が保有している部分が大きく、もし債務危機が起こり、債権放棄やその他の形の債権再編成が必要になれば、国家財政にとって大きな負担になるだろう。こうなっても破局的なところまでは行かないかもしれないが、中国で人口構成が急速に高齢化し始める局面でこれが起こると、相当大きな緊張を強いられることになるだろうと思う。というわけで、確かに今のところ中国で人々が中国共産党の振る舞いや政策に大きな不満を持っているという兆候はないけれど、中国という庭で花が満開状態というわけではないことにも、心しないといけないと思っている。

From ビル・エモット

ビルへ

そういえば三〇年前には日本経済についても誇張されたイメージが広がっていた。日本経済の問題をいち早く警告したのもビルだったね。そのビルの言うことだから、我々も中国の持っている強さだけではなく、脆さにも注意をはらっておく必要があるという点は、なるほどと思うよ。

ヨーロッパの人々は、東アジアの安全保障問題についてやや気楽に見ていられるように、我々も中近東についてヨーロッパの人々の危機感を共有していない。でもこの地域に問題や危険が尽きないのはよく知っている。さてISISが一応シリアで支配領域を失っても、これでシリアが安定するはずはないだろう。ロシアやトルコなどを含む多数のプレーヤーが、異なった利害を持っていて活発にシリアの情勢に関わっているから、事態を長続きする形で収めるのは当面期待薄のようだ。ヨーロッパがこの地域の不安定に非常に憂慮するのは、よくわかる。この地域の不安定性は、無秩序な難民の流入や、イスラム過激派（それにはISISに参加したヨーロッパの国民も含まれているようだが）によるテロ攻撃の形で、ヨーロッパの安全を脅かすからね。こういった問題は、我々日本人には非常になじみが薄い上に、極度に複雑だ。ビルの地域情勢の判断とそのヨーロッパへの含意について、考えを聞かせてもらい、我々にも勉強させてくれないか。

From 田所昌幸

マサユキへ

我々ヨーロッパ人は、北アフリカや中東で同時進行する幾つかの大きな紛争の最前線にいると感じている。それは、シリアの内戦、止むことのないリビアの内戦、それにトルコとシリアのクルド人勢力やイラクとの戦い、最後に（といっても重要性が低いわけではないが）サウジアラビアとイランとの広範な対立関係だ。

実は二〇一八年にはヨーロッパにいる我々から見ると、こういった紛争は、多少マシになって危険性も少し低下したと感じている。地中海を渡ってくる移民の流れは、小康状態だ。これはトルコが難民をトルコ国内のキャンプに留めおいてくれていることや、ヨーロッパ諸国の海軍とリビアの沿岸警備隊の協力のおかげだ。しかしいずれも何時崩れるかもしれない関係で、ヨーロッパでは誰も安心できない状態だ。しかもスンニ派のリーダーたるサウジアラビアとシーア派を率いるイランとの間の対立は、世界的な広がりのある地政学的安定の観点から見ても非常に深刻な問題で、こちらの方は以前よりもいささかより危険な状態になっているように思える。今のところ両者の争いは、イエメンやシリアでの代理戦争の形をとっているが、若いモハメド・ビン・サルマン皇太子が、前任者より内政面でも外交面でもずっと積極的な態度を採っていることもあって、紛争が拡大して直接的な対立に発展するリスクもある。

中東情勢の評価が難しい本当の理由は、本当に重要な出来事と、悲劇的ではあってもさほど大きな影響のない出来事を区別するのが難しい点にある。近年の我々ヨーロッパ人の最大の懸念は、難民やその他の移民の流入であり、テロリズムがそれに続いてきた。しかし、アメリカ人も我々もずっと深刻な問題になりかねない懸念を共有している。それはトルコの将来で、トルコがロシアとどのような関係を取り結び、シリアやイラクと国境越しにどのような行動を取るかという問題だ。重要なことは、我々は皆冷戦中の何十年にもわたって、ＮＡＴＯの重要メンバーとしてトルコに依存してきたことだ。しかしエルドガン大統領とプーチン大統領との関係改善の結果、従来のトルコの役割に疑問符が付き、トルコがロシアとアメリカの両方から武器システムを輸入するようになり、ＮＡＴＯの機密が漏れかねない事態が生まれたことで、ますます疑念が強まっている。しかも、トルコがシリア内のクルド人勢力——彼らはアメリカやヨーロッパに支援されている——への攻撃を強めているので、こういった疑念は一層深刻になっている。我々としてはこういった傾向が、重大な方向性の変化ではなく、軽微な厄介ごとに過ぎないことを望んでいるが、そう考えてよいかどうか僕には自信がない。もしそうなら、トルコが移民の流れの緩衝地帯としての役割を、突然果たさなくなることだってあり得るし、そうなると、トルコをＮＡＴＯから追放したり、そのメンバー資格を停止したりといった、極度の激しい措置すら考えざるを得なくなるかもしれない。イギリスがメンバーから離脱しても、ＥＵは大した地政学的悪影響もなく安全保障協力も継続できるので難なくやっていけると思うが、トルコがＮＡＴＯから離脱するようなことになると、これははるかに大きな不安定を生み、劇的な事態に至るかもしれない。

From **ビル・エモット**

[注]（1）Jonathan Rauch, "The Conservative Case for Unions: How a New Kind of Labor Organization Could Address the Grievances Underlying Populist Anger," *The Atlantic*, July/August 2017.

連載
第3回

世界史の変容・序説

『水滸伝』と『千一夜物語』

三浦雅士

Masashi Miura

1946年生まれ。文芸評論家。弘前高校卒業。1969年、青土社創立と同時に入社。『ユリイカ』、『現代思想』編集長などを務める。『メランコリーの水脈』(福武書店、サントリー学芸賞)、『身体の零度』(講談社、読売文学賞)など著書多数。

1

昨年すなわち二〇一七年九月から本年二〇一八年の一月にかけて、井波律子訳の『水滸伝』が全五巻で刊行された。講談社学術文庫版だが、いわゆる訳し下ろしである。井波は二〇〇二年から翌〇三年にかけて、『三国志演義』をちくま文庫から全七巻で刊行している。これものちに講談社学術文庫に移され全四巻となった。また、二〇一三年から一四年にかけて、『世説新語』を東洋文庫から全五巻で刊行している。いずれも中国文学の古典であり、至宝と言っていい。量としても膨大である。驚くべき情熱というほかない。

興味深いのは、井波が訳したこの三点を見るだけでも江南の底力が感じられることだ。『世説新語』は魏晋南北朝時代、つまり六朝の宋いわゆる劉宋の劉義慶の手になる、いわば史実をもとにした逸話集、小説集のようなものである。六朝すなわち呉、東晋、宋、斉、梁、陳の首都が一貫して建康すなわち南京にあったことはいうまでもない。『世説新語』に劉義慶の書斎の香りが漂っているとすれば、それは南京の香りなのだ。

同じ宋なので紛らわしいが、『水滸伝』『三国志』もまた宋代、いわゆる五代十国の後に中国をまとめた趙匡胤《ちょうきょういん》の宋、趙宋の産物であるといっていい。首都は開封。だが金に攻められて陥落し、都を臨安すなわち杭州に移す。南宋である。したがって、それ以前は北宋と呼ばれるようになる。

北宋、南宋のこの宋代が、中国史のみならず世界史にとって決定的に重大であるというのが、内藤湖南や宮崎市定、さらにはマクニールやフランクらの説であるといっていい。私もそう思う。

井波は、『三国志演義』を講談社学術文庫に移すにあたって、その冒頭に新稿「はじめに」を付している。三世紀末、西晋、陳寿の手になる史書『三国志』が書かれ、これを母胎に、それから千年以上も経た十四世紀中葉、すなわち元末・明初に、白話(口語)長篇小説『三国志演義』が羅貫中によってまとめられた。その間、民間芸能の世界でいかに三国志物語が伝承されてきたかはよく分からないが、宋代に入るやいなや、三国志物語の隆盛をうかがわせる明確な資料が登場するとして、井波はまずその第一に、北宋の大詩人・蘇東坡の『東坡志林』を挙げ、そこから、次の一節を自身の訳で引いている。

> 町の子供は聞きわけがないので、親はもてあますと、そのたびに金をやり、講釈を聞きにやらせる。講釈師が三国のことを語る段になり、劉備が負けたと聞くと、顔をしかめて涙を流す子もいるし、曹操が負けたと聞くと、大喜びして「やった!」と叫んだりする。

井波はこの一節の後に、「この記述によって、蘇東坡の生きた十一世紀の北宋において、三国志語りが盛んに行われ、すでに町の子供まで劉備に肩入れし、曹操は敵役として憎まれていたことがわかる」と解説している。

町の子供すなわち都市の子、いわゆる江戸っ子、東京っ子が生まれたように、開封にも開封っ子が生まれたのだ。むろん、年代的に考えれば、江戸っ子も東京っ子も開封っ子のはるか後の話である。ロンドンっ子、パリっ子、ニューヨークっ子にいたっては語るまでもない。ただ、町の子が近世の所産であることには注意する必要がある。町っ子を生む都市が発生した段階で、歴史年代などにはかかわりなく、近世が登場するのである。

井波はさらに続けている。

第二の資料として挙げられるのは、十二世紀初めの北宋末に著された、『東京夢華録』(孟元老著)である。これは、北宋の首都汴京《べんけい》(東京開封府《とうけいかいふうふ》の通称)の繁栄ぶりを多様な角度から記録した随筆だが、このなかに盛り場の演芸について記した箇所がある(巻五)。ここに、「霍四究《かくしきゅう》の『説三分《せつさんぶん》』……」という記述がみえ、当時すでに語り物のなかに、「説三分」と呼ばれる三国志物語の専門化されたジャンルがあり、霍四究という講釈師が第一人者だったことがわかる。

宋代に入っていわゆる京の町衆のようなものが生まれ、それが講釈師のような職業を可能にさせたのだということが、井波の語る数頁からでもたやすく想像できるのである。

『水滸伝』にしてもほぼ同じ状況から生まれたのだと推定できる。むろん、語られているのが北宋末期のことなのだから、醸成されたのは南宋においてだろう。要するに江南諸都市の町衆の需要のもとに生まれた物語だということになる。井波訳『水滸伝』が伝えるのも、宋代に成立した江南諸都市の熱気のようなものである。首尾結構を整えるのが元代、明代、清代であるにせよ、物語の骨格が形成されたのは南宋においてだったと、私には思われる。

私は長く『水滸伝』が苦手だった。物語も記述もあくどいと思えたからである。とくに人肉食が頻繁に話題にされるのには閉口した。第二十八回、武松が孫二娘の居酒屋に入る場面などがそうである。吉川幸次郎訳で読み通すことに挫折したのは、訳文が問題だったからではなく、内容が問題だったのである。さらに、宋江の煮え切らない性格にいらいらした。儒教もどきには腹が立った。駒田信二訳をどうにか読了したが、魅了はされなかった。正岡子規が『里見八犬伝』を貶して『水滸伝』を褒めているのに接して、日本人的淡白を嗤われようが、私はあくまでも『里見八犬伝』を採ると思ったことさえある。

　この考えは、井波陵一訳の『紅楼夢』を読んで変わった――ちなみに井波陵一は井波律子の夫君である――。『紅楼夢』は舞台を北京に設定しているが、雰囲気はあきらかに江南を思わせる。『紅楼夢』の主人公・賈宝玉《かほうぎょく》は作者・曹雪芹《そうせっきん》と重なり、書中の一家は実在の一家と重なる。曹一族が長く南京に根づき、その地を活躍の場としていたことは言うまでもない。没落して北京に移った、あるいは、北京に移って没落したという印象である。

『紅楼夢』はしばしば男女関係の機微を扱った情の文学とされる。だが、読めば歴然としているが、むしろ文学についての文学であるといったほうがいい。たとえば、熟読すれば誰でも詩も詞も聯句も書けるようになる、といったふうに出来上がっているのである。中国における詩歌の楽しみ方がじつに丹念に描かれている。

『紅楼夢』中の詩歌はむろん曹雪芹の手になるものである。驚くほかないが、インターネットを通してその片鱗を知るにすぎないが、いまでもそのまま歌謡曲として歌われているようだ。そして、その詩歌と物語を包み込む空気の湿り気はといえば、私の印象では、北京のものではなく、南京のもの、江南のものなのである。

　そういう眼で眺め返せば、『水滸伝』もまたまったく違ったものに見えてくる。

　時代が北宋末期なのだから、浮かび上がってくるのが徽宗《きそう》時代の中国の雰囲気であることは当然である。

　前回、宮崎市定の名論文「水滸伝と江南民屋」に触れて一節を引用したが、「水滸伝は北宋時代、国都開封府を中心とした華北を主たる舞台とした物語と称せられるが、実際に篇中の人物の行動する背景となっている家屋の構造は、江南の楼房そのままであるにせよ、そして「地名は華北の某県となっていても、むしろこれを江南の某市鎮だと思って読んだ方がよく理解できる」にせよ、もともと開封には江南の香りが――長安や洛陽に比べて――色濃く漂っていたのではないかと推測せざるをえない。開封を潤していたのは江南の物資であり、したがって江南の文化そのものだったのではないか。

　これを要するに、私が江南の名のもとに述べているのは都市のことにほかならないということになる。ジェイン・ジェイコブズの都市論が思い浮かべられる。また、都市計画を論じた建築家、クリストファー・アレグザンダーのセミラティスという概念が思い浮かべられる。リゾームすなわち網目状組織と言ってもいい。

ジェイン・ジェイコブズは『都市の経済』の冒頭で、田舎から都会が形成されるのではない、都会が田舎を形成するのだと述べている。余剰ができて文化が芽生えるのではない、文化のために余剰が必要とされる、すなわち人は非実利的なものを欲して無理にでも余剰を作り出すのである。ジェイコブズはそう示唆しているわけだ。

経済学、歴史学、人類学など多くの分野における最新の理論では、農村経済という基盤の上に都市が形成されるのだとしている。だが、もし私の観察と推理が正しければ、逆こそが真実なのだ。すなわち、農産物の生産を含め、農村経済は直接的に都市の経済と都市の生産の上に形成されるのである。(拙訳)

代表作『アメリカ大都市の死と生』の刊行が一九六一年、『都市の経済』の刊行が六九年。半世紀前の著作にもかかわらず引用するのは、現生人類の誕生がおよそ十七万年前のアフリカ、世界への適応拡散が七万年前という言説が飛び交うようになった現在こそ、ジェイコブズの都市理論が参照されるべきと思われるからである。

私見では、現生人類のいわゆる出アフリカは都市の種子が世界中にばら撒かれたに等しい。いかに小さい群であれ、人間はいわば「社交」を求めて世界に拡散していったのだ。ポメランツの『大分岐』が泰山を鳴動させながらきわめて常識的で平凡な結論——アメリカ植民地経済こそ特異であったという結論——を導き出したにもかかわらず注目されるのは、ジェイコブズの理論に対応する経済人類学の成果——装飾品、嗜好品すなわち「社交」への欲望こそが人間社会を形成したという理論——をいわば密輸入しながら、東アジア経済の繁栄を、一見冷静な筆致で、描いているからである。

ジェイコブズは近代的都市計画に反旗を翻したことで知られる。都市計画は太古からあった。軍事都市、政治都市である。対するに、行き交う人々の群の交差する地点に自然発生する市場すなわち商業都市がある。前者がツリー状をなし、後者がセミラティス状になることは自明だ。前者は主権者の意志の反映、後者はさまざまな人間の欲望の反映だからだ。ジェイコブズやアレグザンダーの考察に呼応する市川浩の見方に立てばそうなる。現生人類の適応拡散を考えるときに必要なのはこの視点だと思われる。世界への適応拡散から数万年を経て、現生人類はいまや、人工衛星から眺める夜の地球の、ほとんど神経組織の明滅を思わせる光景を現出させるにいたった。神経組織はツリー状にはなっていない。

長安にせよ洛陽にせよ、軍事都市であり政治都市であった。支配系統と軍隊移動の便が重視されるために市街は碁盤目状に設定された。夜にはすべての坊門が閉ざされ、静まり返っていたのである。平安京すなわち京都もはじめは同じように計画された。セミラティスに対比すれば、長安も洛陽も平安京も、ツリー状の都市ということになる。

これに対して開封は、華北と華南を結ぶ水陸の要路であり、何よりもまず商業都市だった。商業の利便のために生まれたいわば自然発生都市だったのであり、集まる商人たちの要求が多様であるのに合わせて必然的にセミラティス状になっていた。軍事都市、政治都市としての機能が要求されなかったわけではないが、かりにその中央集権的あるいは官僚的な要求が、自然発生的な都市の上に政府施設を碁盤目状に並べ直したにせよ、その底にはセミラティス状の都市空間が広がっているということになる。

中国中世から近世にかけて、軍がプロすなわち傭兵を主とするようになると、そのための食料がまず問題になる。物資の移動の便が重視されるのと同時に、その目的にかなった都市として開封が重視されるようになった。隋代にそれまでの小運河が結び合わされ、北京と杭州を結ぶいわゆる京杭大運河が開通したからである。

開封は大運河と黄河が交差する地点にあり、運河はさらに南下して南京に近い揚州の地点で長江と交わり、さらに下って杭州に至る。揚州、南京、蘇州、杭州、寧波そして現在の上海は、ひとつの圏域といっていい。開封に江南の風が流れるのは必然だったと思われる。

『水滸伝』には七十回本、百回本、百二十回本とあるが、井波訳は百回本を底本とする。詩および詞をふんだんに引用する版である。井波訳はこの詩および詞の扱いがきわめてすぐれているように、私には思われる。これは井波陵一訳の『紅楼夢』も同じなのだが、原詩、読み下し、現代語訳の三種が掲げられて、すこぶる鑑賞に役立つ。

引用された詩や詞の漢字の並びが、ほどよく理解を刺激するのである。日本人には漢字感覚すなわち漢字を見た瞬間に何かを感じる能力があるのだ、ということを忘れてはならない。

『水滸伝』もまた、百八人の個性的アウトローの活躍を物語ると同時に、それ以上に、ある意味では『紅楼夢』と同じように、宋代という時代の雰囲気、開封という都市の雰囲気をじつに巧みに描き出している、と私は思う。

たとえば、道教、儒教、仏教が、当時どのようなものとして受け取られ、民衆に受け入れられていたか、たいへんよく分かる。

花和尚と呼ばれもする魯智深《ろちしん》は禅僧ということになるが、僧に扮する登場人物は例外的であって、多くは道士あるいは行者に扮するのであり、秘術、魔術も基本的に道教のそれである。儒教の影響は高級官僚の振る舞いなどに多少窺われなくもないが、後世たとえば韓国に浸透したそれなどとはおよそ違っている。日常の規範にまではなっていないと思わせるのである。あるのは道教化した仏教、道教化した儒教であって、三教一致の説が称えられるのもむべなるかなである。実際、勅使の不手際から、龍虎山の伏魔殿に封じ込められていた百八人の魔王を解き放つことになってしまったという物語の発端からしてそうだが、『水滸伝』の全体を浸しているのは、他の何にも増して道教の宇宙観であると思われる。

むしろ、たとえば第四十五回に描かれた楊雄の妻・巧雲が、若い僧侶・裴如海《はいにょかい》と姦通する顚末などは、当時巷間において仏教がどのように受け取られていたか如実に感じさせて興味深い。たとえば「那《か》の和尚の光溜溜《こうりゅうりゅう》たる一双の賊眼、只だ施主の嬌なる娘を睃《ながしめ》に趁《お》う」というような口調のよい朗唱のための文が挿入されている。井波の訳文では「和尚のギラギラした不埒な両眼は、施主である色気たっぷりの女を　チラチラ追いかける」である。露見して如海は楊雄の友人である石秀の手にかかり、巧雲は夫である楊雄の手にかかって殺される。描写がグロテスク・リアリズムで、いささか辟易しなくもない。この後に、楊雄、石秀ともに梁山泊の仲間になるのである。

『水滸伝』の話者は、「もともとこの世の人のうち、僧侶の色情がいちばん激しいのです。なぜ、そう言えるのでしょうか?」と読者に問いかけている。

俗人も出家した人も、みな同様に父母から生まれてくるのに、どうして僧侶の色情がいちばん激しいと言えるのでしょうか？　それは、あの三巻の書物のなかにある、「潘（西晋の詩人で、美男として名高い潘岳のような美貌）」「驢（驢馬みたいに大きな一物）」「鄧（前漢の鄧通のような財力）」「小（小さくなって、綿のなかの針のように〔とんがらない〕辛抱強さ）」「閑（閑があること）」のうち、いちばん閑なのは僧侶だからなのです。一日三食は、檀越（檀家）の施主から上等のお斎やお供えをいただき、高いお堂、広々とした仏殿の僧房に住み、俗事に煩わされることもありません。僧房のりっぱな寝台、りっぱな布団で眠り、考えることもなく、この事しか思わないのです。

井波の付した括弧内の注によって、カトリック坊主を揶揄する『デカメロン』の筆致に似通っていることがよく分かる。ヨーロッパをペストが襲ったのが十四世紀半ばでほぼ元末明初に対応する。『デカメロン』と『水滸伝』はその成立の年代も呼応しているわけだが、民衆のなかから滲み出る物語の古さを競っても意味がない。近世の相似、というよりも都市文化の相似を思うべきだろう。

いずれにせよこの一節は、当時の仏教が、また若い僧が、一般の眼にどのように映っていたか、示唆するところ大である。管見では、『水滸伝』を仏教史の資料として扱った例を知らない。道元をはじめ、入宋した僧の数は少なくない。日本の禅は宋代の影響をもっとも強く受けているのである。不思議といえば不思議である。

とはいえ、仏教のこのような描かれ方は、明治・大正・昭和の日本において、キリスト教の教会に通うことが若い男女にどのような体験として受け止められていたかを考えると、腑に落ちるところがある。教会は当時、清純な若い男女が席を近くすることのできるほとんど唯一の場所だったのである。これをもってキリスト教を卑猥であるとは誰も言わない。仏教もまた同じだっただろう。

2

『水滸伝』が江南の風を感じさせるというのは、そこに自然発生的な都市の雰囲気が色濃く漂っているからである。梁山泊に集合する連中の大半は、開封をはじめとする都市の街中で問題を起こしているのである。あるいは巻き込まれている。そこには人間の生活の匂いが立ちこめているのだ。

第七十二回、宋江らが汴京すなわち東京開封府に潜入する。元宵節の首都に名物の提灯を見物に出かけようというのである。都市の賑わいもまた聞くに値する物語である。一行は面倒を惹き起こすのだが、ここで粗筋を述べるほどの余裕はない。いずれにせよ第七十二回は、第八十一回で、梁山泊きっての色男、通称「浪士(遊び人)」の燕青が、徽宗が密かに通う愛人・李師師の仲立ちで徽宗その人と会うための伏線である。

第八十一回、まず、李師師は「並はずれて優美な風情であり、容貌は海棠の花が暁の露にしっとり濡れているかのよう、姿態は楊柳が東風にそよぐかのよう、まったく閬苑(仙界)の瓊姫(美しい仙女)さながら、桂宮(月の宮殿)の仙女にまさる趣だった」と燕青の眼から描写され、二人は親しく会話することになる。燕青は自分が梁山泊の仲間であることを打ち明ける。

燕青が風呂敷包みを開いて、卓の上に並べると、すべて金、珠玉、宝物の器物だった。やり手婆の李媽媽は財物に目がなく、一目見ると喜び、慌てて婆やを呼んでしまわせた。さっそく燕青を奥の小部屋に案内して座らせると、軽食や茶果を並べ、ねんごろにもてなした。もともと李師師の家は天子がふいにやって来られるため、良家の子弟や金持ちの息子も誰一人、茶を飲みに来ようとはしなかった。

さて、このときは、皿に盛った料理、酒肴、果物を並べると、李師師がみずからもてなした。

会話の後には管絃の演奏がはじまる。

「以前から、お兄さんはもろもろの芸事が上手だと聞いています。酒のなぐさみに、聞かせてもらいたいわ」

燕青は答えて言った。

「てまえが習ったのはほんの真似事です。姐さんの前でひけらかすことなどできません」

李師師は、「私がまず一曲吹いてお兄さんに聞いてもらうわ」と言い、召使いに簫を取って来させ、錦の袋から鳳簫を出すと、口にくわえて、軽やかに吹き動かした。まことに雲を突き抜け、石を切り裂く音色だった。（中略）

李師師は一曲吹きおわると、燕青に簫をわたして言った。

「お兄さんも一曲、吹いて、私に聞かせてくださいな」

燕青は彼女を喜ばせようと、しかたなく腕前を発揮すべく、簫を受け取り、むせび泣くように一曲吹いた。李師師はこれを聞くと、ひっきりなしに喝采して、言った。

「お兄さん、なんとこんなに簫を吹くのが上手だったのね」

李師師は阮咸琵琶を持って来させると、短い曲を一曲、演奏して、燕青に聞かせた。果せるかな、玉珮（帯玉）がいっせいに鳴り、黄色い鶯が向かい合って囀っているように、余韻がゆったりと響いた。燕青は拝謝して言った。

「てまえも一曲歌って、姐さんのお相伴をしましょう」

ふいに喉を開いて歌いだすと、まことに声は清らかで調べは美しく、発音は正確で節まわしは間違いなかった。歌いおわると、また拝礼した。李師師は杯を手に取って、手ずから燕青に酒をまわし、歌の礼を言いながら、口のなかで、妖艶な声を出して、燕青を挑発した。燕青はじっとうつむいて、ハイハイと言うだけ。数杯飲んだ後、李師師は笑いながら言った。

「お兄さんの身体にすばらしい刺青があるそうだけど、ちょっと見せてもらえないかしら？」

ちなみに、『水滸伝』のこの個所に惹かれたのは私だけではない。宮崎市定がその名著『水滸伝――虚構のなかの史実』にほぼ逐語訳に近いかたちで引用している。こちらも一読する価値がある。

「客人は音曲の名人と承りますほどに、何とぞ一曲聞かして給われ」

「ほんの田舎芸にて、大夫の前などでは恥かしゅうて、とても、とても」

「ほほ、ご遠慮かいな。さらば妾より先に始めますゆえ、次に必ずお頼みどすえ」

　李師師は錦の袋をとりよせて、その中から簫を取り出し、口にあてて吹くほどに、天上の仙楽が雲間を破って流れおちるような妙なる響き。吹き終って簫を燕青に渡し、

「さらば今度は客人の番」

　と言われて、燕青、この時とばかりありたけの手並みを尽して吹けば、同じ簫の中から、前とは打って変って鬼神がすすり泣くかと思われる男々しい調べ。李師師はすっかり嬉しくなり、今度は秘蔵の月琴をとり出して奏でれば、春の谷間の鶯のさえずりか、金玉の触れあう音か、嫋々たる余韻が流れる。燕青、今度は進んで、

「拙き声にて新曲をお耳に入れとう存じまする」

　とやおら唱い出せば、声も声なら節も節、抑揚の妙を極めたリズムに、うっとり耳を傾けていた李師師が、

「さても客人はみごとなるお手のうち、気がはればれと致しまする」

　と、しきりに酒を勧める。何度かの盃のやりとりのうちに、李師師の心が何となく浮きたち、ときどき流し目に秋波を送るが、少しも通ぜず、反応らしきものがない。もどかしくなって、非常手段に出ようとした。

「客人のおん身総身に、美しい花模様の刺青がありますそうな。一目見せて給われ。是非のおたのみ、是非、是非」


井波訳とは打って変わった、いわば、江戸吉原の花魁と色男の遣り取りといった風情である。京ことばを用いていることを思えば、祇園の売れっ子芸者とでもいうべきところかもしれない。それこそ『忠臣蔵』は由良之助の京遊びといったところだ。いずれにせよ宮崎は乗りに乗っているように思われる。訳を楽しんでいるのだ。

　長文の引用をあえてしたのは、むろん両者の巧拙をあげつらおうとしてではない。宮崎の訳し方の背後に、北宋末の開封と江戸を重ね合わせようとする意図は明瞭だが、それを問題にしようというわけでもない。東洋的近世を体現する開封がほとんど必然的に江戸と重ね合わせ

られることについては前回すでに十分に触れている。開封も江戸も、吉田健一ふうにいえば、ひとつの文明を具現しているのである。いずれも同じように正真正銘の文芸作品を生み出しているところにおいてそれは明らかだが、しかしいまさら喋々するまでもないことだ。

人によっては、井波訳以上に宮崎訳を評価するかもしれない――管見では宮崎は残念ながらこの個所以外に『水滸伝』は訳していない――が、次に指摘する事実によって、私はそうではないと考えるのである。

井波訳『水滸伝』のこの個所に接して、私は十代の頃に読んだ『千一夜物語』を油然と思い出したのである。宮崎訳においてはそうではなかった。いわば解釈が濃厚すぎて自由な連想を封じてしまうのだ。

『千一夜物語』には、たとえば第九夜からはじまる「荷担ぎやと三人の娘の物語」がある。前嶋信次訳では、「ここ都バグダードに荷担ぎをもって世過ぎをしている男がありました」というのが出だしである。

その娘は被布をあげ、長いまつげとまぶたをもった一双の漆黒の目をあらわしましたが、それはえもいわれぬ艶やかさと完璧の美しさをそなえていました。やおら荷担ぎやに近づいて来ると、可愛らしくもまた上品な言葉で、

「籠をもって、あたしについて来て下さらない」

と申しました。この言葉を聞くか聞かぬうちに担ぎやは、あわてて籠を頭の上にのせ、心の中では、

「これはなんとも仕合わせな日だわい。アッラーのお恵みの日ちゅうもんだろう」

とつぶやきました。そうしてそのあとについていくと、娘はとある家の門口に立ちどまり、その扉をたたきました。するとクリスチャンの男がなかから出て参りましたが、娘は金貨を一枚わたし、なにかオリーブ色の瓶を受取り、これを籠のなかに入れると、

「これをもって、ついて来て頂戴な」と申しました。

イスラムでは酒が禁止されている。クリスチャンの男が渡したオリーブ色の瓶が葡萄酒であることはいうまでもない。こうして娘は、次に果物屋で、シリア産の林檎、オスマーンのまるめろの実、オマーン産の桃そのほか大量の果物および花々を買い求め、肉屋では肉を、乾物屋では

乾葡萄、アーモンドなどの食後のつまみを、菓子屋ではあらゆる種類の菓子を、香料商の店ではさまざまな香水を買い集めて、男を連れて立派な御屋敷へと向かうのである。前庭は広く、建物は高壮、柱は重々しく、門の両扉は黒檀製で黄金の延板を張ってあるという屋敷である。

荷担ぎは娘のために門をひらいたのはどんなひとかとのぞきこみましたところ、おやおやなんとまあ、身の丈はすんなりと高く、胸はふっくらとふくらみ、美しく、可憐で、えもいわれぬ愛嬌があり、均整のとれた姿態をした娘であることがわかりました。その額は花のように白く、その頬はアネモネの花のようにくれないに、そのふたつのまなこは若い牝の野牛かガゼル(かもしかの一種)の目のごとく、その眉毛はラマダーンの月に立ちのぼる新月かのごとく、口もとはソロモンの印章のごとく、唇は珊瑚のように赤く、その歯は真珠を綴りつらねたか、あるいは菊の花びらをならべたのにも似ていました。

これもまた有名な話なので、詳しい説明は不要だろう。

男は美しい三人姉妹と、そして同じように美しい女使用人たちに揶揄われ続けるのだが、男にしてみればまるで天国にでも来たような気分で、いっこうに帰ろうとする気が起こらない。女たちは、もしも掟に従うならばその場にいてもかまわないという。その掟とは、「わたしたちのいいつけに従い、たといなにを見ようと、それについてたずねたりしないこと、そのわけなどを探らないっていうこと」であるという。

その後に、三人の片目のイスラム遊行僧が屋敷の門を叩く。娘たちは掟を守るという条件で三人を招じ入れ食事を振る舞う。

すでに酒の熱が頭にのぼって来ていたので、かれらは楽器を所望しました。それで門番の娘はモスルの手太鼓とイラークのリュート(ウード)とペルシャの竪琴とをとり出してわたしました。遊行僧たちは立ち上がって、楽器の調子をととのえるのでしたが、一人は手太鼓を、もう一人はリュートを、残る一人は竪琴をとり上げました。そしてそれらを奏でつつ歌いましたが、娘たちもまた声高くこれに唱和しましたので、大そうなさわぎとなりました。

この、騒ぎとなった屋敷に、さらに、当代のカリフのハールーン・アル・ラシード、大臣ジャアファル、カリフ付きの首切り役人マスルールの三人が、商人姿に変装して現われ、一夜の宿を乞う。宮殿から出て、都を微行し、下々の生活を観察しようとしていたのである。この三人もまた、掟を守るという制限つきで招じ入れられる。

カリフは楽しそうな賑わいの理由を尋ねたくてこの屋敷に入ったのであるから、いかに禁止されているとはいえ、娘たちの振る舞い——なかでも黒犬二匹を鞭打つという振る舞い——の不思議さの理由を尋ねずにはいられない。ジャアファルに命じて荷担ぎやに娘たちにその行為の理由を尋ねるように仕向けるが、その瞬間、七人の黒人奴隷が登場して、掟を破ったという理由で男たち七人を縛り上げる。娘たちは、解放の条件として七人の打ち明け話を求める。他の四人の話は分かりきっているので、以後は三人の遊行僧の語りが主になるわけである。シェラザードの語りのなかの語り、そのまた語りのなかの語りという趣向である。

七人は結局解放され、翌日、荷担ぎやと遊行僧たちは美女たちともどもカリフに召しだされる。カリフはアッラーの代理人として娘たちに奇怪な行為の理由を話させる。いわば、話の枠組はすべてさらなる話を引き出すための装置なのである。

だが、井波訳『水滸伝』の李師師の挿話を読んでこの『千一夜物語』の一話を思い出したのはそのせいではない。美女たちの形容のされ方、美女たちの戯れのありようが、さながら娼館のそれであって、李師師と燕青の戯れのありように似ていると思わせたからであり、もうひとつ、高貴な存在が下々の家を訪ねるという設定が互に似ていると思わせたからである。いずれも、都市、それも商業にともなうセミラティス状の自然都市でなければ成立しえないことだと私には思われる。

徽宗も実在の人物だが、ハールーン・アル・ラシードも実在の人物である。アッバース朝第五代カリフで、在位は七八六年から八〇九年。三度にわたる東ローマ帝国に対する親征で知られる。

アッバース朝はウマイヤ朝に続くイスラム帝国第二の世襲王朝であり、成立直後の七五一年、中央アジアのいまのキルギス地方の「タラス河畔の戦い」で唐に圧勝した。当時の唐の皇帝はむろん第七代・玄宗である。第八代・粛宗に代った七五六年から七六三年にかけて安史の乱が起こり、唐は以後衰退に向かう。逆に、アッバース朝は第五代のアル・ラシードの段階で最盛期を迎えたとされ、首都バグダードは当時、長安を抜いて世界最大の都とされた。長安もバグダードも計画都市だが、交易の発達はツリー状の構造をセミラティス状に変えてゆく。アル・ラシードの在位は唐十二代皇帝・得宗の在位(七七九—八〇五)とほぼ重なる。得宗は節度使の力を削ごうとしたが失敗したことで知られる。

アッバース朝と宋朝の接点は、前者が一二五八年、後者が一二七九年、同じようにモンゴル帝国によって滅亡させられたことであり、この事実もまた、私にはきわめて意味深長に思われる。何が問題だったのか。

宮崎は『水滸伝——虚構のなかの史実』で、「神行太保」すなわち日本でならさしずめ韋駄天ともいうべき綽名を持つ戴宗に触れて、当時いかにスピードが問題であったかを述べている。戴宗の存在は「正に庶民一般、特に商業に従事する都市住民の願望を託したものに外ならなかった」というのである。

当時の中国は国内各地に特殊の産業が起こり、東西南北に商品の移動が盛んで、田舎の隅々までが交換経済に巻きこまれた。したがって商人は天下を股にかけて活躍し、それとともに情報の交換も盛大になる。一方印刷の普及は遠隔の土地の実情についてもある程度詳細な情報を提供してくれる。そういう際にいちばんもどかしいのは交通機関の性能だけが取り残されて、あまり進歩していないことであった。もう少し早く遠方の事情が分かれば商業はずっとスムースに行われ、儲けもしたがって多いのだ。運河の開通によって船舶が大量な物資を運搬するようになったから、量の問題はほぼ解決を見たというものの、ただその速度は陸上に比べてさらに遅いのである。その陸上も道路が整備されておらぬので、唯一の情報伝達機関といえば、人力に頼る外ない、ということは、太古の状態から一歩も改善されていないということになる。商品化の時代、情報化の時代に一つ欠けていたものはスピードであったのだ。そしてこれが後に中国社会が北方の遊牧民族との生存競争に遅れを取るに至った最大の原因の一つとなったのである。

語るべきことがすべて語られていると思わせる名文である。都市に触れ、商業に触れ、特産品の成立に触れ、情報伝達の重要性に触れ、印刷に触れた後に、物資と情報の移動において、量は解決されたが、質(速度)は解決されていなかった事実に注意を促している。南船北馬というが、船の速度はこの段階でなお馬の速度に及んでいなかった。それが、馬の速度を戦術の基軸とした満州人やモンゴル人に引けを取ることになった理由なのだというのである。騎乗したものが武装してなお以前と変わらぬ速度を保つことが可能になった段階で、漢民族は遊牧騎馬民族に敗北するほかなかったということになる。ポール・ヴィリリオの速度論を先取りしている。

「商業に従事する都市住民の願望」とは、速度は都市の願望、近世の願望だということである。それは速度もまた価値を生むということだ。異質性の度合い、新奇性の度合いが高いほど価値もまた高くなるということ、要するに新しさが価値として意識されたということである。北方の蛮族であるモンゴルは、速度によってもたらされるものではなく、速度そのものの新しさを告げ知らせたのである。宮崎の所説の要点であるといっていい。

『水滸伝』第八十一回は、李師師と燕青のいささか艶っぽい遣り取りの後に、徽宗がお忍びで李師師のもとを訪れ、燕青と親しく接するという展開である。徽宗には李師師との逢引のために地下道を掘らせたという伝説があるが、いずれにせよ、皇帝が娼家を訪ねること自体、前代未聞のことであり、そこで反乱軍一味の帰順の申し入れを受けるというのもさらに前代未聞のことである。にもかかわらずそれが堂々と語られるのは、徽宗の行いがそれこそ奇想天外であるにもかかわらず、ありうること、あってもいいことと考えられたからである。つまり、商業都市の必然と考えられたのである。

ハールーン・アル・ラシードがバグダードをお忍びで歩くのもまた徽宗のそれと軌を一にしている。整ったツリー状の都市など微行して面白いわけがない。何があるか分からない——それこそ商品の魅力だ——からこそ、微行して面白いのである。開封が東洋的近世を象徴してならない。

いるとすれば、バグダードもまた同じだと考えなければ

井波訳『水滸伝』を読んで『千一夜物語』を思い出した理由だが、私はしかし同時に、先に触れたように『デカメロン』をも思い出していた。さらに、バルザック、ユゴー、デュマ、ディケンズ、ドストエフスキーといったもはや現代に属する十九世紀の小説家の名前が芋づる式に思い出された。結び目は都市である。そして、むろん私の手には余ることだが、まったく新しい視点から文学史が構想されなければならないのではないかと考えていた。おそらく、人格もまた都市の函数なのだ。

近世都市が小説の生みの親であるとは言い古されたことである。だが、繰り返すが、七、八万年前に数次にわたってアフリカを出た人類が地球上に適応拡散してゆく過程で起こったことは、あたかも黴の繁殖にも似て、いたるところに都市の萌芽を撒き散らしてゆくことだったのではないか。それはまた物語の萌芽を撒き散らしてゆくことだったのではないか。

進化論の常識だろうが、現生人類が現生人類になってこのかた、形質上の変化すなわち進化は生じていない。

それはつまり、十七万年前の人間が東京に現われようがニューヨークに現われようが、もしも幼ければ現代人とまったく変わることなく状況に適応するだろうということである。逆にいえば、現代人もまた十七万年前のアフリカに幼くして拉致されれば同じように適応するだろうということだ。

これを七、八万年前ともいわれる現生人類の言語獲得以後とすれば、事態はいっそう明確になるだろう。現生人類は言語を獲得する形質をはじめから持っていたが、それが発芽するのが七、八万年前であり、発芽すると同時に出アフリカを果たし、地球の全域に適応拡散することになった。

言語の特質は――山崎正和の言葉を借りるならば――「社交」にあり、いわば自己の自己自身に対する社交が内面性である。都市はこの言語の機能に対応するように不可避的に発生するのであり、それは発症を待つ病原菌のようなものなのだ。

とすれば、いまや年代の区切りなどほとんど意味がないことになる。日本の三内丸山の集落だろうが、トルコのチャタルホユックの集落だろうが、同じように都市が

夢みられ、その萌芽は黴のように繁殖しはじめていたのだと考えられなければならないのである。一個の土器の産出は、一個の物語の産出を意味する。世界史は時間的に考察されるよりも空間的に考察されるべきだということだ。

そしてこの場合、都市は、山崎がその『社交する人間』で説くところの社交を実質とするのではないかと、私は考えている。人を惹きつけるのは都市の社交性なのである。後に触れるつもりだが、山崎の「社交する人間」という着想は、ダニエル・ベルが提起した「脱工業社会以後の世界はどうなるか」という問いに対するもっとも的確な対応であると考えられるからである。

3

中国の影響を無視して日本の歴史を語ることはできないが、その中国とは華南であって華北ではない、中原ですらない、ということを、連載第一回、第二回と、述べてきた。中国の地名で言えば、呉であり越であり、要するに江南である。

一九七〇年代なかば、浙江省の杭州湾南岸に河姆渡遺跡が発掘されて以降、中国文明は黄河文明ではない、少なくとも黄河文明だけではない、長江文明、日本の語感でいえば揚子江文明がそれに劣らぬものとして、いや、以後の稲作文明の発展を思えば、それ以上のものとして、存在していたのだ、という主張が多く聞かれるようになってきた。

一九八〇年代になって四川省広漢市に三星堆遺跡が発掘されて以降、この勢いはいっそう強まったといっていい。四川省広漢市はむろん長江上流に位置する。中国古代文明ということでは、上流、中流、下流のいずれにおいても、長江のほうがいっそう重視されるようになってきたとさえ思われる。

当然のことだろうと思う。おそらく、これから続くだろう考古学上の発掘調査にともなって、長江文明がいっそう重視されることになることは間違いないと思われる。それは、西ヨーロッパにおいてドナウ河流域文明、すなわちドイツの森からウィーン、ブダペストを通って黒海へと注ぐ大河沿岸の文明が、メソポタミア、エジプト文明に匹敵するものと見なされはじめていることに対応していると、私は思う。かつての四大文明、エジプト、メソポタミア、インダス、黄河という見方はいまや完全に過去のものになったといっていい。

必然的にそれは、司馬遷の『史記』に代表される中原中心史観への批判、少なくとも相対化を伴うことになる。すでにそういう批判があり、相対化も行われ始めていることについても述べた。『論語』とともに『史記』のイデオロギーもまた、南北の視点から見直される必要があるということになる。

大雑把に述べて、儒教は中原の思想であり、道教は江南の思想である。そこに西方から仏教が侵入し、とりわけ江南において道教化し、禅になる。儒教もまた仏教の影響を受けて、江南において新儒教すなわち朱子学に変容し、さらに陽明学に変容する。まるで思想の地政学だが、そう概観したくなるほど、中国における南北問題の根は深い。日本の仏教の主流が天台止観から禅へと流れ、浄土宗へと流れることを思えば、また儒学にしても、学として根づいたのが、新儒学、朱子学や陽明学であることを思えば、日本にとって中国とはすなわち江南にほかならなかったということになる。

日本の稲作の起源はいまや江南に求める説が主流になっているようだが、古代のみならず中世、近世においても、文化は江南から流れてきている、と私は思う。

中原とはすなわち黄河中流域であり、一般に現在の河南省を中心とする華北平原を指す。都市でいえば洛陽から開封にかけての黄河流域であり、長安はいわば西に食み出し、北京は北に食み出す。西の遊牧民すなわち騎馬民族との前線が長安になり、北の騎馬民族との前線が北京になったようなものだ。

宋の首都はなお黄河流域の開封にあったが、南宋にいたって現在の浙江省の杭州になる。北から押され西から押されたと思えばいい。押されて逃げてきたのは蛮地ではない。かつて六朝すなわち東晋以降の諸王朝が騎馬民族の北朝に押され、建康すなわち現在の南京を首都としたのと事情は変わらない。この経緯を見るだけでも、中国の実質は江南、少なくとも華南にあったのだという感を拭えない。食料をはじめとする物資を供給してきたのは江南だったのである。

ジャック・ジェルネの『中国近世の百万都市』は名著だが、この、南宋時代の杭州すなわち臨安、また行在

――マルコ・ポーロの呼称にしたがえばキンザイ――の繁栄を克明に描いた書物の序文に、ジェルネは次のように書きしるしている。

八世紀までの南中国は湿気がひどく、気力を失うような気候の悪い土地で、広大な中華帝国の未開発の一地方でしかなかった。人々はこの土地に興味も関心も持たなかった。多くの人々にとって南に広がる土地は父祖の土地ではなく、遠竄の土地であった。中国の王朝はその首都を常に北方の土地、現在の西安またはその東方の土地に定めていたのである。(栗本一男訳)

ジェルネは、一般に行われている中国理解がいかに間違っているか、すなわち、宋、南宋の時代はもちろん、少なくとも十八世紀までは、経済、文化ともに世界でもっとも進んでいた国が中国であったことを、それこそマルコ・ポーロが当時のヴェニス人に法螺吹きと呼ばれるほかなかった流儀をそのまま反復するかのような筆致で描き出している――盛時すなわち十三世紀の杭州は盛時すなわち十八世紀のパリをはるかに凌ぐ――のだが、この導入部では、まったく旧来のイメージを踏襲していると言っていい。つまり司馬遷の描き出した江南のイメージと寸分も違っていないのである。

これが不思議なのは、たとえば続く第二章で「上流階級は主として国の行政組織に文官を供給し続けていた読書人家族で形成されていた。この階層は宋代に到って前代よりも大幅に増加し、十三世紀には何万戸にも上った。上流の家族は大抵東南諸路の出身であり、あまたの家族は広大な田地の財産があった」と書いていることである。

東南諸路とは、文字通りには南宋当時の行政区分、淮南東路、江南東路、両浙東路、広南東路ということになるのだろうが、とすれば現在の江蘇省、浙江省、福建省、安徽省、江西省、さらには広東省をも含むということになるだろう。これら江南および江南からさらに南の国々にも地方豪族はむろんのこと存在していたのであり、漢から唐、唐から宋へと下って、地方豪族の眼にも中央なるものの意味がようやく明瞭になってきたということだろう。

歴史を繙けば、魏晋南北朝において、また南宋において、中原の上流階級が大挙、江南にまで逃げて来たことによって、野蛮辺鄙の土地、江南が、荒野から突然、文明的な大都会に変貌したということになっているが、そういうことはありえないと私には思われる。内藤湖南、宮崎市定においてさえ、そう思わせかねない記述にぶつかって呆然としたことがあるが、内藤、宮崎はむろん南方の力を認めているのである。だが、南方蔑視の中原史観は、文字を通して一般読書人のあいだに驚くほど広く深く浸透しているといっていい。

ジェルネもまた、宋代における商人の出現、貨幣の滲透がいかに華々しいものであったかを指摘したうえで、そこで発生した資本と労働の対立が結局は商人と官僚を結びつけ、往年の学者官僚の性格を変えてしまったのだと述べている。表向きは古典的帝国という外見を保ってはいたが、「この意味で宋代は、より厳密には十三世紀の中国は、近世の夜明けであった」というのである。

内藤、宮崎の基本的な見方と少しも違っていない。ジェルネの『中国近世の百万都市』は一九五九年の刊行である。宮崎の名著『東洋的近世』は一九五〇年の刊。内藤、宮崎の所説がそのはるか以前から行われていたことはいうまでもない。内藤、宮崎、ジェルネと、親、子、孫ほどの年齢差である。間接的にであれ、内藤や宮崎の説の影響を受けたと思われる。ジェルネは初め中国における仏教の研究を志したようだが、時を経て、関心を中国史の全体へと移したのである。より率直にいえば、思想としての仏教の研究から、仏教を中国化して受容してゆく中国社会そのもののありように関心を移したのだ。

それにしても、管見では、江南は多くの書において、開拓時代のアメリカ西部にも似た扱いをされている。杭州の驚異的な繁栄を活写しながらも、ジェルネもまた同じ視点に立っているのがいささか不思議である。むろん、都市の栄枯盛衰、砂上楼閣の如しとは、多くの考古学的な遺跡が明らかにするところである。それにしても江南の繁栄は規模が違う。古代から連綿とつづく背景なしに成立したとはとても考えられない。

ジェルネは、アシェット社のシリーズ企画「日常生活叢書」の一冊として刊行された本書『中国近世の百万都市(原題＝モンゴル侵入前夜の中国の日常生活)』を書くにあたって、呉自牧の『夢梁録』、『マルコ・ポーロ旅行記』、およびA・C・ムールの『マルコ・ポーロの行在とその他の記録』を多く参照している。『夢梁録』は、梅原郁訳注の三冊本が平凡社東洋文庫に入っているが、その第三巻に付された解説が興味深い。呉自牧という著者が何者であるか、本文の書き方や編集の仕方などを通して推理してゆくのだが、その手際が小説のように面白い。『夢粱録』は、北宋の首都・開封の賑わいを書いた『東京夢華録』に範をとって、南宋の首都・臨安の繁盛するさまを描き出そうとしたものである――臨安すなわち杭州が、当時、行在とも呼ばれていたのは、為政者にとっては仮の首都にすぎなかったからだ。梅原は『夢粱録』のかなりの部分がじつはそれに先立つ書『咸淳臨安志』からの引き写しにほかならないことを指摘している。引き写しの際に杜撰なミスが多いのは、知識の十分ではない筆写生を雇ったからであるとする論証など感嘆する。

とはいえ、『夢粱録』を主な拠り所としたとしてジェルネの記述に傷がつくわけではない。邦訳末尾に付された「翻訳後記」によれば、訳者の栗本一男に本書の翻訳を促したのは礪波護であり、礪波は宮崎市定の晩年の弟子、したがって宮崎門下・梅原にとってはおとうと弟子にあたる。東洋史学界の内情に詳しいわけではないが、この事情は少なくともジェルネの史料考証に不足はないと判断されたことを示す。

事実、ジェルネの描き出す当時の臨安は、さながら眼前に繰り広げられるパノラマである。とりわけ臨安の街頭を彷彿とさせる第六章「余暇の楽しみ」など見事だ。

瓦市や街頭で芸を見せる芸人は、富豪の館や時には宮中に祭礼や宴会の余興として招かれ出演した。出演するものが同じでないとしても演技の内容は同じで、多分より名人上手の手になる優雅なもので観客の高度な趣味に合わせて洗練されたものであったし、ここでも上流人士が庶民と交わり下賤な者との接触を楽しんだのである。今までに述べたように棋士、呉竹の図や菊花の絵の画工、文芸作家、謎かけ遊びの名人等、特技のある者達が金持ちの専属芸人になることがあった。これらの取り巻きはその家の一員であったが、このほかに大がかりな社交の際には優れた妓女や楽士、曲芸師、手品師等の芸人を傭い上げたものであった。

『水滸伝』が醸成されてゆく背景が活写されているとい

うべきだろうが、じつはこれと同じ光景はバグダードにもカイロにも見られたというべきだろう。都市とりわけ国際都市が相似ることはあらためて指摘するまでもない。

『水滸伝』第九十九回に次の一節がある。井波訳の『水滸伝』は百回物だから、最終回の直前で、方臘《ほうろう》征伐後なお生き残った梁山泊残党のその後を語る場面である。

一方、李俊ら三人はとうとう費保ら四人を訪ね、以前の約束に違わず、七人みなで榆柳荘で相談をまとめると、ありったけの財産を使って船を造り、太倉港から乗り込んで漕ぎだし、海に出て、中国の政治や文化の及ばない外国に向かって行った。のちに、李俊はシャムの国の王となり、童威や費保らもみな外国の高官となり、楽しく暮らして、別途、海辺で覇を唱えた。これは李俊の後日談である。

『水滸伝』にはペルシア、アラビアの商人への言及がないわけではないが、登場人物として活躍することはない。だが、賑わう臨安の街頭の裏面には同じように賑わう海外貿易の光景があったと見るべきで、引用の個所はその片鱗を示している。念のため、『水滸伝』第三十六回で、李俊が宋江に出会った折りの自己紹介を引く。宋江は李俊一味に危うく人肉饅頭の材料にされるところだったのである。

「てまえは姓は李、名は俊といい、本籍は廬州の者です。もっぱら揚子江で船漕ぎの船頭を生業《なりわい》としております。泳ぎがうまいので、人はみな、てまえを〈混江龍〉李俊と呼んでいます。この居酒屋はこのあたり掲陽嶺の者で、闇商売で暮らしていますので、誰も彼も〈催命判官〉李立と呼んでおります。この二人の弟分はこのあたり潯陽江の者で、もっぱら闇の塩を買って来て、ここで売っておりますが、私の家に身を寄せて暮らしています。大江で水にもぐり、船を操ることもできます。二人は実の兄弟で、一人は〈出洞蛟〉童威、もう一人は〈翻江蜃〉童猛と呼ばれております」

李俊や童猛らが海に出るのは必然だったわけだ。

アブー＝ルゴドの『ヨーロッパ覇権以前』第十章は「絹の中国」と題されているが、加藤繁の『支那経済史考証』や桑原隲蔵の論文「蒲寿庚の事蹟」などを参照しながら、「一九世紀のロンドンを除き、それ以前では世界最大の都市であったこの百万都市についてのジェルネの描写こそ、一三世紀中国が驚くべきことを成し遂げたということをはっきりととらえている」と述べている。この段階で中国が北方の内陸ルートとインド洋海上ルートとを結んだことの重要性を指摘しているのである。

　だが、李俊らの身の振り方に対応する文献としては、四日市康博の論文「銀と銅銭のアジア海道」が恰好のものだろうと思う。四日市編『モノから見た海域アジア史』に収録されている。四日市は、モンゴル社会において「オルトク」と呼ばれる特権御用商人が「古くから遊牧社会と定住社会をつなぐ役割を果たしていた」ことを指摘した後に、元朝が臨安を陥落させ宋朝を事実上滅亡させたにもかかわらず、この都市が繁栄し続けることになった理由のひとつに、この「オルトク」たちが南海交易に直接参入するようになったことを挙げている。

　それは、それまで分断されていた内陸商業資本と海上商業資本が直接リンクしたことを意味した。臨安陥落の翌年には温州《おんしゅう》、福州《ふくしゅう》、泉州《せんしゅう》、漳州《しょうしゅう》、広州など主要な港湾都市が次々に服属していったが、この時、有名な蒲寿庚など宋支配下の江南沿海地域で海商の領袖的立場にいたムスリムたちも元朝に帰属している。一方で元朝の政権内には、チンギス＝ハンの西方遠征以来、モンゴル帝国に帰属した中央アジア・イラン出身のムスリム・ウイグル官僚たちがいた。いわば、内陸経由で中国へやって来たムスリムたちと海上経由でやって来たムスリムたちが元朝を介して結びついたのである。

　ここまでは背景だが、その後に『水滸伝』に描かれた李俊らの身の振り方をほとんどそのまま彷彿とさせるような記述がある。

　このような事例は、ムスリム・ウイグルだけに限られなかった。朱清と張瑄という南宋から元朝に帰属した官僚がいる。それぞれ、元々は塩商人や海賊のようなことをしており、決して高貴な出自の者ではなかった。しかし、江浙沿海の海道を知り尽くした彼らは瞬く間に頭角を現した。海運航路の開拓に大きな功績をあげた朱清と張瑄は元朝政府から海運を任せられ、以後、二人の一族が海運の実権を握ることになる。権勢を誇った二人の一族は海運のみならず、大土地所有の地主となり、大規模な海外交易も展開した。『草木子』という史料には、彼らが権限を得て自ら紙幣を発行するまでに至ったと記されている。この記述を虚構と考える研究者もいるが、ペルシア語で記された『ヴァッサーフ史』という史料にも同様の記述が残っているので、あながち嘘とは限らない。このように、ムスリム・漢人限らず、官位を有した新興豪民として地域社会で大きな権力を握った有力家系を漢文史料では「官豪勢要」などと呼ぶ。彼らは時に専横が目立ち、政府から圧力を受けることもあったが、地域社会を牽引していたのは彼ら新興豪民であり、元朝政府も地域社会を統治するうえで彼らとの協力関係が不可欠であった。

朱清と張瑄は「元々は塩商人や海賊のようなこと」をしていたという記述と、彼らが権力を得て紙幣を発行するまでに至ったことがペルシア語文献にまで記されているという記述が、李俊、童猛らを思わせるのである。牽強付会というべきか。だが、李俊、童猛らにさえ何らかのモデルがあったのではないかと考えるのは不自然ではない。

中央アジアにおいてはモンゴル帝国、中国においては元朝の成立によって世界システムが成立することになったとは、岡田英弘が『世界史の誕生』そのほかで強く主張することである。アブー＝ルゴドも四日市も、基本的にはそう見ているといっていいだろう。

私にはしかし、モンゴル成立以前、すでに陸上、海上のネットワークはかなり精密に形成されていたのではないかとしか思えない。『水滸伝』や『千一夜物語』がそう思わせるのである。

『水滸伝』を読みながら油然と『千一夜物語』を思い出し、『デカメロン』を思い出したのは、その間に何か強力な連携があると感じたからである。ロバート・アーウィンはその『必携アラビアン・ナイト』において、物語にもリチャード・ドーキンスのいうミーム(文化遺伝子)のようなものがあるのではないかと述べているが、同じようなことかもしれない。いわば物語遺伝子である。

指摘するまでもなく、『千一夜物語』も『水滸伝』もモンゴル帝国成立以前に属する。問われるのはアッバース朝ペルシアと唐・宋の関係ということになるだろうが、問題ははるかそれ以前に属すると見るべきだろう。

現生人類の起源、その出アフリカといったことが話題にされ、先史考古学、集団遺伝学のみならず進化言語学までがほとんど一丸となって人類とその言語の流れを探ろうとするようになったが、いまや比較神話学までがその流れに身を乗り出してきた。たとえば、出アフリカ第一波と第二波では神話が違っていて、それによって現生人類適応拡散の様子が分かるというのである。『千一夜物語』『水滸伝』『デカメロン』といった物語に感じられる紐帯とはそういったところにまで遡るものかもしれない。

知られているように、「アラジンと魔法のランプ」の主人公は中国人の少年である。『千一夜物語』を代表すると見なされているこの物語は、じつは『千一夜物語』原典には含まれていない。そのため十八世紀フランスの東洋学者で『千一夜物語』を初めて翻訳紹介したアントワーヌ・ガランの創作ではないかと疑われもした。十九世紀末になって原典の写本が発見され、その疑いは晴れたが、それでもエジプト系の説話として、いわば本体とは一線を画している。

それにしても、バグダードを思わせる大都会で、貧しい母と二人暮らしの中国人少年が、マグレブ(北アフリカ)から来た魔法使いと出会って偶然に魔法のランプを手にし、その力でスルタンの娘と結ばれるという奇想天外な物語が、おそらくは十四、五世紀のカイロで書かれたというのは、物語よりもはるかに奇想天外といわなければならない。そのことによってかえって『千一夜物語』に入るにふさわしいように思えてくる。いわば、杭州、バグダード、カイロが連携しているのだ。

アブー=ルゴドのいう「ヨーロッパ覇権以前」の三つの交易圏を反映しているのである。

http://www.suntory.com/sfnd/jgc/

日本の問題を国際的な視野で検討するサントリー文化財団の自主研究プロジェクト。英文ウェブサイトに随時成果を掲載中です(一部日本語訳もあり)。

あるが、必ずしもそうではない。復興における自衛隊や行政の働きに対する評価は、「古い」自民党への支持につながっている。

また3.11後には、公文書保存のための法の整備や、地域や社会の絆の再評価、将来の大規模災害に向けた準備などが行われるようになった。東京での反原発デモが増加したことから、反原発感情が震災によって高まったと述べた。

続いて、カナダ・ライアソン大学教授のリーピン・ファン氏は、危機管理の視点から、「Human and Institutional Challenges to Disaster Recovery(災害復興への人と制度による挑戦)」の視点から報告を行った。太平洋沿岸の国々は自然災害の脅威にさらされているが、日本は近隣諸国の中でも災害からの回復力がきわめて強い。災害に対する法制面での整備に加えて、高い防災文化が共同体や個人の行動にも影響を与えてきた。

1995年の阪神・淡路大震災では、都市での大規模災害では行政が迅速にすべての住民を救助することは困難であるとの教訓を残した。そのため以後の災害対策では、公的な支援(公助)だけでなく、共同体による助け合い(共助)や自らの備え(自助)の重要性も強調されるようになった。さらに、東日本大震災で、子供たちが自主的に避難し津波被害から逃れた「釜石の奇跡」を例に挙げ、事前の防災教育の有効性を説いた。

ただし、福島第一原子力発電所の事故では、地震と津波、電源喪失という例外的な事態が重なったとはいえ、平時から例外的な事態への対策がとられていれば事故を防ぐことができたとの見解を示した。事故の反省から原子力規制委員会が設立されたものの、米国の同様の組織が4000人の検査官を擁するのに対し、同委員会では900人しかおらず効果は不明である。

このような問題があるとはいえ、日本は自然災害と対峙し続けてきた長い歴史があり、自然災害に対する危機管理の分野での世界の牽引者となっていると語った。

フォーラムレポート
グローバルな文脈での日本

第12回
「災害からの復興」
(2017.10.7 宮城県仙台市)

牧原 出

リーピン・ファン

「グローバルな文脈での日本」の第12回研究会を「災害からの復興」をテーマに、2017年10月7日に宮城県仙台市で開催した。研究会に先立ち、参加者は東日本大震災の被災地である三陸海岸を訪れた。東松島市の航空自衛隊や石巻市の大川小学校跡、南三陸町など、地形によって異なる津波被害の状況や、復興へ向けての地域ごとの課題についての視察を行った。

研究会では、最初に東京大学先端科学技術研究センター教授の牧原出氏が、「Reconstruction after the Great East japan Earthquake(東日本大震災後の復興)」について報告した。牧原氏によると東日本大震災では広範囲の地域が被災したため、自治体の人口や津波の大きさによって、被害の規模や復興への課題が異なっている。初期の自衛隊による救助活動から被災地の区画整備まで、自治体、国、さらには国際支援など多角的な対応が必要である。

大震災が起こっても日本の社会や政治は変わらなかったとの声も

ASTEION 088

Table of Contents

■編集後記

冷戦後の世界を支えてきた「リベラルな国際秩序」が危機にさらされているといわれています。私たちはどのような価値観の世界を支持して来たのか、そして何故それが崩壊しようとしているのか、今回の特集がそれを読み解くヒントを与えてくれます。(典)

今回のグラヴィアはロマネスク美術と隠岐の闘牛。図らずも、信仰と動物について思い巡らすこととなりました。(栗)

突然の会談や訪問など歴史が大きく動いている現場に居合わせているのかもしれない……と心をざわつかせながら編集作業を進めていましたが、国際情勢を俯瞰的に見るヒントがたくさんありました。(小)

アステイオン89号は
「国籍選択の時代」(仮)
2018年11月刊行予定

翻訳協力 斉藤裕一
ジャネット・アシュビー
長谷川圭(株式会社リベル)
校 閲 竹内輝夫
編集協力 CCCメディアハウス書籍第一編集部

ブックデザイン 熊澤正人+村奈諒佳(Power House)
表紙画 三嶋典東 wave w-v 波 ; Mishima Tentou ©
ロゴ 荒田秀也

アステイオン 88

2018年5月28日 初版発行

編 者 公益財団法人サントリー文化財団・
アステイオン編集委員会
発行者 小林圭太
発行所 株式会社CCCメディアハウス
〒141-8205 東京都品川区上大崎3丁目1番1号
電話 販売 (03)5436-5721
編集 (03)5436-5735
http://books.cccmh.co.jp
印刷・製本 大日本印刷株式会社

ISBN978-4-484-18219-3
Printed in Japan
落丁・乱丁本はお取り替えいたします。